“一带一路”相关国家反垄断法汇编

下册

The Compilation of the Antimonopoly Law of Belt and Road Countries

国家市场监督管理总局反垄断局◎编

法律出版社 LAW PRESS · CHINA

目　　录

泰国贸易竞争法*

拉玛十世玛哈·哇集拉隆功国王陛下颁布法令，为改进贸易竞争法，因此，国王陛下在履行议会职责的国家立法议会的建议和批准下，批准了该法案，内容如下：

第一条

本法命名为“佛历 2560 年贸易竞争法 B. E. 2560”。

第二条

本法自《政府公报》发布之日起 90 日后施行。

第三条

废除《佛历 2542 年贸易竞争法》。

第四条

本法不适用于下列主体行为：

1. 中央、地区或地方政府；

2. 国有企业、社会团体或其他政府机构，依照法律或国务院决议，执行维护国家安全、公共利益、社会利益或提供公共事业所必需的项目；

3. 法律承认的，以有利于务农事业为经营目的的农民团体、合作社或合作团体；

4. 由其他对竞争事项有管辖权的部门法特别规范管理的企业。

第五条

在本法下：

“商业”指为农业、工业、商业、金融业、保险业和服务业贸易的利益而进行的活动，且包括任何部级规章所规定的其他活动。

---

* 2017 年 7 月 2 日批准。

“经营者”指卖方、销售产品的生产者、为销售而下订单或将产品进口到王国的人、生产或转售商品的买方,或商业中的服务提供者。

“货物”指作为商品或消费品的物品,包括证明该物品所享有权利的文件。

“服务”指一种通过委托方式进行的工作购买,委托即指授予任何权利或许可,从而可以使用任何财产或者任何将货币报酬或其他利益作为回报的活动,或可以从其中获取利益,但不包括劳动雇佣。

“价格”指商品的价格,并应包括对提供服务的报酬。

“市场”指在考虑商品或服务的资格、价格或使用目的时具有相同类型或可替代性的商品或服务的相关市场,以及销售此类商品或提供此类服务的地区。

“具有市场支配地位的经营者”指某一市场份额和销售收入超过委员会通知中规定的限额的一个或多个经营者,应视情况审议一项或多项竞争条件因素。委员会应自通知发出之日起至少每3年对市场份额和销售收入限额进行一次复核。

在确定具有市场支配地位的经营者的市场份额和销售收入时,应当考虑根据委员会通知所规定的政策或统领权互相关联的所有经营者所占的市场份额和销售收入。具有如上所述市场份额和销售收入的经营者应被视为具有市场支配地位的经营者。

“竞争条件因素”指市场上经营者的数量、投资额、重要生产要素的可获得性、销售渠道、企业经营网络、经营所必需的基础设施、政府规章制度,以及委员会通知中规定的其他因素。

“委员会”指贸易竞争委员会。

“委员”指贸易竞争委员会委员。

“办公室”指贸易竞争委员会办公室。

“秘书长”指贸易竞争委员会秘书长。

“官员”指秘书长,以及为履行本法规定的职责而由委员会任命的不低于执业公务员级别的贸易竞争委员会办公室官员。

“部长”指负责本法的部长。

第六条

商务部长是负责本法的部长,有权发布部级规章以确定酬金不超过本法附件所列数额。为实施本法,部长还有权减免酬金,并决定任何其他运作要求。

第一章　贸易竞争委员会

第七条

设立一个委员会，称为“贸易竞争委员会”，由 1 名主席、1 名副主席和其他 5 名委员组成，再由总理从选拔程序中选出，并经内阁批准的人员中任命。

秘书长为委员会秘书。

第八条

每名委员必须具有必备知识，且需要在下列一个或多个领域，即包括法律、经济、金融、会计、工业、工商管理、消费者保护或其他有利于竞争规范的领域，具有 10 年以上专业知识和/或经验。上述领域的工作时间可以累加。

第九条

每名委员应具备下列资格：

1. 拥有泰国国籍；

2. 年满 40 周岁，但不超过 70 周岁；

3. 不担任任何政治职务；

4. 不在政党担任任何职务；

5. 头脑健全；

6. 没有吸毒成瘾；

7. 没有因贪污破产或以前没有因贪污破产；

8. 没有丧失行为能力或残疾；

9. 没有根据法院命令被判处监禁或被羁押；

10. 之前未被判处监禁，或根据第十二条第 3 款将其姓名提交内阁批准之日前不到 5 年内被判无罪，但过失犯罪和轻罪除外；

11. 没有因非正常财富或财产异常增加而被判刑或被法院命令将其财产上缴国家；

12. 未因职务上的腐败行为、严重恶劣行为或者政府职务中存在贪污行为、违法违纪行为，被公务员系统、政府机构、国有企业、私营机构开除、解雇或免除公职；

13. 不得担任宪法法院的法官、选举委员、监察员、国家反腐败委员、审计长或国家人权委员；

14. 根据任何基于《宪法》制定的用于预防和制止腐败的组织法,未被免职过。

第十条

除第九条规定的资格条件外,每名委员应当:

1. 不在商业实体中担任任何职务,不在合伙企业中担任有管理权的合伙人,不得持有任何公司资本总额5%以上的股份;

2. 不得担任有职称或固定工资的公务员职务;

3. 不得担任政府机构或地方行政部门的官员或雇员,也不得担任经营企业的政府机构的委员会成员或顾问;

4. 不得在某一机构或协会中担任职务,而该机构或协会是在贸易中具有共同目标或共同利益的一组经营者。

如果根据第十二条选出的人员担任第1款中的任何职务,总理只有在其辞去该职务后才能任命该人员,这必须在选出之日起30日内完成。如果该人员在规定时间内没有辞去职务,则将其视为从未被选为委员。然后根据第十二条选出1名替代上述人员的委员。

第十一条

在任命委员过程中,设立选举委员会,由以下9名成员组成,其职责是从拟提名的委员候选人中选出合适人选:

1. 财政部常务秘书;

2. 农业及合作社部常务秘书长;

3. 商务部常务秘书;

4. 司法部常务秘书;

5. 工业部常务秘书;

6. 国家经济和社会发展委员会秘书长;

7. 消费者保护委员会秘书长;

8. 泰国商会主席;

9. 泰国工业联盟主席。

选举委员会推选1名成员担任选举委员会主席;选举委员会主席及选举委员会成员均无权申请贸易竞争委员会委员职位。

贸易竞争委员会办公室作为行政单位,提供委员选举过程中所需的任何业务支持。

选举委员会主席和其他选举委员会成员有权享有酬金及履行内阁职责涉及的其他费用。

第十二条

委员选举和任命工作应当按照下列程序进行:

1. 选举委员会发布公告由申请人申请,如果申请人有很高的成就或履行的任何职责符合第八条所规定的必备知识、专业知识或经验以及具备第九条和第十条所规定的资格。公告期不得少于 30 日。

2. 在第 1 款所规定的期限结束后,选举委员会应选择具有所需资格的申请人,以填补第七条所规定的委员职位空缺,并向部长提出被选出的人员名单,详细说明上述人员的情况,明确或有理有据地证明上述人员适合从事第八条所列的某一领域的工作,并符合第九条和第十条所规定的资格。

3. 部长应在收到选举委员会提供的候选人名单之日起 15 日内,将第 2 款中所述的选中人员名单及详细资料提交内阁批准。

4. 内阁批准人员任职委员时,应向总理提交人选,以发出委任令。若内阁批准委员,但未达到规定的委任人数,选举委员会应考虑通过第 1 款、第 2 款、第 3 款和第 4 款程序选择填补空缺职位的人员,直至全部职位被补齐。任命第一届委员会委员时,在内阁批准所有任职人员名单后,按要求将名单提交给总理获取委任令之前应召集这些人,并选出 1 名委员会主席和 1 名委员会副主席。

选举委员的时间、规则、程序和条件应由部级规章规定。

第十三条

委员每届任期 4 年,任期不得超过两届;任职 2 年后,3 名委员将通过抽签方式辞去第一届委员会委员的职务。以抽签方式提出的辞职应被视为辞职,并终止该职位的任期。

委员任期届满辞职时,在新的委员任命前,均应保留其岗位以履行其职责。

选举委员会应在委员任期结束前至少 90 日内迅速启动程序,推选出 1 名合适人选担任新委员。

第十四条

委员除任期届满辞职外,可因下列原因之一被免除职务:

1. 死亡;

2. 任期内辞职；

3. 因委员未能履行职责、行为恶劣或缺乏履职能力，内阁作出罢免该委员的决议；

4. 根据第九条规定被视为不合格的；

5. 违反第十条。

如主席、副主席或委员因第 1 款规定的任何情况而被免职，则应根据第十二条规定启动主席、副主席或委员的选举程序，以填补该岗位空缺。获委任填补该职位的上述人员应在被替换的委员的剩余任期内任职。如剩余任期少于 90 日，则不启动接替委员的任命程序。

在主席、副主席或委员根据第 2 款规定未被替换期间，其他现职委员仍应履行职责，委员会应被视为由余下的 1 名主席、1 名副主席或委员组成，除非委员会其他人员少于 4 人。

第十五条

在主席或副主席根据第十三条规定辞去职务，且任命了新的委员的情况下，或者在主席或副主席根据第十四条规定辞去职务的情况下，委员会应推选一名委员为主席或副主席，并向总理提交建议，请求发布命令任命上述推荐人士为主席或副主席，视具体情况而定。

第十六条

辞去主席、副主席或委员职务的人员，不得在任何有限公司、上市公司或其他属于委员会审议事项一方的任何企业中担任任何职务，除非他或她辞去职务至少 2 年。

第十七条

委员会的权力和职责如下：

1. 根据本法向部长提出关于颁布部级规章的建议；

2. 发布条例或通知以履行本法案规定的职责；

3. 规范商业运作并推行准则以保证自由和公正的竞争；

4. 审议本法规定的违法行为的申诉并进行调查；

5. 审议并决定第五十九条规定的请求；

6. 对调查小组委员会的调查和询问作出规定；

7. 通知官员的任职，以履行本法规定的职责；

8. 根据第七十八条规定处理遭受损害者申诉的刑事案件；

9. 根据第八十条、第八十一条、第八十二条和第八十三条规定审议并施行行政罚款，同时向行政法院提起诉讼；

10. 邀请任何人提供事实、解释、建议或意见；

11. 就政府的竞争政策向部长和内阁提出意见和建议；

12. 向政府机关提出有关竞争阻碍，造成阻碍、限制或减少竞争的情况以及可能导致经营者之间不公平竞争的规则、规定或命令的建议；

13. 决定贸易竞争委员会办公室的管理规划、管理战略和管理方针；

14. 发布有关办公室组织架构、人事管理、预算、财务、资产和其他业务的规章和细则；

15. 履行其他法律规定委员的职权和职责。

普遍适用的规章和通告在《政府公报》上发布时即生效。

第十八条

委员会应规定接受利害关系人和公众意见的程序。在发布普遍适用的有关竞争的规定或通知前，应考虑这些意见。应提供有关可征求意见的事项和问题的信息。接受意见的期限不得少于 30 日，但在紧急情况或紧急需要的情况下，委员会可规定少于 30 日的期限。

办公室应提供一份总结所收到意见的记录，包括收到的意见的信息，以及对收到的意见作出回应的委员会审议的决议或结果，以及对此事项的论证和进一步的指导意见。此项记录应可通过办公室的信息网络获取。

第十九条

委员会会议应由不少于全体委员的半数出席，以达到法定人数。

贸易竞争管理委员会会议上，如果主席未出席或不能履行职责，则由副主席主持会议。如果副主席不能出席或不能履行职责，则由会议选举 1 名委员主持会议。

会议决定基于多数票表决，每名委员享有 1 票。如果表决时，赞成和反对的票数相等，会议主席应以决定票作出最终决定。

第二十条

委员会有权设立一个小组委员会，审议或执行委员会指派的任何任务。

第二十一条

委员会应任命一个或多个调查小组委员会。每个小组委员会应由具有拟立案的刑事案件相关知识和经验的人员组成,包括现任或曾任地方检察官,现任或曾任警察,现任或曾任具有经济、法律、商业、会计知识或其他被认为有必要成为调查小组委员会成员的政府官员。对任何调查小组委员会,均应指派1名官员作为其成员和秘书。任何调查小组委员会应召开首次会议,以选出1名成员担任小组委员会主席。

调查小组委员会有职权和职责对本法所规定的罪行进行调查和询问。当调查小组委员会认为调查过程已经结束时,它应在自委员会任命该小组委员会开始之日起12个月内,提出意见并向委员会提交报告。在任何有正当理由的必要情况下,委员会应给予不超过6个月的延期。需要延期的理由应记录在案。

第二十二条

第十九条比照适用于小组委员会和调查小组委员会的会议。

第二十三条

主席、副主席和委员应全职工作,并享有内阁规定的报酬、履行职责的费用和其他福利。在确定报酬时,应考虑到第二十条和第二十一条所规定的任期结束后禁止担任特定职位的情况。

根据第二十条和第二十一条,小组委员会主席和小组委员会成员履行职责时发生的报酬和其他费用应由内阁规定。

第二十四条

根据本法履行职责时,调查小组委员会的主席、副主席、委员和成员应是《刑法》规定的官员,并应根据《刑事诉讼法》享有官员进行调查的权力和职责。

第二十五条

如果委员会认为其应该提起刑事诉讼,并已将其意见连同调查报告提交给地方检察官,但地方检察官发布了不起诉命令,委员会可以根据《刑事诉讼法》反对地区检察官的不起诉命令,同时主席应使用委员长或省长的权力,视具体情况而定。

如果主席反对地方检察官的命令,则应将调查报告连同其意见提交总检察长审议。如果总检察长认为主席提交的调查报告连同意见不够完整,不能继续审理案件,总检察长应通知委员会,同时指出细节不完整之处,供其进一步审议。在这种情况下,主席和总检察长应共同成立一个工作组,工作组由相等人数的双方代表组成,有权力和职责审议任何不完整的证据并收集额外证据,使其完整以继续提交给总检察长下令起诉。

贸易竞争委员会办公室应根据第 2 款规定，作为工作组的秘书处运作。

第二十六条

本法规定的关于损害的刑事诉讼和民事诉讼应受知识产权及国际贸易法院管辖。

第二章　贸易竞争委员会办公室

第二十七条

贸易竞争委员会办公室作为政府机构成立，不属于公务员系统，也不属于国有企业，但具有法人资格。

办公室的运作不应受劳动保护法、劳动关系法、社会福利法或劳工赔偿法的约束。但办公室的官员和雇员应享受不低于劳动保护法、社会福利法和劳工赔偿法规定的福利待遇。

第二十八条

办公室的总部设在曼谷或附近其他省份，并可以在任何其他地方设立分支机构。

第二十九条

办公室的权力和职责如下：

1. 负责委员会及其小组委员会的行政工作；

2. 监督经营者违反本法的行为，并向委员会报告；

3. 学习、调研、分析并对商业运作中的商品、服务和工作行为进行调研，同时对趋势提出建议并提供促进、发展和帮助规范商业运作的意见；

4. 根据委员会的规定建立关于趋于形成市场垄断的商品或服务市场规模的数据库，并将此数据库向公众开放；

5. 受理关于某人指控违反本法的申诉。之后办公室应充分寻求关于该申诉的所有事实信息并收集证据，以便将此事提交委员会。此项工作应根据委员会规定的规章进行；

6. 拥有所有权、占有权或其他正当权利；

7. 就财产确立权利或采取任何法律行动；

8. 与国内外其他实体或机构就与办公室运作有关的事宜交换信息、参加谈

判、达成协议和合作;

9. 提供或与其他实体合作进行与竞争事项有关的培训和知识开发;

10. 就履行本法职责有关的工作与其他公职部门和政府机构进行协调和配合;

11. 获得法律规定的费用、报酬、服务费用和经营所得收入;

12. 向公众传播委员会审议事项的结果;

13. 提供年度报告,说明委员会和办公室所取得的成果和遇到的挑战,并向公众传播;

14. 根据通知、法规、委员会决议以及委员会或其小组委员会指定的职责履行职责;

15. 履行法律规定的作为办公室权力和职责的任何其他职能。

第三十条

办公室应设秘书长,负责办公室的运作,秘书长应直接向主席汇报,同时秘书长是办公室所有官员和雇员的监督者。

秘书长在与办公室运作有关的对外事务方面代表该办公室。秘书长可将其权力授予任何代行其职责的人。这应根据委员会规定的规章进行。

第三十一条

经委员会批准,主席应有权任命和/或免除秘书长在办公室的职务。

公开申请、选举和任命秘书长的标准和方法应与委员会规定的通知一致。

第三十二条

被任命为秘书长的人应具备下列条件:

1. 拥有泰国国籍;

2. 年龄不超过65周岁;

3. 能够为办公室全职工作;

4. 具有法律、经济、金融、会计、工业、商业管理、消费者保护或委员会通知中规定的其他相关领域的知识和专长;

5. 委员会通知中规定的其他条件。

第三十三条

有下列情形之一者,不得被任命为秘书长:

1. 因贪污破产;

2. 丧失行为能力或残疾；

3. 根据法院命令被判处监禁或被羁押；

4. 被判处监禁，但过失犯罪和轻罪除外；

5. 担任有限公司或上市公司或其他受本法管辖的企业的董事会成员、经理或担任行政或管理职务的授权人士；

6. 担任公务员、官员或公务员系统、国有企业、其他政府机构或地方行政部门的雇员；

7. 担任或曾经担任政治职务，但辞去政治职务 1 年以上的除外；

8. 担任或曾经担任某一政党的委员会成员或其他职务，或者是任何政党的官员，但辞去上述职务 1 年以上的除外；

9. 因职务上的腐败行为、严重恶劣行为或者政府职务中存在贪污行为、违法违纪行为，被公务员系统、政府机构、国有企业、私营机构开除、解雇或免除公职；

10. 因非正常财富或财产非正常增加而被判刑或被法院命令将其财产上缴国家所有；

11. 在某一机构或协会中担任职务，而该机构或协会是在贸易中具有共同目标或共同利益的一组经营者。

第三十四条

秘书长应按委员会规定领取薪金和其他报酬。在确定薪金时，应考虑到根据第四十三条辞去秘书长职务后不得担任某些特定职务的规定。

第三十五条

秘书长的任期为 4 年。

秘书长因任期届满而辞去职务的，可以连任，但担任该职务不得超过两届。

第三十六条

除因任期届满辞去秘书长职务外，还可因下列情况而被免职：

1. 死亡；

2. 自愿辞职；

3. 缺乏第三十二条规定的资格，或属于第三十三条规定的禁止类别；

4. 与第四十一条规定的利益冲突；

5. 因秘书长不能履行其职责、行为不当或缺乏行为能力而被委员会决议免除其职务。

第三十七条

为协助秘书长履行其指派的职责,按委员会规定的人数设置副秘书长。

第三十八条

秘书长有以下权力和职责:

1. 指派、任命、罢免、晋升、降级、减薪、按纪律规定处分官员和雇员,以及开除其官员和雇员职务。这应符合委员会规定的规则。如果该事项涉及副秘书长级别的官员或高级行政官员或内部审计员,则需获得委员会的批准。

2. 制定不与委员会规定的规则或决议相冲突或相矛盾的办公室运作规章。

3. 执行法律规定为办公室权力和/或职责的任何其他职能。

第三十九条

在履行其职责时,秘书长可以根据委员会规定的规则授权1名官员代表其履行职权。

根据前款指派的人员在处理指派的事项时,拥有与秘书长相同的权力和职责。

第四十条

如无人任职秘书长或秘书长不能履行其职责时,委员会应任命1名副秘书长代理秘书长。如无副秘书长或副秘书长不能履行其职责时,委员会应任命办公室的1名官员为代理秘书长。

根据第1款规定的代理秘书长应具有与秘书长相同的权力和职责。

第四十一条

无论是直接还是间接,秘书长与办公室进行的法律行为或为了办公室进行的商业运作不得有利益冲突,除非秘书长是为善意投资于具有利益冲突行为的有限公司或上市公司的利益而作为股东。此种持股比例不应超过委员会规则规定的比例。

在任何情况下,如果秘书长的父母、配偶、子女或配偶的父母根据第1款所述持股,秘书长应被视为根据第1款的规定有利益冲突。

第四十二条

未根据第四十一条的规定进行的任何法律行为或商业运作对办公室不具有约束力。

第四十三条

辞去秘书长职务的人员,不得在任何有限公司、上市公司或其他属于委员会审议事项一方的任何企业中任职,除非他或她辞去职务满2年。

第四十四条

办公室的运营经费和资产应包括以下各项:

1. 根据第九十一条移交给办公室的款项和资产;
2. 政府拨给的作为初始资本的款项;
3. 政府拨给的一般补助款项;
4. 费用、赔偿费、服务费及其他经营收入;
5. 外国、国际组织捐赠款项和资产或者资助款项。不得存在任何可能影响委员会或办公室运作的条件或承诺;
6. 从办公室的货币或资产中产生的利息或其他利益。

第四十五条

办公室每年运作所得的全部收入供办公室所有运营开支及其他适当费用使用,例如,用以抵充折旧的维护费及其他费用、委员会及其小组委员会的福利,以及为运作或与办公室运作有关的其他事务而保留的款项。

根据第1款规定的收入,不应作为国家收入上缴财政部。

如办公室的收入不足以支付其开支、确保办公室的有效运作及其他适当的费用,且无法从其他渠道获得资金,政府可将政府预算的必要金额拨款给办公室,作为第四十四条第3款所规定的一般补助款项。

第四十六条

无论何种情况,在提起诉讼时效结束后或法院作出最终判决后,办公室应立即将根据本法收取的行政罚款作为国家收入上缴财政部。

第四十七条

为便于根据第四十四条第3款向办公室分配政府预算,办公室应提出向内阁寻求支持的财政年度预算,以便在年度支出预算草案或附加支出预算草案中为办公室争取分配一般补助款项,视具体情况而定。

第四十八条

办公室的财产不受强制执行项下的任何责任约束,任何人均不得就办公室财产相关事宜向办公室提出时效限制。

第四十九条

办公室应编制有关办公室运作的财务报表及账目,并在财务年度末后 120 日内提交给账目审计员。

在每个财务年度,泰国审计长办公室应担任该办公室资金及财产费用的账目审计员和评估员,分析费用的效益,并对这些费用是否与办公室的宗旨和目标相符及是否用于实现办公室的宗旨和目标发表意见。报告应提交委员会、内阁及议会。

贸易竞争委员会是《宪法》中有关公共财政审计与控制的组织法所规定的被审计单位。

第三章　防止垄断和不正当交易

第五十条

经营者不得以下列任何方式滥用市场支配地位:

1. 不公平地固定或者维持某种商品或者服务的购买或者销售价格水平;

2. 对作为其贸易伙伴的其他经营者强加不公平的条件,以限制服务、生产、采购或者销售商品,限制购买或销售商品,限制接受或者提供服务或者限制向其他经营者寻求信贷;

3. 无正当理由地暂停、减少或者限制服务的提供、生产、销售、交付和进口进入王国,或者为了使商品数量低于市场需求而销毁或者损坏商品;

4. 无正当理由地干预他人的商业运作。

第五十一条

任何经营者实施合并,如果该合并根据委员会通知中规定的标准会实质上削弱市场竞争,则经营者应在合并发生之日起 7 日内将合并结果通知委员会。

任何经营者计划实施可能导致垄断或者导致形成市场支配地位的合并,应征得委员会的许可。

第 1 款规定的通知应说明经营者必须遵守的市场份额、销售收入、资金数额、股票数量或资产的最低数额。

合并应包括:

1. 生产者、销售者、生产且销售者或者服务提供者之间的合并,会导致 1 家企业存续,其他企业终止,或者新的企业出现;

2. 按照委员会通告中规定的标准，收购其他企业的全部或部分资产，以控制其政策、商业管理、发展方向或管理；

3. 按照委员会通知中规定的标准，直接或间接取得其他企业的全部或部分股票，以控制政策、商业管理、发展方向和管理。

第 1 款中关于合并结果的通知，以及第 2 款中关于许可的请求，以及合并的许可，应符合委员会通知中规定的标准、程序和条件。

第 1 款和第 2 款的规定不适用于委员会通知中确定的政策或者指挥权，以及为了调整相互关联的经营者内部结构而进行的合并。

第五十二条

根据第五十一条第 2 款，委员会应在收到请求之日起 90 日内完成这一程序。必要时，未能在该期限内完成审议的，可给予不超过 15 日的延长，并记录延长审议的理由和必要性。

委员会应在认可合理的与业务相关的必要性、对支持经营者有利且不会对经济造成严重损害以及不会影响消费者整体可享有的基本利益时，考虑给予许可。

在许可令被批准的情况下，委员会可对被授予许可的经营者规定需遵守的期限或任何其他条件。

委员会应表明允许或不允许合并的理由，包括案件的事实方面和法律方面。委员应签署命令，且参照适用第六十一条第 2 款规定。

收到许可令通知的经营者如果对通知结果存在意见分歧，可以自收到通知之日起 60 日内向行政法院提起诉讼。

第五十三条

被许可的经营者应按照委员会规定的许可所设立的期限和条件实施合并。

如有违反或不符合第 1 款的行为，委员会有权撤销全部或部分许可令，并可规定经营者采取相应行动的时间。

第五十四条

在同一市场进行相互竞争的经营者不得采用下列手段联合实施垄断，减少、限制该市场竞争的行为：

1. 直接或者间接固定购买和销售价格，或任何影响商品或者服务价格的贸易条件；

2. 限制每位经营者在许可范围内生产、购买、销售或者提供的商品或者服务的数量;

3. 为使一方赢得货物或服务的拍卖或中标,或者为使另一方不参加货物或服务的拍卖或竞标而故意订立协议或条件;

4. 在其他经营者不得购买或销售该商品或服务的条件下,划分每个经营者售卖的区域,或减少销售或购买商品或服务的区域,或者划分每个经营者售卖或购买商品或服务的购买者或售卖者。

第 1 款的规定不适用于因委员会通知中规定的政策或指挥权而相互关联的经营者的行为。

第五十五条

经营者不得采用下列行为联合实施垄断、减少或限制市场竞争:

1. 在没有在同一市场存在竞争关系的经营者之间建立第五十四条第 1 款、第 2 款或第 4 款所指的条件;

2. 降低商品或者服务的质量,使其低于先前生产、销售或提供的状态;

3. 任命或者指派任何一人独家销售相同的商品或者提供相同的服务,或者独家销售同类的商品或者提供同类的服务;

4. 为购买、生产商品或服务设定条件或惯例做法,使其符合约定的内容;

5. 以委员会通知中规定的其他方式签订联合协议。

第五十六条

第五十五条的规定不适用于下列情形:

1. 根据委员会通知的规定,经营者的行为因政策或指挥权而相互关联;

2. 联合商业协议的目的是发展生产、分销商品以及促进技术或经济进步;

3. 联合协议是不同级别的经营者之间订立的合同形式,其中一方将商品或者服务、商标、商业运作方式或者商业运作支持等权利授予另一方,而另一方被授予权利,并有义务为所得权利支付要价、费用或其他报酬;

4. 协议类型或商业模式是委员会建议的部门规章所规定的。

依据第 2 款和第 3 款所达成的联合协议,不应导致任何超过为实现上述利益所必需的限制,也不应造成垄断权力或者实质性限制市场竞争,同时应当考虑对消费者的影响。

第五十七条

经营者不得从事下列任一对其他经营者造成损害的行为:

1. 以不公正的手段妨碍其他经营者的商业运作；

2. 不公正地利用具有优势的市场力量或者具有优势的议价权；

3. 不公正地设定限制或者妨碍他人商业运作的贸易条件；

4. 以委员会通知中规定的其他方式实施的行为。

第五十八条

经营者没有正当理由，不得在境外实施法律行为或者与经营者签订合同，若该行为将导致垄断行为或者不公平地限制贸易，或者整体而言严重损害经济和消费者利益。

第五十九条

为便利商业运作，经营者可以向委员会提出请求审议下列事项：

1. 具有第五十条所列的市场支配权力的经营者行为；

2. 具有第五十四条、第五十五条、第五十七条或第五十八条所规定性质的商业运作。

根据第1款提交请求，应遵循委员会通知中确定的标准和方法。

考虑到根据第1款提出的请求，委员会可以施加经营者为遵守本法必须遵守的任何条件。

委员会的决定仅在委员会规定的范围和期限内对请求者具有约束力。如果委员会事后认为，从请求者处收到的、用于委员会审议的信息实质上不准确或不完整，或者提出请求的经营者未遵守第3款委员会规定的条件，委员会应撤销其决定并通知经营者。

第六十条

当委员会有充分的证据相信经营人已经或将违反第五十条、第五十一条第2款、第五十四条、第五十五条、第五十七条或第五十八条时，委员会有权发布书面命令，以指示经营者暂停、停止、纠正或改变上述行为。这应符合委员会规定的标准、方法、条件和期限。

在根据第1款发布命令时，委员会可以施加为实现本法目的所要求的任何必要条件。

根据第1款收到命令通知的经营者如果对该命令有异议，有权在收到命令之日起60日内向行政法院提起诉讼。

第六十一条

在根据第六十条发布命令时，委员会应说明发布命令的理由，包括事实信息和法律问题,并得到审议这些问题的委员的认可。

根据前款发出的命令的通知应在委员会发布命令之日起7 日内发出。第六十六条的规定参照适用。

第六十二条

根据第六十条收到命令的任何个人应根据上述命令行事,除非行政法院发布判决或暂缓执行令,或命令撤销委员会的命令。

第四章　官员

第六十三条

官员在履行本法规定的职务时,拥有下列权力:

1. 发出传票,以要求任何人口头陈述,并以书面形式提供事实信息或解释,或送交账目、登记册、文件或任何证据以供审查或审议。

2. 进入经营者或任何人的经营、生产、销售、采购、货物储存、提供服务的场所和地点,或其他有理由认为违反本法规定的场所,以便根据本法进行检查,以搜查和扣押,或收集有利于根据本法进行案件审查和诉讼的文件、账目、登记册或其他证据。

在此情况下,官员有权向经营者或有关人员询问事实信息,或要求提供账目、登记册、文件或其他证据,并可在必要时指示现场的任何人采取行动。

3. 收集或携带所需数量的货物作为检验或分析的样品,无须付款。此项工作应根据委员会通知中规定的标准进行。

在第 2 款情况下,如果是依照《刑事诉讼法》进行搜查的,则需提供搜查证,除非有其他理由认为提取搜查证可能过慢,而文件或证据可能被转移、藏匿、销毁或修改,则官员在事先没有搜查证的情况下可继续搜查、扣押、收集与犯罪有关的文件或证据。但是,必须遵守《刑事诉讼法》的规定。除被搜查场所有关的工作时间外,禁止夜间搜查。

第六十四条

官员履行职务时,有关人员应当酌情提供便利。

第六十五条

官员履行职务时,应当向有关人员出示证件。

证件应符合委员会通知中规定的格式。

第六十六条

根据第六十三条第1款发出信函时,应参照适用《行政诉讼法》中有关通知的规定。

第六十七条

履行本法规定的职务时,官员应当是《刑法》规定的官员。

第六十八条

履行本法规定的职务时,官员享有与《刑事诉讼法》规定的行政官员或警察同等的权力。

第五章　提起损害赔偿诉讼

第六十九条

因违反第五十条、第五十一条第2款、第五十四条、第五十五条、第五十七条或第五十八条规定的行为而受到损害的人,有权向违法者提起损害赔偿诉讼。

根据前款提起损害赔偿诉讼时,消费者保护委员会或消费者保护委员会根据消费者保护法认可的协会或基金会有权代表消费者及其协会或基金会成员提起损害赔偿诉讼,视具体情况而定。

第七十条

根据第六十九条提起损害赔偿诉讼时,自受害者知道或者应当知道损害原因之日起1年内未提起诉讼的,取消向法院提起诉讼的权利。

第六章　处罚

第一节　刑事处罚

第七十一条

任何人违反本法第十六条或第四十三条,应被处以1年以下有期徒刑或100,000泰铢以下罚款,或两者并处。

第七十二条

任何人违反本法第五十条或第五十四条,应被处以2年以下有期徒刑或违法当年营业额10%以下罚款,或两者并处。

如在商业运作1年内违法,则应处以2年以下有期徒刑和100万泰铢以下罚金,或两者并处。

第七十三条

任何人不遵守第六十三条第1款规定下官员发出的传唤文件,应被处以3个月以下有期徒刑或5000泰铢以下罚款,或两者并处。

第七十四条

任何人妨碍官员根据第六十三条第2款或第3款执行公务,应被处以1年以下有期徒刑或20000泰铢以下罚款,或两者并处。

第七十五条

任何人未根据第六十四条为官员提供便利,应被处以1个月以下有期徒刑或2000泰铢以下罚款,或两者并处。

第七十六条

任何人泄露有关商业或经营者运作的事实信息,而这些事实信息通常是经营者保留或未披露的,且因履行本法规定的职务所需收到或知道的,应被处以1年以下有期徒刑或100000泰铢以下罚款,或两者并处。但为履行政府职责所需,或有助于调查、质询、案件诉讼或办公室运作而进行的披露除外。

任何人从第1款所指的人处获得或得知事实信息,并以可能对任何人造成损害的方式披露该信息,也应被处以同样的处罚。

第七十七条

如违法者为法人,而该法人的违法行为系受董事、经理或任何对该法人行为负责的人指示而为,或某人有义务指示或从事某种行为但未指示或不作为,致使该法人实施犯罪行为,则上述人员也应依照该罪的规定处罚。

第七十八条

任何遭受损害的个人有权向委员会提出关于本法第七十二条规定罪行的申诉,以便委员会根据本法审议此事,但是,并不赋予遭受损害的个人自己直接提起刑事诉讼的权利。

第七十九条

对于本法所涉及的一切违法行为,委员会有权结案。在行使上述权力时,委员会可指派秘书长代表委员会行事。

如被告方在规定的时间内按和解款额缴纳了罚款,即视为根据《刑事诉讼法》的规定结案。

结案的罚款数额应根据委员会通知中规定的标准、方法和条件决定。

第二节 行政处罚

第八十条

任何人违反本法第五十一条第1款规定,应被处以200000泰铢以下的行政罚款,并可在违法行为发生期间或发生违法行为时间段内处以每日10000铢以下的附加罚款。

第八十一条

任何人违反本法第五十一条第2款规定,或者违反本法第五十三条规定,应被处以兼并交易额0.5%以下的行政罚款。

第八十二条

任何人违反本法第五十五条、第五十七条或第五十八条规定,应被处以违法当年全年销售额10%以下的行政罚款。

如在商业运作第一年发生违法行为,应被处以100万泰铢以下的行政罚款。

第八十三条

任何人违反本法第六十条规定,应被处以600万泰铢以下的行政罚款,并且当违法行为持续时,每日可处以300000泰铢以下的附加罚款。

第八十四条

如违法者为法人,而该法人的违法行为系受董事、经理或任何对该法人行为负责的人指示而为,或某人有义务指示或从事某种行为但未指示或不作为,致使该法人实施犯罪行为,则上述人员也应依照该罪的规定处罚。

第八十五条

委员会在考虑发出行政罚款令时,应首先考虑违法行为的严重程度。

被处以行政罚款者如不缴纳罚款,参照适用《行政诉讼法》有关行政命令执行的规定。在无官员执行上述命令,或有人,但他或她不能继续执行命令的情况下,委员会有权向行政法院提起诉讼以强制执行罚款。在此情况下,如行政法院认为支付罚款的命令合法,则行政法院有权审议并作出判决,强制扣押或没收的财产,以拍卖抵缴罚款。

过渡章

第八十六条

根据《佛历2542年贸易竞争法》设立的贸易竞争委员会,在本法生效前一日仍在任期,应履行本法规定的职责,直至根据本法任命新的贸易竞争委员会。本法规定的贸易竞争委员会的申报和选举程序应自本法生效之日起270日内完成。

第八十七条

在根据本法被任命为秘书长之前,国内贸易部主任应履行秘书长的职责。秘书长的任命程序应在贸易竞争委员会首次任命之日起180日内完成。

第八十八条

为使办公室的工作有效进行,商务部部长可批准由商务部的政府官员暂时协助办公室的工作,任期暂不超过两届,每届任期不超过2年。所有政府官员应从原办事处领取薪金。

第八十九条

在第九十条规定的周期结束之日后,仍在《佛历2542年贸易竞争法》设立的贸易竞争委员会办公室履行职责的政府官员根据第九十条的规定,应是商务部国内贸易司的政府官员,应在办公室履行职责。上述履行职责行为视同商务部国内贸易司履行公务员职责。

根据第1款在办公室履行职责的政府官员应领取薪金和原先获取的其他权益,直至他(她)被指派或安排至办公室的某个职位。上述政府官员不得被安排或领取低于原来薪金的数额。

第九十条

本法第八十九条涉及的政府官员,如愿意被调任为办公室官员,应在本法生效之日起60日内将其意向以书面形式通知其主管,以行使其权利。逾期不告知意向的,应重新回到商务部国内贸易司履行其职务。

凡愿意根据第1款被调任至办公室任何职位的政府官员,其任务和任命应符合委员会规定的能力、资格和工资标准。

对依第2款被指派和任命为办公室官员的商务部国内贸易司官员,其工资预算应自指派和任命之日起划转至办公室。

根据第1款规定愿意转为办公室官员的政府官员,依照《国家退休金法》或《国家退休金基金法》关于此类职务终止或解除的规定,视其辞去公务员职务,视具体情况而定。

第九十一条

商务部国内贸易司的业务、财产、权利、义务、债务和预算中与商务部国内贸易司贸易竞争委员会办公室工作有关的部分应划转至办公室。

第九十二条

根据《佛历 2542 年贸易竞争法》发布的所有部级规章、通告、标准或法规在本法生效之日前有效,只要不与本法相冲突或矛盾,在根据本法发布的部级规章、通告或法规生效之前,仍然有效。

根据第 1 款发布部级规章、通告或法规的程序应在本法生效之日起 365 日内完成。如果这一程序未能在规定的时间内完成,部长应向内阁报告未完成的原因。

伊朗执法与防止垄断的一般政策*

关于《伊朗宪法》第四十四条原则的一般政策。在审议《宪法》第四十四条原则及第四十三条原则内容时，为实现以下目的：

加快国民经济增长速度；

扩大公众所有权，实现社会公平；

提高经济实体效率，充分利用货币、人力和技术资源；

提高私营部门和合作经营部门在国民经济中所占的比重；

减少政府在经济活动管理中的财政责任和管理责任；

提高公共就业率；

鼓励社会公众储蓄和投资，增加家庭收入。

规定如下：

第一条　关于扩大非政府部门、防止政府部门扩张的一般政策

1. 政府无权开展除《宪法》第四十四条原则开头所列经济活动之外的新经济活动。

政府最晚须于第四个五年发展计划结束前将《宪法》第四十四条中未包括的任何类型的活动（包括原有业务活动的继续及获利）转移到合作经营部门、私营部门或公共非政府部门（每年活动减少20%）。

考虑到该政权在有效管理国家中承担的责任，除《宪法》第四十四条开头规定的限制范围外，经内阁部长建议及议会批准，允许政府在一段时间内启动和继续必要的商业活动。

供军队、安全部门、武装部队及其情报部门使用的敏感产品及保密产品的生产经营活动不在本法规定范围内。

---

* 本法于2005年6月颁布。

2. 允许公共部门、非政府实体和机关、合作经营部门及私营部门在下列行业投资、拥有及管理《宪法》第四十四条开头所涉及的领域：

（1）大工业、“母体产业”（包括大型油气衍生产品行业）、大型矿山（不含油气）；

（2）在国家货币和贸易政策框架下开展的对外商务活动；

（3）根据法律规定，由各股东的公共实体、非政府实体、合作经营企业、持有有限责任股份的上市公司（有限责任合伙公司）开展的银行业务；

（4）保险业；

（5）能源供应，包括自用电的生产及进出口；

（6）除通信网络之外所有邮政、通信业务；电信频率分配管理；基本邮政业务交换、网络分析及分配管理用主邮政网络；

（7）公路和铁路；

（8）航空公司（航空运输）、船运公司（海运）；

（9）兴建和使用大坝、大型输水管网，维护取水权人的各项特权。

在《宪法》第四十四条开头所列活动中，政府部门和非政府部门之间的最佳持股比例平衡点将依据法律规定并结合执行私营化进程相关规定时维护政府权威、保持国家独立、维护社会公正、保持经济增长和扩张等因素确定。

第二条　合作经营部门的一般政策

1. 在第五个五年发展计划结束前，将合作经营部门在国家经济中所占的比重提高到25%。

2. 政府下定决心兴办合作社，解决失业人口的就业问题。

3. 国家通过税收减免、由国内所有金融机构提供信贷支持以及不向私营部门合作社收取额外费用等政策支持合作社的创办和发展。

4. 取消对银行业、保险业等所有经济部门中比较活跃的合作社的限制。

5. 由政府投资成立合作开发银行，提高合作经营部门在国民经济中的比重。

6. 政府对合作社进入市场提供支持，并向合作经营部门提供公平、全面的信息。

7. 在提供政策和监督的框架内发挥政府在执行已批准法律方面的执法作用。避免干涉合作社的行政管理事务。

8. 扩大技术和专业培训以及提供其他必要的支持,提升合作社的效率和实力。

9. 保持合作经济部门增资配股方式的灵活性和多样性。制定适当措施,以便在有限责任合伙框架内设立新合作社(除现有合作社外),并根据法律规定对每个所有者的股份数额作出限制。

10. 政府按合作社成员人数比例对每个合作社给予支持。

11. 在全国范围内建立合作社,为社会底层30%的人群提供安全保障,以消除贫困。

第三条　关于通过政府活动和国有企业转让来扩大非政府部门的一般政策

考虑到加快国家经济增长和扩张速度的必要性,在国家二十年远景框架内落实社会公正和减贫的基本原则,特此颁布此条规定,旨在将政府角色从企业的直接拥有者及管理者转变为政策制定者、监督者和咨询者。巩固发展私营部门和合作经营部门,为这些部门在国际市场上获得竞争力提供支持;帮助国内企业逐步、有针对性地与国际商业规则展开合理互动;增加基础知识和专家知识方面的人力资本;拓展和升级国家标准,使质量管理体系与国际标准接轨;根据国家利益委员会的建议,在提高生产力、竞争水平以及扩大公有制的框架内直接实现私有化。

根据《宪法》第一百一十条第1款,特此发布一般政策第三条:

允许在以下行业将第四十四条开头所列80%股份转让给私营部门、合作有限责任合伙公司、公有制企业、非政府企业:

1. 在大型矿山、大型工业和母工业领域(含石油和天然气下游的大型工业)活跃的政府企业,不包括伊朗国家石油公司和从事石油、天然气开采及生产业务的公司;

2. 政府银行,不包括伊朗中央银行、伊朗国家银行、塞帕银行、圣阿特瓦马丹银行、凯沙瓦尔济银行、马斯坎银行和托塞萨德拉特银行;

3. 政府保险公司,不包括中央保险公司和伊朗保险公司;

4. 除国航及航运港口组织之外的航空公司和船运公司;

5. 除国家电网之外的其他能源供应公司;

6. 除母通信网络之外的邮政通信业务;频率分配管理;基本邮政业务交换、网络分析及分配管理用主邮政网络;

7. 由武装部队总司令确定的，除国防、安全生产之外的与武装部队相关的工业。

民营化要求：

(1)股票估值必须由证券交易所确定；

(2)须发布包含鼓励和说服公众参与股票发行适当信息的公告，防止出现信息垄断和徇私舞弊；

(3)对符合民营化条件的公司，必须依法实施必要的市场、产品定价和管理改革，确保从符合民营化条件的公司股权中获得充足的财务回报；

(4)在将符合条件的公司股权向民营企业转让时，要征求专家意见，在民营化过程中设计出符合民营化条件的科技型母公司和下游企业整体框架；

(5)为改革经营管理，提高生产力，必须充分利用国家的管理能力。采取必要措施，招聘经验丰富的专家和生产管理人员；

根据第三条规定，允许分期向符合民营化条件公司的员工出售不超过 5% 的股份；

(6)考虑到第三条和政权职责变化，政府须制定并实施其在国民经济决策、指导和监督方面的新角色；

(7)根据该政权的职责，允许将一定比例的被转让实体引向新的先进技术领域。

第四条　民营化总体政策

1. 民营化进程的要求：

(1)巩固发展私营部门和合作经营部门，为其广泛开展经济活动和管理大型经济实体做好准备；

(2)为实现转让目的，转让后由有关部门提供监督和支持；

(3)以交易所为重点，运用合法手段实现民营化，加强民营化基础设施建设，建立透明的信息披露程序，为所有人创造平等机会，利用大公司股票在交易所增量发行的优势，争取达到股票基准价格；

(4)防止负责转让过程的官员和政府决策者之间发生利益冲突；

(5)转让过程应符合合作经营部门的一般政策。

2. 民营化转让收入的使用

国有企业向私营部门转让股份的收入存入专门的国库银行账户，并在批准

计划和预算框架内,按照以下规定予以使用:

(1)实现贫困家庭自力更生,提高贫困家庭社会福利水平;

(2)将国有企业民营化收入的30%用于全国范围内的合作社,以实现减贫目的;

(3)建设经济基础设施,重点支持欠发达地区;

(4)为合作社提供资源(管理资金)投入,支持合作社发展;实施非政府经济实体更新改造,重点支持民营化企业;投资私营部门,发展贫困地区;

(5)国有企业与非政府部门展开合作,为贫困地区发展提供支持,最高支持上限为49%;

(6)依据本法第一条规定,完成国有企业未完成的建设项目。

第五条　执法和防止垄断的一般政策

1. 在非政府部门进入国民经济之后,政府须继续执行国家法律,具体包括:制定新政策;执行现有法律法规;实施监督,特别是在非政府性银行的宗教法令和政府法令方面实施监督。

2. 防止外国人对国民经济施加影响和控制。

3. 起草监管法律,防止非政府经济机构形成垄断。

斯里兰卡公平交易委员会法及修订案

斯里兰卡公平交易委员会法*

为成立公平交易委员会或控制垄断、兼并和反竞争行为，制定和实施国家价格政策，同时为废除1975年第42号《国家价格委员会法》以及处理与之相关或偶发的所有事项，特制定本法。

斯里兰卡民主社会主义共和国议会兹颁布如下法律：

第一条　实施日期

本法可称为1987年第1号《公平交易委员会法》，生效日期为部长根据宪报公布的命令所指定的日期（以下称为指定日期）。

第一章
成立公平交易委员会

第二条　公平交易委员会

应设立一个名为“公平交易委员会”（以下简称委员会）的机构，该委员会由届时根据第四条第(1)款成为该委员会成员的人员组成。

第三条　委员会应为法人团体

委员会以第二条指定的名称作为法人团体，具有永久继承权并拥有公章，可以自己的名义起诉和被起诉。

条四条　委员会的成员

(1)委员会应由部长任命的7名成员组成，此类成员来自部长所认为的具有丰富经验并在工业、法律、贸易、商业或行政管理领域表现出一定能力的

---

* 1987年1月22日。

人士。

(2)部长应任命1名委员会委员作为委员会主席。

(3)本法附件的规定对委员会成员的任期、应支付给委员会成员的酬金以及委员会的会议和印章事务具有效力。

第二章
委员会的职能和权力

第五条　委员会的职能

委员会的职能是:

(a)调查本条所指的任何事项并做出适当的命令;

(b)审查根据第十八条或第十九条向其提出的任何请求,并在适当情况下,确定最高工厂价、批发价或零售价(如果高于此类价格则不得出售该请求中所提及的任何商品),或按照此类价格的定价依据确定其价格结构;

(c)审查根据第二十三条向其提出的任何事项,并就该事项以报告的形式向作出此类提述的机构提供咨询意见;

(d)审查根据第二十四条向其提出的任何事项,并就该事项以报告的形式向作出此类提述的机构提供咨询意见;

(e)根据第二十五条审查和报告任何事项。

第六条　委员会应特别予以注意的事项

委员会在行使本法第五条第(b)、(c)、(d)、(e)项规定的职能时,应特别注意以下事项:

(a)保护商品消费者的利益;

(b)向商品生产者提供必要的激励措施;

(c)对用于商品生产或服务提供的资本,必须确保合理的资本回报率;

(d)在本国不同经济部门之间的资源分配;

(e)从事商品生产或提供服务或从事与商品生产或提供服务有关或附带的任何活动的公司的高效运营;

(f)控制通货膨胀;

(g)政府的经济和社会政策的其他目标;

(h)部长可能不时给出的指导方针。

第七条　要求维护记录和提交申报表的权力

为适当地行使其权力或履行其职能，委员会可要求任何商品的制造商、进口商、经销商以及从事任何规定服务的任何政府部门或企业：

(a)就委员会认为必要的事项，以委员会决定的格式保存记录；

(b)就委员会认为必要的事项，以委员会确定的时间和形式向委员会提交申报表。

第八条　委员会具有的要求提交信息的权力

(1)委员会或由委员会授权的任何人，可以书面通知形式要求任何人在通知书所指明的期限内提供通知书所指明的，委员会认为对其适当行使权力或履行职责所必需的任何此类资料或出示任何此类文件，任何收到通知的人员均有责任在通知中指定的时间内遵守该要求，无论是否有任何书面法律规定禁止该人员披露此类信息或出示此类文件；但前提是：

如果《外汇管理法》或关于征收和追缴任何税款的法律中的任何规定均禁止该人员出示该文件或披露该信息，则本款中的任何内容均不得解读为允许委员会或委员会授权的任何人以通知方式要求任何人提供任何信息或出示任何文件。

(2)如果任何成文法规定禁止某人披露根据第(1)款的规定可能要求其披露的任何信息或出示该款规定可能要求其出示的任何文件，则即使在任何此类成文法中有任何相反的规定，也不得视为该人员的此类披露或出示违反该成文法的规定。

(3)对于根据本条发出的通知的条款，按照第七条提供的申报表中所包含的信息以及所提供的信息或所出示的文件的内容，委员会不得将其发布或传达给其他任何人，除非根据具体情况或者在委员会行使其功能的过程中，经过提供该申报表或信息的人的同意或出示该文件(视情况而定)的人的同意。

第九条　委员会具有的授权任何官员进入并检查处所的权力

如果委员会认为，为了依照第十一条进行调查而确有必要，则可以书面授权任何官员在 1 日之中的所有合理时间进入并检查从事任何业务的处所，并检查和复制本法或任何其他法律规定的，与该业务有关的任何记录。

第十条　询问和调查的权力

(1)委员会可以：

(a)在履行本法规定的职能时,在必要或适当的情况下进行相关询问;

(b)根据第十一条展开调查。

(2)视情况而定,对构成询问或调查的主题的事项,委员会可根据本条的规定对与该事项有利益关系的所有人员(包括消费者协会或组织的代表)给予质询或出具委员会所认为的与该事项有关的口头或书面证据的机会。

(3)对于委员会根据第(1)款的规定而进行的询问或调查(视情况而定),委员会应具有地方法院的下述所有权力:

(a)传唤及强令任何证人出席;

(b)强令出示文件;

(c)要求任何证人进行宣誓或确认。

(4)如果任何人员:

(a)在委员会实施的任何询问或调查的进行过程中或作出结论之后(视情况而定),在没有充分理由的情况下发表任何声明或采取任何行动,从而可能使该委员会或其任何成员声誉受损;或者

(b)干扰委员会的合法程序;或者

(c)在根据第(1)款的规定进行的询问或调查过程中(视属何情况而定):

(i)按照委员会向该人员发出的传票所指明的时间和地点,无故未能到场面对委员会,而委员会认为该等到场是合理的;或者

(ii)拒绝宣誓或在已适当宣誓的情况下,无故拒绝或未能就委员会所询问或调查的任何事项,回答视情况而向其提出的与此类事项有关的任何问题,而委员会认为该等回答是合理的;或者

(iii)无故拒绝或未能出示或展示其所拥有或受权的任何文件,而根据委员会的意见,该文件与正在询问或调查的任何事项有关(视情况而定),并且委员会认为该等出示或展示是合理的,则应认为该人员存在藐视或不尊重委员会的职权的罪行。

(5)如果委员会裁定某人存在藐视或不尊重其职权的任何罪行,则可要求其秘书长向上诉法院提交一份载明其裁定的证明书,每一份此类证明书均须由委员会主席签署。

(6)在上诉法院根据第(8)款规定认为适于审理的任何惩罚蔑视罪的诉讼中,任何已签署并根据第(5)款提交上诉法院的,被指称为证明书的文件均应作

为上述裁定中所述事实的证据,并作为该裁定系由委员会作出的结论性证据。

(7)对于任何藐视或不尊重委员会职权的指控,在根据第(8)款的规定为惩罚该罪行而进行的任何法律程序中,除非征得本人同意,否则不得传唤和审查委员会的任何成员作为证人。

(8)任何藐视或不尊重委员会职权的犯罪,均应由上诉法院予以惩处。

第三章
委员会的调查

第十一条　委员会进行调查的权力

委员会可出于自发或应任何人向其提出的申诉就以下事项进行调查,或在拟进行合并的情况下,应任何人向其提出的请求,就以下事项进行调查:

(a)存在或可能存在垄断情形;

(b)产生或可能产生合并情形;

(c)存在任何反竞争行为。

第十二条　垄断情形

就第十一条第(a)项而言,下述条件下应视为存在垄断情形:

(1)在以下情况下,就任何种类的商品供应而言,如果

(a)在斯里兰卡境内供应的所有该类商品的规定份额均由同一个人提供,或均提供给同一个人;或者

(b)在斯里兰卡境内供应的所有该类商品的规定份额均由同一组相互关联的法人团体的成员提供,或均提供给同一组相互关联的法人团体的成员;或者

(c)在斯里兰卡境内供应的所有该类商品的规定份额均由2名或2名以上人员组成的同一团体的成员提供,或均提供给由2名或2名以上人员组成的同一团体的成员。本款中,与任何种类的商品有关的“2名或2名以上人员”是指2名或2名以上的任何人员(不是一组相互关联的法人团体),无论是否自愿并且无论是否通过协议,均以任何方式各行其是,以防止、限制或扭曲与该类商品的生产或供应有关的竞争,无论此类人员本身是否受到竞争的影响,且此类竞争是在有意作为生产商的一方或供应商之间,或在有意作为生产商的消费者或供应商之间的竞争;或者

(d)一项或多项协议正在执行中,其结果或共同结果是造成该类商品未在

斯里兰卡供应。

(2)在以下情况下,就提供任何种类的服务而言,如果

(a)在斯里兰卡境内提供的该类服务的规定份额均由同一个人提供,或均提供给同一个人;或者

(b)在斯里兰卡境内提供的该类服务的规定份额均由同一组相互关联的法人团体的成员提供,或均提供给同一组相互关联的法人团体的成员;或者

(c)在斯里兰卡境内提供的该类服务的规定份额均由2名或2名以上人员组成的同一团体的成员提供,或均提供给由2名或2名以上人员组成的同一团体的成员。本款中,与任何种类的服务有关的“2名或2名以上人员”是指2名或2名以上的任何人员(不是一组相互关联的法人团体),无论是否自愿并且无论是否通过协议,均以任何方式各行其是,以防止、限制或扭曲与该类服务提供有关的竞争,无论此类人员本身是否受到竞争的影响,并且此类竞争是有意作为服务被提供者之间,或有意作为服务提供者之间的竞争;或者

(d)一项或多项协议正在执行中,其结果或共同结果是造成该类服务未在斯里兰卡提供。

(3)在以下情况下,对于从斯里兰卡出口的任何种类的货物,如果

(a)在斯里兰卡境内生产的所有该类商品规定的份额均由同一个人生产;或者

(b)在斯里兰卡境内生产的所有该类商品的规定份额均由同一组相互关联的法人团体的成员生产,则就本条而言,对于从斯里兰卡向市场上一般性出口该类商品的行为,以及从斯里兰卡分别向各个市场出口该类商品的行为,均视为存在垄断情形。

(4)对于从斯里兰卡向市场上一般性出口任何种类商品的行为,如果

(a)正在执行的一项或多项协议以某种方式防止或限制,或阻止,或防止、限制或扭曲从斯里兰卡出口该类商品有关的竞争;并且

(b)(a)项所指的一项协议或多项协议(视情况而定),对在斯里兰卡生产的所有该类商品的规定份额均有效。

(5)对于从斯里兰卡向任何特定市场出口任何种类商品的行为,如果

(a)正在执行的一项或多项协议以某种方式防止、限制,或扭曲向该市场供应(无论是否在斯里兰卡市场供应)该类商品有关的竞争;并且

(b)(a)项所指的一项协议或多项协议(视情况而定),对在斯里兰卡生产的所有该类商品的规定份额均有效。

(6)就本条而言,与下述情形有关的"规定份额":

(a)提供任何种类的货物;

(b)提供任何种类的服务;

(c)出口任何种类的货物。

系指部长根据委员会的建议,按规定确定的份额,但是,该份额不得少于某一类商品或服务供应量的1/3,或少于任何种类商品出口量的1/3。

(7)委员会在根据第(6)款向部长提出建议时,应审查由任何个人或一组相关联的法人团体占有的市场份额,并确定占有该市场份额所导致的市场支配力是否会用于以下目的:

(a)淘汰或严重损害市场上的竞争者;

(b)防止竞争对手进入市场;以及

(c)威慑或阻止他人在市场上从事竞争行为。

第十三条　合并情形

(1)就第十一条第(b)项而言,如果某人(无论是否为法人团体)直接或间接收购或拟定直接或间接收购某个法人团体或任何其他个人的资产中的任何股份,并且如果

(a)作为收购或拟收购的结果,前述的第一人能够或很可能处于商品或服务市场的控制或支配地位;或者

(b)前述的第一人处于商品或服务市场的控制或支配地位的情况下,

(i)任何其他人员或法人团体或任何其他相关人员或法人团体是或可能是前述第一人的竞争对手或与该人有关的法人团体的竞争对手;

(ii)收购或拟议的收购将会或可能会大大增强前述第一人对该市场的控制或支配力。

(2)就本条而言,该前述第一人应被视为处于控制或支配市场的地位,其前提是:

(a)如果一个与该前述第一人有关的实体(无论是否为法人团体)处于控制或支配商品或服务市场的地位,那两个或两个以上的此类实体(其中的每个实体均与该前述第一人相关联)共同处于该地位;或者

(b)如果该前述第一人与某法人团体处于控制或支配商品或服务市场的地位,那么两个或两个以上的此类实体(其中的每个实体均与该前述第一人相关联)共同处于该地位。

(3)在本条中,

(a)“商品或服务市场”应解释为斯里兰卡境内的实体性商品或服务市场;

(b)“控制或支配商品或服务市场”应解释为作为某市场上商品或服务的供应商,或作为某市场上商品或服务的获取方控制或支配该市场。

第十四条　反竞争行为

就第十一条第(c)项而言,在斯里兰卡生产、供应或购买商品或在斯里兰卡提供或获取服务的过程中,如果某人的单独行为或与他人的共同行为已产生或意图产生有可能造成限制、扭曲或防止竞争的结果,则应视为后果存在反竞争行为。

第十五条　调查结束时委员会应发布命令

(1)在就第十一条所规定的任何或所有事项而进行的调查结束后,如果委员会认为:

(a)存在任何垄断或合并情形或反竞争行为,但该垄断或合并情形或反竞争行为并未产生或不可能产生损害公共利益的作用,或者在拟议合并的情况下,该拟议合并不可能产生损害公共利益的作用,则委员会可发布命令,对此类垄断、合并情形、反竞争行为、拟议的合并给予批准。

就本项而言,在确定任何垄断或合并情形或反竞争行为或拟议的合并是否产生或可能产生损害公共利益的作用时,委员会应就其认为与所调查事项具有关联性的所有事项均加以考虑,并须特别考虑以下事项的有利性:

(i)维持和促进商品和服务提供者之间的有效竞争;

(ii)在商品和服务的价格和质量以及所提供的商品和服务的种类方面,维护商品、服务的消费者、购买者和其他用户的利益;

(iii)通过竞争促进成本降低、开发和使用新技术和新产品,并促使新竞争者进入现有市场;

(iv)维持和促进工业活动和就业的均衡分配;

(v)维持和促进出口市场上的竞争活动。

(b)如果拟议的合并有可能损害公众利益,则委员会应拒绝批准该拟议的合并。

（c）如果存在任何垄断、合并情形或反竞争行为，并且此类情形或行为正在损害公众利益，委员会应发布命令作出如下规定：

（i）通过出售企业的任何部分或资产或其他方式来分割任何业务（为此目的，任何人或 2 个以上相关联的法人团体通过业务方式进行的所有业务均可被视为单一业务），或就分割任何相关联的法人团体给予规定，以及为实现或考虑该分割可能需要进行的所有此类事项而给予规定，包括：

①财产、负债或义务的转让或归属；

②通过解除或减少任何责任或义务等方式调整合同；

③创设、分配、放弃或注销任何股份、股票或证券；

④按照 1982 年第 17 号《公司法》的规定，实施公司、协会、法人或非法人的成立或清算，或修改备忘录、章程及其他规章制度；

⑤该命令会在多大程度上及在何种情况下影响该公司或协会的股本、章程或其他事项，以及根据该命令的颁布而进行的注册对公司或协会的影响；

⑥在任何必要的当事人变更的情况下，继续施行任何法律诉讼程序。

（ii）通过任命某人按照该命令规定授予的权力或以任何其他方式采取任何行动或保护任何资产，或监督此类行动或保护行为。

（iii）以该命令中载明的方式终止任何反竞争行为。

（iv）为纠正或防止任何垄断或合并情形或反竞争行为的不利影响，委员会认为必要的其他行动。

（2）第（1）款第（c）项中提及的业务分割，应解释为通过出售受共同控制的多家企业的任何部分或任何有关业务或资产以其他方式进行的分割，而不是由其为相关联的法人团体的企业而进行分割。

第十六条　根据第十五条公布命令

委员会可以按照其认可的方式促成发布其根据第十五条作出的任何命令。

第十七条　上诉

任何人如对委员会根据第十五条作出的命令存在异议，可在作出该命令后 30 日内向上诉法院提出上诉。

第四章
对委员会的要求、提述和指令

第十八条　物价管理员可就特定商品要求委员会确定价格或设定价格结构

如果物价管理员认为斯里兰卡存在或有可能出现除所指定的商品以外的任何商品短缺或任何不合理的价格上涨,或出售中的此类商品的价格过高,则可以要求委员会进行如下事项:

(a)设定出售此类商品的最高工厂批发价或零售价(如果高于此类价格,则不得出售该商品),或建立价格结构,作为此类最高定价的依据;或者

(b)如果对于某商品存在根据第二十条所颁布的有效命令,该命令确定了超过之后即不得出售该商品的最高价格,或建立了作为此类最高定价依据的价格结构,以变动最高价格或该命令所规定的价格结构。

如果物价管理员认为在极端紧急的情况下确有必要,则可以通过在《宪报》上发布命令来确定此类商品的最高价格,同时向委员会提出此类要求,并且该命令在被委员会确认或更改之前,应被视为委员会根据第二十条作出的命令。

第十九条　有关机构可要求委员会通过命令变动某个商品的固定价格

如果对于某商品存在根据第二十条所颁布的有效命令,该命令确定了超过之后即不得出售该商品的最高价格,或建立了作为此类最高定价依据的价格结构,则有关机构可以要求委员会变动该命令所确定的价格或价格结构。

第二十条　收到根据第十八条或第十九条提出的请求后,委员会的程序和权力

(1)在收到根据第十八条或第十九条提出的请求后,委员会可安排将通知书刊登在宪报上,以表示其已收到该请求并邀请对此请求有兴趣的任何人向其提交与该请求有关的意见和评论。

(2)第(1)款所提述的意见和评论,应以委员会确定的方式和期限提出。

(3)根据第(2)款提交的意见和评论或由物价管理员提交的意见和评论(如有),如果委员会认为该要求合理,则应当:

(a)如果该请求是根据第十八条第(a)项提出的,则应通过在《宪报》上发布命令,确定超过之后,即不得出售该请求中所述商品的最高工厂价、批发价或零售价,或建立作为此类最高定价的依据的价格结构;

(b)如果该请求是根据第十八条第(b)项或第十九条提出,则更改该命令,确定超过之后,即不得出售该请求中所述商品的最高工厂价、批发价或零售价,或建立作为此类最高定价的依据的价格结构。

(4)根据第(3)款所作的每项命令均于宪报刊登该命令的日期生效。

(5)根据第(3)款所作的命令可载明该命令所规定的商品的销售条件,包括销售的时间、地点以及待出售的商品的数量和质量。

(6)如果根据第十八条或第十九条提出的要求仅针对某件商品的零售价或批发价或工厂价格(视情况而定),则委员会在根据第(3)款确定超过之后即不得出售该商品的最高价、零售价或批发价或工厂最高价(视情况而定)。

第二十一条　履行和实施第二十条赋予的权力和职责的时间期限

如果根据第十八条或第十九条向委员会提出了要求,则委员会应自收到该请求之日起2个月内行使与该要求有关的权力并履行第二十条赋予该委员会的职责。

部长可根据宪报刊登的命令,延长委员会应对此要求行使职权或履行职责的时间。

第二十二条　对于根据第二十条作出的命令,部长对其撤销或更改的权力

(1)部长可撤销或更改委员会根据第二十条作出的任何命令。

(2)如果部长根据第(1)款撤销或更改了命令,则该撤销或更改的通知应在宪报上予以公告。根据第二十条作出的命令应视情况按已撤销或更改论处,撤销或更改自该公布之日起生效,但不影响根据该公告执行的任何事务或导致的任何结果,也不影响根据该公告所获得、增加或产生的任何权利、义务或责任。

第二十三条　规定商品的价格变动或规定服务的收费变动时的报告义务

(1)有关机构如果提议改变规定商品的价格或任何规定服务的收费,则应将其提议通知委员会,并应视情况将有关拟议的价格或收费变动的问题提交委员会审查。与之相应,委员会应审查该问题,并在此类提述中所指明的期限内,向作出此类提述的有关机构进行报告。相关人不能是企业的董事长、政府部门负责人或1971年第35号《企业(收购)法》所授权的业务主管部门,而只能通过部长进行,委员会审查所提的任何问题应向该部长报告。

(2)对于规定商品的价格或任何规定服务的收费,有关机构在委员会视情况审查并报告有关问题或价格或收费变动后,方可改变价格或收费。

如果相关人是企业的董事长、政府部门负责人或根据1971年第35号《企业(收购)法》所授权的业务主管部门,则该相关机构在极端紧急的情况下,有必要提高此类规定商品的价格或此类规定服务的费用,直至委员会根据第(1)款就该机构提述的事项作出报告。

第二十四条　提议

部长可以按照自己的意向或应任何人或任何团体向其作出的陈述,对与任何商品的价格或任何服务的收费有关的任何问题,提请委员会进行检查和报告。与此相应,委员会应审查该问题,并在该提述所指明的期限内,将其报告提交给部长,以供参考。

第二十五条　委员会应审查与商品价格有关的问题

委员会可以按照自己的意向或应任何人或任何团体提出的请求,审查与任何商品价格或任何服务收费有关的问题,并在委员会可能认为合理的期间内向部长报告。

第二十六条　发布根据本法制定的报告

对于根据本法规定向部长提出的任何报告或在该报告中提出的任何建议,部长可以其认为合适的方式,安排予以公布。

第五章
委员会的工作人员

第二十七条　委员会的秘书长

(1)委员会可在部长的书面批准下,任命1名委员会的秘书长(本法中简称为秘书长)。

(2)根据第(1)款任命的秘书长应是委员会的首席执行官,并应始终按委员会的指示行事。

(3)应向秘书长支付报酬,该报酬可由委员会与部长协商后确定。

(4)如果秘书长因病或因为不在斯里兰卡或因为其他任何原因无法履行其职务,经部长书面批准,委员会可任命其他人在该缺席期间担任秘书长。

第二十八条　委员会的官员、公务员和顾问的任命

(1)委员会可任命执行委员会工作所需的官员、公务员和顾问。

(2)根据第(1)款任命的官员、公务员和顾问的报酬应由委员会与部长协商确定。

第二十九条　任命公职人员作为委员会人员

(1)应委员会的要求,任何公职人员均应在该人员和主管公共行政事务的部长秘书的同意下,在委员会确定的期限内临时被任命为委员会的工作人员。经同意后,委员会可永久任命该工作人员。

(2)如果任何公职人员被临时任命为委员会工作人员,应参照适用 1978 年第 19 号《运输委员会法》第十三条第(2)款的规定。

(3)如果任何公职人员被永久任命为委员会工作人员,应参照适用 1978 年第 19 号《运输委员会法》第十三条第(3)款的规定。

(4)如果委员会雇佣的人员已与政府订立合约并同意在指定期间为政府工作,则该人员在委员会任职的期间均应视为履行该合同中的对政府的服务的义务。

第六章
委员会的资金

第三十条　委员会的资金

(1)委员会应自备资金。

(2)以下款项应存入委员会的资金:

(a)议会的拨款;

(b)委员会在履行、行使和执行其权力、职责和职能时可能收到的所有此类款项。

(3)应从委员会资金中支取应付委员会成员的酬劳,以及委员会履行、行使和执行其在该法项下的权力、职责和职能时所产生的费用和委员会根据该法须支付的所有款项。

第三十一条　财政年度和账务审计

(1)委员会的财政年度为日历年。

(2)委员会应合理落实账目,以记录其收支、资产、负债以及委员会的所有其他交易。

(3)《宪法》第一百五十四条中有关对公司账目进行审计的规定应适用于对委员会账目的审计。

第七章
其他

第三十二条　不适于特定企业

本法的任何内容均不适用于根据 1978 年第 4 号《大科伦坡经济委员会法》第十七条与大科伦坡经济委员会达成任何协议的或与之相关的企业。

第三十三条　根据第十一条提出的申诉以及根据第十八条、第十九条提出的请求应以委员会确定的形式提交

根据第十一条提出的每项申诉以及根据第十八条或第十九条提出的每项请求,均应采用委员会为该目的而确定的形式。

第三十四条　对提起的诉讼的保护

不得提起民事诉讼或刑事诉讼的情形:

(a)就委员会根据本法善意地完成或拟完成的任何行为,针对委员会提起的诉讼;或者

(b)就委员会的任何成员,包括官员、公务员或顾问根据本法善意地完成或拟完成的任何行为提起的诉讼。

第三十五条　委员会的成员、官员、公务员应视为公务员

委员会的所有成员、官员、公务员和顾问均应视作《刑法典》意义上的公务员。

第三十六条　委员会应视作贿赂法意义上的特定机构

委员会应视作贿赂法中所指的特定机构,并应以贿赂法的条款作相应解释。

第三十七条　违反和惩罚

(1)如果,

(a)任何人违反或不遵守本法的任何规定或根据本法作出的任何规定、合法给出的指示或根据本法合法施加的任何要求;或者

(b)任何人疏于实施或拒绝实施如下行为:

(i)向委员会提供根据第七条要求提供的申报表;或者

(ii)按照根据第八条所发出的通知,在需要时提供任何信息或出示任何文件;或者

(c)在其根据本法提供的任何申报表中故意作出虚假陈述,或在委员会要求提供任何信息的情况下故意提供虚假信息;或者

(d)妨碍任何官员行使第九条所赋予的权力,则均属违反本法的行为,经法官审判后一经定罪,可处以不超过5000卢比的罚款或不超过1年的监禁,或同时处以罚款和监禁。

(2)

(a)任何人如不遵守或拒绝遵守根据第十五条作出的命令或违反该命令而行事即属犯罪。经法官定罪后,可处不超过5万卢比的罚款,或不超过2年的监禁,或同时处以罚款和监禁;

(b)法院可另外命令此类人员在该期间内不得经营第十五条所规定的业务,但根据该条第(b)项作出的命令除外。其期限可由法院裁定,或直至该人员遵守根据第十五条作出的命令为止。

(3)委员会可以按照其认为适合的方式,公开或安排公开本法被定罪的所有人的姓名和地址。

(4)如果某个实体犯有本法所规定的任何罪行,则:

(a)如果该实体是法人团体,该法人团体的每名董事和高级管理人员,均应被视为犯有该罪行;

(b)如果该实体是一家公司,则该公司的每个合伙人均应被视为犯有该罪行。

但是,如果该董事、高级管理人员或合伙人证明其在不知情的情况下犯下该罪行,或者在进行一切尽职调查以防止委员会犯下这种罪行的情况下才犯下该罪行,则其不应被视为犯有该罪行。

(5)除非得到司法部部长的书面制裁,否则不得对本法中的任何罪行提起公诉。

第三十八条　法规

(1)针对哪些法规应由本法授权制定,部长可就本法要求制定的任何事项制定法规。

(2)特别是在不损害第(1)款赋予的权力的一般性的原则下,部长可就以下所有或任何事项制定法规:

(a)针对本法规定商品和服务;

(b)规定召集委员会会议的方式;

(c)规定举行委员会会议的方式;

(d)规定应向哪些人及以何种方式支付传唤证人出席委员会的询问和调查所产生的费用。

(3)部长制定的每条规定均应在《宪报》上公布,并应自该公布之日或本规定中指明的较晚日期开始实施。

(4)部长制定的每条规定应在《宪报》上公布后尽快提请议会批准。从未获批准之日起,未经批准的任何法规均应视为已被撤销,但不得影响先前根据法规进行的任何操作。

(5)对于被认为已撤销的、由部长制定的任何规定,应在宪报上公布该规定视为撤销的日期。

第三十九条　废除和保留

(1)废除1975年第42号《国家价格委员会法》。

(2)尽管废除上述法律,但是,

(a)对于根据已废除的法律第二十五条设立的委员会的资金,所有应计入该资金贷方的款项,均应在指定日期之前转移到根据本法设立的本委员会的资金中;

(b)在指定日期之前的任何日期,由国家价格委员会进行的所有未决的询问和调查,均应视为根据本法规定由本委员会进行的未决询问和调查,并因此根据该法的规定由本委员会继续进行并审结;

(c)根据第十七条和第十八条提出的所有要求以及根据已废除的法律第二十三条、第二十四条和第二十五条转交给国家价格委员会审查的所有问题,如果在指定日期之前国家价格委员会仍然在办未决,则应视为根据本法向本委员会提出的要求和问题,并因此根据本法的规定由本委员会进行问询和审查;

(d)国家价格委员会根据已废除的法律规定所作出的所有命令和提交的所有报告,均应被视为本委员会根据本法规定作出的命令或提交的报告;

(e)由国家价格委员会在任何法院或法庭提出的诉讼或针对国家价格委员会提出的起诉,如果在指定日期之前的日期待决,则应视为本委员会提出的起诉或针对本委员会的起诉;

(f)任何管辖法院为支持或反对国家价格委员会而订立或作出的法案和命

令,应视作为支持或反对本委员会而作出,并可据此予以执行;

(g)部长根据废除的法律制定的、在指定日期仍然有效且与本法的规定不抵触的每项法规,均应视为根据本法律制定的法规,并可以相应地根据本法予以修订、增加或取消;

(h)国家价格委员会的所有官员、公务员和顾问,自指定之日起即被视为本委员会人员,并按不低于国家价格委员会规定的雇佣条款和条件任职;

(i)国家价格委员会所有债务和资产,以及签订或由国家价格委员会执行的所有合同和协议,均应由本委员会承担或履行。

第四十条　1979 年第 1 号《消费者保护法》的修订

现将 1979 年第 1 号《消费者保护法》修订如下:

(1)在该法第二十条第(1)款中用"公平交易委员会"一词代替"国家价格委员会";

(2)在该法第二十一条第(b)项中用"公平交易委员会"一词代替"国家价格委员会";

(3)废除该法第二十三条。

第四十一条　解释

在本法中,除非文义另有所指,否则"商品"是指食物、饮料或其他任何商品;"主席"是指根据本法任命为委员会主席的人;"物价管理员"是指根据《物价管控法》第二条任命的物价管理员。

"有关机构"是指:(a)就任何商品而言,指该商品的制造商、进口商或经销商或负责确定该商品价格的其他任何人;(b)就规定的服务而言,指公司的董事长或政府部门的负责人或提供该服务的其他任何人。

附　件

一、在以下情况下,可以取消委员会委员的资格:

(a)如果该人员担任或成为议员、任何发展委员会或任何地方当局的成员;

(b)如果该人员不是斯里兰卡公民或不再是斯里兰卡公民;

(c)如果根据斯里兰卡或其他任何国家的现行有效法律,已发现或宣布该人员精神不健全;

(d)如果根据斯里兰卡或其他任何国家的任何法院的判决,该人员正在服刑或曾经服刑。

二、委员会的每一位成员,除非其因死亡、辞职或撤职而提前离任,否则应自其任命之日起任期为3年,并且除非其被撤职,否则有资格连任;对于因成员死亡、辞职或撤职而取代其职务的成员,其任期应为其所继任的成员的未满任期。

三

(1)部长可以通过在宪报上刊登命令,撤职委员会的任何成员,而无需说明任何理由。根据本款对其下达命令的成员,应在该命令在宪报上公布之日被视为已撤职。

(2)对于根据本款撤职的任何成员,在任何法院均不得提起诉讼。

四、委员会成员可在任何时候通过致信部长的方式辞职,该辞职自其被部长以书面形式接受时生效。

五、如果因为委员会任何成员的死亡、辞职或撤职而造成职务空缺,则部长可根据本法第四条第(1)款的规定,任命其他人接任该成员。

六、如果委员会的成员由于生病、身体虚弱或不在斯里兰卡的时间不超过3个月,进而暂时无法履行其职责,则该成员有责任以书面形式向部长告知其无法履职。随后,部长可根据第四条第(1)款的规定,任命其他人在此期间代替该成员。

七、经与主管的部长协商并由财务部确定后,可从委员会的资金中支付委员会成员的酬劳。

八

(1)委员会主席应主持委员会的每次会议。如果主席缺席任何此类会议,则出席会议的成员应选出1名出席的成员主持该会议。

(2)委员会任何会议的法定人数为3名成员。

(3)主席或在主席缺席的情况下主持委员会任何会议的成员,除其自有的表决权外,还具有投决定票的权利。

(4)根据本款的规定以及第三十七条制定的任何规章中的规定,委员会可规范其会议程序以及在此类会议上开展业务交易的程序。

九、对于委员会的任何行为、决定或程序,不得仅因其成员的任命中存在任何缺陷而被视为无效。

十

(1)委员会的公章应由主席保管。

(2)委员会公章的使用,应由委员会主席通过签名来授权或由获得公章授权的其他成员通过签名来授权。

十一

对于委员会的任何程序或委员会拟作出的任何决定中的标的事项,有直接或间接利益的委员会成员,应在委员会会议上披露其利益的性质,并且该成员不得参与与此事项有关的任何程序或决定。

十二

(1)如果主席由于生病或因不在斯里兰卡而暂时无法履行其职务,则部长可以任命委员会的另一名成员代其行事。

(2)部长可在不提出任何理由的情况下终止主席的任命。

(3)主席可随时通过向部长致信而提请辞职,辞职在部长以书面形式接受后生效。

(4)在符合第(2)款和第(3)款的规定的前提下,主席的任期应为其作为委员会成员的任期。

斯里兰卡公平交易委员会修订案*

本法旨在修订 1987 年第 1 号《公平交易委员会法》。

斯里兰卡民主社会主义共和国议会兹颁布如下法律:

1. 本法可称为 1993 年第 57 号《公平交易委员会(修订)法》。

2. 1987 年第 1 号《公平交易委员会法》(以下简称主法)第五条兹修改如下:

(1)将该条第(b)项改为:“(b)审查根据第十八条向其提出的任何要求。”以及

(2)删去该条第(c)、(d)、(e)项。

---

* 1993 年 11 月 25 日。

主法第六条修订

3. 主法第六条兹修改如下：

(1)将“本法第五条第(b)、(c)、(d)、(e)项规定的职能”改为“本法第五条第(b)项规定的职能”；

(2)在该条第(b)项中，用“商品生产或服务提供”代替“商品生产”；

(3)将该条第(e)项改为：

“(e)从事商品生产或与商品生产有关或附带的任何活动的公司的有效运营；”。

主法第七条修订

4. 主法第七条兹修改如下：用“任何商品的经销商及从事提供任何规定服务的政府部门或公司”代替“任何商品的经销商”。

主法中插入新的第九 A 条

5. 在第九条之后紧接着插入以下新的 1 条，该条具有与主法第九条相同的效力：

“关于任何可能导致合并情形的份额收购通告。

九 A. (1)任何人，无论是否为法人团体，如拟收购法人团体或任何其他人的资本中的任何份额或其任何资产，并且该收购可能导致本法意义上的合并情形，则应在上述拟议收购日期前不少于 30 日向委员会发出拟议收购的书面通知。

(2)委员会应在收到第(1)款所述通知后 21 日内，以书面形式就如下事项告知发出上述通知的人：

(a)委员会对拟议收购份额或资产一事没有异议；或者

(b)委员会将在对该事项进行调查或询问后，通报其决定。”

主法第十一条修订

6. 主法第十一条现予废除，并用以下条文代替：

“十一、委员会调查

委员会可主动或根据任何一方向其提出的申诉或请求，就下列事项进行调查：

(a)存在或可能存在垄断情形；

(b)产生或可能产生合并情形；

(c)广泛存在任何反竞争行为。”

主法第十三条修订

7. 主法第十三条第(1)款兹修改如下：

(1)用“就第九A条及第十一条第(b)项而言”代替“就第十一条第(b)项而言”；

(2)用“资本或资产中的份额”代替“资本中的份额或资产”。

主法第十五条修订

8. 主法第十五条第(1)款兹修改如下：

用“第九A条或第十一条所规定的”代替“第十一条”。

主法第三十三条修订

9. 主法第三十三条兹修改如下：

用“根据第十八条或第十九条提出”代替“根据第十八条提出”。

主法第三十七条修订

10. 主法第三十七条兹修改如下：在该条第(1)款之后紧接着插入如下新的一款内容：

“(1A)凡被判定犯有第(1)款第(b)项所述罪行的人，如果在定罪后14日内未按照本法第七条或第八条的要求提供申报表或资料或出示文件，则应视情形对其处以每天500卢比的额外罚款，直至其向委员会提供上述申报表或资料或出示文件。”

主法第三十八条修订

11. 主法第三十八条兹修改如下：在该条第(2)款中删除第(a)项。

主法第四十一条修订

12. 主法第四十一条兹修改如下：用下述定义代替“有关机构”的定义：

“有关机构”是指任何特定商品的制造商、进口商或经销商，或负责确定该特定商品价格的任何其他人员。

13. 本法的僧伽罗语文本和泰米尔语文本如有任何不一致之处，以僧伽罗语文本为准。

哈萨克斯坦不正当竞争法

本法应界定不正当竞争的行为，建立预防和消除不正当竞争及其后果的机制，并对不正当竞争行为的责任作出规定。

第一条　基本术语

本法使用下列术语：

破坏信誉，旨在剥夺、削弱竞争对手、商品和服务的权威的故意行为；

竞争者（在市场上），因活动范围的改变而导致其他市场主体市场份额减少或增加的市场主体；

不正当竞争，法人和（或）实体以及国家机关和地方自治机构的任何作为（不作为），旨在企业活动中通过消除或限制竞争获取不正当优势；

协议，双方之间的任何旨在限制或消除竞争，在创业活动中获取不正当优势的合同关系（纵向关系、横向关系、混合关系）；

市场主体，从事企业活动并参与商品、工作、服务交易的法人或实体；

授权机构，由哈萨克斯坦共和国政府确定的机构，负责执行国家政策，以促进和发展竞争以及防止、限制和消除不正当竞争。

第二条　管理不正当竞争的立法

1. 关于不正当竞争的立法应以《哈萨克斯坦宪法》为基础，由《哈萨克斯坦民法》、本法以及哈萨克斯坦共和国根据这些法律颁布的其他规范性法律法案组成。

2. 如果哈萨克斯坦共和国批准的国际条约规定了与不正当竞争的立法不同的规则，则应适用国际条约的规则。

第三条　适用范围

本法适用于哈萨克斯坦共和国的法人及其他实体、政府机构、自治机构以及其行为限制或消除哈萨克斯坦共和国商品市场自由竞争的外国法人。

第四条　不允许限制或消除竞争的行为

1. 禁止任何通过损害其他企业自由竞争权利的方式限制或消除竞争的行为,以及侵害消费者权利和合法利益的行为。

2. 除法律另有规定,禁止政府机构、自治机构通过规范性法律实施旨在为特定市场主体或者其他群体创造有利或歧视性的条件,以及侵害消费者权利和利益的行为。

第五条　不正当竞争行为的种类

下列行为属于不正当竞争:

(1)非法使用企业的商号、商标、服务标记和(或)其他商业称谓,使消费者对于商品(作品、服务)的生产者、销售者产生混淆或者可能产生混淆;

(2)通过平面复制竞争对手产品的外观、商号、标志特征、商标、服务标记和/或任何其他商业名称的方式,以及通过可能使消费者对商品(作品、服务)的生产者或销售者产生混淆的促销商品、固有容器、形状和其他外观的方式模仿竞争对手;

(3)在知情的情况下,传播有关竞争对手商品(作品、服务)的虚假信息和陈述,包括有关商品(作品、服务)的产地、制造商、销售者,以及质量、消费特点、功能、方法和产地的商品信息和陈述,以及其他不实的信息,以损害竞争对手的良好名誉和声誉;

(4)无竞争对手的卖方向买方强加附加销售条件,而该销售条件在性质和商业目的上均与合同标的无关;

(5)投放广告和传播其他信息,含有与其他竞争对手的商品(作品、服务)和活动不正当的比较;

(6)在广告材料中故意歪曲或不披露有关商品(作品、服务)真实特征和质量的信息;

(7)竞争者之间达成和履行有关价格、市场划分、排除其他企业家和其他旨在排除或严重限制竞争活动条件的协议;

(8)严重限制或消除竞争的市场主体的横向合并;

(9)未经所有者的同意,获取、使用、披露属于商业秘密和国家秘密的科学技术、工业和其他信息;

(10)其他消除和限制竞争、提供和(或)接受不正当利益的行为。

第六条　不正当竞争责任

1. 对于违反法人和其他实体，以及政府机构和自治机构及其官员的竞争自由的作为(不作为)，应当承担法律和哈萨克斯坦共和国其他立法法案规定的责任。

2. 在违反本法规定的情况下，市场主体、政府机构、自治机构及其工作人员必须采取下列措施：

(1)按照受权机构的命令停止不正当竞争行为，撤销或修改旨在消除、限制竞争的协议(法律所同意的)，并实施命令规定的其他行为；

(2)依照法律规定的方式赔偿因不正当竞争而遭受的损失(损害)。

第七条　授权机构制止不正当竞争行为的权利

1. 为执行旨在鼓励和促进竞争的国家政策，防止、限制和消除不正当竞争行为，政府应当确定一个授权机构。

2. 授权机构享有以下权力：

(1)作出对市场主体停止不正当竞争行为并纠正其后果的具有约束力的决定；

(2)要求并获取审议不正当竞争事实所需要的资料，包括法人、个人，国家机构、自治机构及其工作人员的书面和口头解释；

(3)依据法律规定的方式审议不正当竞争的行政案件，并对行政处罚作出决定，通知违法单位有约束力的命令，以停止其限制或者消除竞争的行为；

(4)发布具有约束力的命令，要求国家或者地方自治机构撤销或者修改限制或者消除竞争的违法行为；

(5)向法院提交诉讼，以制止不正当竞争行为，纠正其影响，将因不正当竞争行为而获得的利润上缴纳入国家预算，追偿因不正当竞争行为而给法人、个体工商户或其他实体造成的损失；

(6)如有证据表明有构成不正当竞争犯罪行为的，将有关材料送交执法机关决定立案；

(7)法律规定的其他职权。

第八条　交出非法所得利益并赔偿不正当竞争行为造成的损失

1. 因不正当竞争行为而给法人、其他实体或消费者造成的损失，应依据法律规定的方式获得赔偿。市场主体因实施不正当竞争行为非法获得的利益，应依据司法判决上缴国家。

2. 对实施限制或者消除合法竞争行为的实体应以立法规定的方式和数额处以罚款。

第九条　对授权机构的决定、命令和决议提出申诉的程序

对于授权机构作出的决定、命令和决议部分或者全部无效，或者变更所给予的行政处罚决定，法人或个体企业、国家和地方自治机构以及其他有关单位有权向法院提出申诉。

乌兹别克斯坦共和国竞争法*

第一章　总则

第一条　本法的目的

本法的目的是管理商品和金融市场竞争领域的关系。

第二条　竞争类法规

竞争类法规由本法和其他法律组成。

如果签订的国际条约规定了乌兹别克斯坦共和国竞争类法规以外的其他规则，则适用国际条约的规则。

第三条　本法的范围

本法适用于经营实体、自然人、国家机关和公共权力机构在乌兹别克斯坦共和国境内和（或）境外采取的对乌兹别克斯坦共和国商品和金融市场导致或可能导致竞争限制的行为。

除本法第十三条规定的行为外，本法不适用与知识产权项目的排他权有关的行为。

在适用本法但不会限制自然垄断主体行使特定职能的情况下，本法的规定适用于自然垄断主体。

第四条　基本概念

本法适用以下基本概念。

可交换商品——按照价格和其他参数，买受方可以实际利用一种在功能、目的、应用、质量和技术特点方面可比较的商品替换另一种商品；

不公平竞争——经营实体或团体在开展经济活动时，为获取利益而实施的违反法律和商业惯例的行为，给其他经营实体（竞争对手）造成或可能造成损

---

* 2012 年 1 月 6 日第 ZRU－319 号法案。本法于 2019 年 12 月 3 日修订。

失，导致或可能导致其商誉受损；

经济集中——导致经营实体或团体产生支配地位，对商品或金融市场的竞争状况产生影响的交易和（或）其他行为；

经济活动协调——指对于某个法人或自然人的多个经营实体的行为给予批准，前提是该法人或自然人未参与任何具有此类经营实体的任何团体；

歧视性条件——获取商品或进入金融市场的条件以及生产、消费、收购、转让商品等方面的条件在相同的情况下，1个或多个经营实体与其他经营实体（竞争者）相比处于不平等地位；

协调行为——指2个或2个以上的经营实体在商品或金融市场上的行为满足市场上每个特定参与者的利益，并且各参与方知道此类行为会导致或可能导致竞争限制；

协议——双方或多方以书面形式作出的安排，其中既包括文件或若干文件，也包括口头形式的安排导致或可能导致竞争限制；

金融市场——银行、其他信贷、保险等金融机构以及证券市场专业参与者，在乌兹别克斯坦境内或与不属于但在其境内具有提供服务的可能性的部分地区，提供金融服务的范围场所；

错误比较——在商品或金融市场上为某些经营实体创造利益，或对经营实体（竞争者）或竞争者生产的商品以及来自竞争者或其他人的商品造成诋毁的虚假、不准确或歪曲的比较；

竞争——多个经营实体（竞争者）之间的竞争，在竞争中，此类实体的独立行为会排除或限制其中每个实体的、对商品或金融市场上商品的一般条款造成单方面影响的可能性；

反竞争行为——竞争法禁止的经营实体的行为，以及国家机构、地方公共权力机构及其官员为限制竞争而采取的行为（不作为）；

商品——以获取和实现营利为目的的活动的产品，包括工作和服务；

商品市场——乌兹别克斯坦共和国境内或与该国行政区划不一致但在其境内具有获得或实现营利商品的可能性的该国部分地区，提供商品（包括交换）的范围场所；

经营实体——从事生产、收购和销售商品活动的法人（包括外国法人）、经济委员会的机构以及个体企业家。

第五条　团体

满足下列一个或多个相关条件、具有单一的(一般性)经济利益的一组人:

2 个或 2 个以上的法人,其中一个法人根据从其他人员所获得的权力,直接或间接地拥有其他法人 50% 以上的授权资金(法定资本);

2 个及 2 个以上法人,其中同一自然人及其(单个或多个)配偶、父母(养父母)、子女(收养、领养的子女)、有血缘关系的继兄弟姐妹(关系更近的亲属),由于参与此类法人或根据从其他人员所获得的权利,而拥有此类法人中每个法人的 50% 以上的授权资金(法定资本);

2 个或 2 个以上的法人,其中同一个法人因参与此类法人或根据从其他人员所获得的权利,而拥有此类法人中每个法人的 50% 以上的授权资金(法定资本);

2 个或 2 个以上的法人,其执行机构包括相同的自然人及其近亲属;

2 个及以上法人,其执行机构和(或)监事会的数量结构中,同一自然人及其近亲属占 50% 以上;

2 个或 2 个以上的法人,其中一个法人根据立法或此类法人的成立文件或彼此之间签署的协议,有权指示各法人执行必要的行为;

2 个或 2 个以上的法人,其中同一个自然人或同一个法人根据立法或此类法人的成立文件或彼此之间签署的协议,有权指示各法人执行必要的行为。

在本法中,团体视为商品或金融市场的单一主体。

第六条　支配地位

支配地位是指经营实体或团体在商品或金融市场上所具有的地位,该地位使其有机会不顾竞争性的经营实体而从事活动,并对竞争状况产生决定性影响,提高其他经营实体进入相应的市场的复杂度,或以其他方式限制其经济活动自由。

经营实体或团体的商品份额达到如下条件即确认为具有支配商品市场的地位:

(1)50% 及以上;

(2)在满足以下条件的情况下,在 35% 到 50% 的范围内:

经营实体在商品市场上的份额至少在 1 年内保持稳定;其他经营实体(竞争者)在商品市场的相对份额大小;在该市场上出现新的经营实体(竞争者)的

可能性。

关于承认经营实体或团体在金融市场上的支配地位的程序和条件,由部长内阁规定。

第七条 商品的专属高价

商品的专属高价是指在商品市场上占有支配地位的经营实体确定的符合下列条件的商品价格:价格超过生产和实现此类商品所需的费用和利润的数额;用于补偿不合理的成本或因商品质量下降而获得额外利润。

如果商品的价格是在交易竞价结果之后形成的,则不视为专属高价。

金融市场上商品的专属高价,由部长内阁根据已有的程序确定。

第八条 商品的专属低价

商品的专属低价是指在商品市场上具有支配地位的经营实体作为卖方或买方所确定的商品价格,此类商品的成本和销售所造成的损失低于受到竞争限制的企业。

金融市场上商品的专属低价,由部长内阁根据已有的程序确定。

第九条 商品和金融市场竞争领域的授权机构

商品和金融市场竞争领域的授权机构是国家援助私有化公司和发展竞争的国家委员会及其地方权力机构(又称反垄断机构)。

反垄断机构在商品和金融市场竞争领域执行国家政策,限制和制止经营实体的反竞争行为、不公平竞争、国家机关和公共权力机构实施的不予准入类不法行为。

第二章 反竞争行为

第十条 滥用支配地位

滥用在商品或金融市场上的支配地位,指经营实体被禁止从事的行为,其结果是限制竞争和(或)侵犯其他经营实体的权利和消费者利益,其中包括以下行为:减少商品的数量,以创造或维持商品或金融市场的短缺为目的,导致价格上涨;设立专门高价或专门低价的商品;强加于协议主体无关的条件,包括资金、其他财产、产权转让方面不合理的要求,以及导致或可能导致竞争限制的其他行为方面的要求;在协议中加入歧视条件,禁止或限制经营实体收购或销售其他经营实体(竞争对手)的商品;以合作伙伴获得或实现其他商品或合作伙伴不从其他经营实体购买商品或向其他经营实体销售商品作为同意签署协议的条件;在有可能生产或实现相应商品的情况下,不合理地拒绝签订协议;为获取其他经营实体的商品或对进入金融市场制造障碍。

第十一条　对于经营实体所做的限制竞争的协调行为和协议的禁止

在商品或金融市场上竞争的经营实体(包括潜在的竞争对手)之间的协调行为和交易,如果导致或可能导致以下情况,则受到禁止:人为地制定或维持价格、费率、折扣、津贴、附加费或加价;对自由市场价格的建立实施阻挠,人为地导致此类价格增长或下降;对生产、市场和资本投资实施控制;为人为改变要约的范围而核准生产量;强加与协议主体无关的条件,包括财政资源、其他财产、产权转让方面不合理的要求,以及其他竞争限制性行为方面的要求;提高、降低或维持拍卖、交易所和其他竞价的价格;协议中纳入歧视条件;在相应市场上,就销售金额或购买行为、商品范围或周边商品卖家或其买家、客户采用的属地限制;限制市场准入或排除其他经营实体作为相应商品的卖家或买家、客户,或不允许经营实体进入某些商品的市场;在经济上或技术上不合理减少和(或)停止商品生产;不合理地拒绝与某些卖家或买家(客户)签订协议。

无竞争关系的经营实体,不得出现导致或可能导致竞争限制结果的协调行为和协议,前提是其中一个实体在商品市场上占有支配地位,另一个是卖方或买方,具体包括:

以后续转售商品为目的,限制卖方或买方独立确定购买者的地域或领域;设定商品转售的价格限制;禁止经营实体销售由其他经营实体制造的商品。对于卖方商标、商号和其他知识产权项下的专属权利的商品,本项禁令并不适用于相关买方组织的协议。

法人和自然人对经营实体的经济活动所作的协调,如果导致或可能导致本条第 1 款和第 2 款规定的结果,则禁止此类协调。

本条规定的禁令不适用于:在商品市场上累计份额不超过 35% 的经营实体之间的协调行为和协议,或公私合营的协议;经营实体之间旨在加入团体的协议;

协议的目的是提高生产水平、增加商品的生产和销售量,或者刺激技术发展、经济增长,或者提高商品在世界商品市场上的竞争力。

关于竞争限制性协调行为和协议的认定程序,由部长内阁制定。

第十二条　对国家机关、地方公共权力机构和法人实体协会的竞争限制性行为的禁止

禁止国家机构和公共权力机构在某些地方进行下述活动：限制在任何活动领域建立新的经营实体，并禁止开展单独活动或生产某些商品，但法律规定的除外；指导经营实体优先签订协议，优先向特定的买方团体销售商品、选择货源，并从财政资源的使用指令中获益，但法律规定的除外；以不合理的方式向某些经营实体提供优惠和特权，使其相对于在商品或金融市场上开展活动的其他经营实体处于优先地位；获得经营实体的法定资本的股份，但法律有规定的除外；干扰经营实体的经济活动，产生竞争限制后果；对经营实体的职能进行整合；为某些经营实体的活动设立其他歧视或排他性条件。

在特殊情况下，为了应对自然灾害、灾难性事故和预防流行病，国家机关和地方公共权力机构可以采取本条第1款规定的行为；

不允许国家机关、地方公共权力机构和社会团体采取干扰商品或金融市场正常运行、发展竞争和侵犯消费者权利和合法利益的行为，包括导致以下情况的协调行为和协议：提高、降低、维持价格或利率；在相应市场上，就销售金额或购买行为、商品范围或周边商品卖家或其买家、客户采用的属地原则；限制进入市场或取消经营实体的准入。对于社会团体干预经营实体的经济活动的行为，如果这类行为已经或可能产生竞争限制性后果，则禁止实施。

第十三条　禁止不正当竞争

禁止不正当竞争，包括能够对其他经营实体造成损失或损害其商誉的错误比较。错误比较是指对经营实体的商品与其他经营实体（竞争者）的其他商品进行比较，其使用的文字或名称给人以商品优越性的印象，而没有具体说明比较的特点或没有对参数进行客观确认，或具体文字或名称存在虚假、不准确或被歪曲的情况；

销售的商品存在非法使用智力活动成果、对法人进行单独区分、对同类商品进行单独区分的行为，包括销售非法使用与经营实体（竞争者）或名称相同或近似商品的商标、商号，通过将此类商标、商号放置于商品、标签、包装上，或以其他方式用于销售或流通，以及将其用于域名中造成混淆；

通过复制商品的外部设计及其形式、名称、标志、标签、包装、色阶、商标、复制宣传材料或体现经营实体（竞争者）的商品个性化的其他元素，使消费者对商品的性质、方法和生产地点、消费者属性、价格、商品质量、生产者(承包商)的保证义务产生误解,模仿经营实体(竞争者)引入流通的商品;阻止其他经营实体进入商品或金融市场。

以牺牲法人实体的个性化、商品个性化的手段为代价获得专卖权,以及注册与经营实体(竞争者)之前已进入流通领域的商品相同或在一定程度上具相似性的商标或名称,与此相关的不公平竞争将被禁止。

如果反垄断机构认定违反了本条第 2 款关于获得商标专用权的规定,则有关人员可向知识产权授权机构或法院提出申请,要求对商标提供法律保护的证书确认无效。

第三章　招投标与经济集中度方面的反垄断规定

第十四条　竞争性(招标)投标的反垄断要求

在进行竞争性(招标)投标时,禁止可能导致竞争限制的行为,包括:

违反立法规定的招标程序;组织者和(或)客户协调其参与者的投标活动;不合理地拒绝采用经营实体的投标文件;不合理地取消投标人的资格;为参与者或多个投标人创设参加投标的优惠条件,包括信息获取方面的优惠,但法律另有规定的除外;在招标框架中加入额外的商品(工程、服务)、技术和功能上与标的无关的标段;指定商品的具体生产者,但法律规定的商品不兼容等情况除外。

违反本条前款规定的反垄断要求,是确认竞(投)标方案和此类竞标结果所签订的协议无效的依据。

第十五条　对交易所竞标的反垄断要求

在进行交易所竞标时,禁止可能导致竞争限制的行为,包括:对交易所竞标的过程施加影响,但法律规定的除外;由于交易所竞价参与者的协调行为而导致当前交易所价格的急剧增长或固定不变;与传播虚假数据有关的行为,此类虚假数据可能成为交易所竞价中需求变化的原因。

违反本条前款规定的反垄断要求,是确认交易所竞价结果所达成的交易无效的依据。

第十六条　对经营实体合并和联合交易的反垄断要求

对于经营实体的合并和联合交易,由反垄断机构给予事先同意。

如果参与相应交易人员的资产账面总值或上一年的商品销售总收入超过基本结算规模的10万倍,或其中一人是在商品或金融市场上占有支配地位的经营实体,则必须事先征得反垄断机构对经营实体合并和联合交易的同意。

本条规定不适用根据总统或本国部长内阁决定的经营实体合并和联合交易的情况。对经营实体合并和联合交易的事先核准程序,由部长内阁决定。

第十七条　对股权(股份)收购的反垄断要求

对于个人和团体收购经营实体法定资本中的股份(股票)的交易,由反垄断机构给予事先同意。

在下列情况下,个人或团体收购经营实体法定资本中的股份(股票)的交易,必须征得反垄断机构的事先同意:个人或团体获得的处置权超过指定股份(股票)的50%;参与交易的个人上一年的资产账面价值或商品销售收入总额超过基本结算规模的10万倍,或者交易参与者之一是在商品或金融市场上具有支配地位的经营实体。

本条的要求并不适用于如下情况:对经营实体的创始人的教育;关于经营实体收购自有股份的交易;当股份制公司转变为其他形式的企业,以保持其法定基金(法定资本)的规模;在信托管理的法定基金(法定资本)中转让股份(股票)的情况下,以及在投资中介机构为进一步转售而收购股份(股票)的情况下;根据总统或本国部长内阁的决定,关于经营实体以法定资本购买股份(股票)的交易;在国家私有化方案范围内的经营实体的法定资本中的股份收购交易;

自然人在提交声明时未处置任何经营实体法定基金(法定资本)中50%以上的股份(股票)的情况下,由其持有法定基金(法定资本)中的股份(股票)进行的收购交易。

部长内阁根据经营实体法定资本中的股份(股票)收购,确定审议和获得交易事先同意的程序。

第十八条　获取事先同意的程序

在实施经营实体的合并和联合交易行为时,以及在从个人或团体的法定基金(法定资本)中进行股份(股票)收购行为(交易)之前,应向国家的服务中心提交如下文件:事先同意进行此类行为(交易)的声明;对于自然人,提交申请人的护照资料(序列和证件号码、签发日期和地点、签发证件的机构);申请人在提出申请之日前2年内,或在活动实施期间(如果不足2年)所从事的活动类型、商品类型名称及其金额的数据；前两个自然年度的财务和统计报告；关于人员团体组成的信息以及相关人员进入该团体的依据，以及与法定基金(法定资本)的股份(股票)收购交易有关的其他信息。

反垄断机构在收到必要的文件和资料后10日内以书面形式向申请人报告所作的决定。如果存在个人或团体均就收购同一批股票(股份)获得事先同意的情况，则反垄断机构的决定将在同一天内传达给申请人。在必要的情况下，如果反垄断机构有依据认为该行为(交易)将导致或可能导致竞争限制，包括在商品或金融市场上通过原产地或加强支配地位的方式导致竞争限制，则申请的审议期限可以延长，以进行相应的市场调查，但不得超过1个月。

在下列情况下，反垄断机构有权拒绝申请人的事先同意：对于获取事先同意以从事行为(交易)的申请，如果给予允许可能会导致有关经营实体或团体在商品或金融市场上产生或加强支配地位，并且(或者)导致竞争限制；通过对所提交的文件的审议，发现其中所含的信息是可疑或虚假信息。

反垄断机构有权就从事行为(交易)给予事先同意，这取决于是否满足竞争的要求。同时，在反垄断机构关于事先同意经营实体实施合并、联合交易和在法定基金(法定资本)中进行股份(股票)收购交易的决定中，应包含具体的要求和执行条件。如果此类行为(交易)的实施可能导致有关经营实体或团体在商品或金融市场上产生或加强支配地位，并且(或者)导致竞争限制，则作出此类行为(交易)决定的法人和(或)自然人应根据反垄断机构的要求采取措施，恢复必要的竞争条件。

如果作出实施合并、联合交易和在法定基金(法定资本)中进行股份(股票)收购交易的决定的法人和(或)自然人会证明他们的行为(交易)将为消费者提供明显的好处，那么经营实体或团体在商品或金融市场上，即使在有可能存在或加强支配地位并且(或者)限制竞争、不利影响的情况下，反垄断机构仍有权批准对行为(交易)给予事先同意的申请。

未经反垄断机构事先同意而采取的行为(交易)，导致经营实体或团体在商品或金融市场上产生或加强支配地位，并且(或者)导致竞争限制，则此类行为(交易)可被法院认定为无效。

第十九条

根据乌兹别克斯坦共和国2018年9月1日第ZRU－459号法律，该条已废止。

第二十条　经营实体的强制分割或分配

对于在商品或金融市场上占有支配地位的经营实体,如果原先为消除违反竞争法的行为而采用的措施致使该经营实体效率低下,则反垄断机构可采取法律行为,要求强制分割或分配以 2 个或多个孤立的经营实体为基础建立的经营实体。

在下列条件下,可以强制分割或分配经营实体:被分割或分配的部门有被隔离的可能性;各部门之间没有密切的技术支持;因分立或分配而使各结构部门有可能独立地在商品或金融市场上开展活动。

第四章　反垄断机构

第二十一条　反垄断机构的权力

反垄断机构有权制定和批准商品和金融市场竞争领域的监管法律;确定经营实体或团体在商品或金融市场上的支配地位;保持在商品或金融市场上占有支配地位的经营实体的国家性登记册;对竞争法的遵守情况加以管控,包括在进行竞争性(招标)和交易所竞标时加以管控。

在法律规定的程序中,揭示违反竞争法的行为,启动并审议有关程序;在法律规定的程序中,对违反竞争法的案件作出决定,包括撤销经营实体因反竞争行为而不合理获得的收入(利润);按照法律规定的程序,向经营实体、国家机关、地方公共权力机构及其人员发出关于消除违反竞争法行为的指示,并强制执行。

对违反竞争法的经营实体、国家机构、地方公共权力机构、相关官员和其他自然人追究相应的责任;向相关国家机构提出引进或取消许可证、改变关税、引进或取消配额、提供或取消纳税和其他义务性付款、软贷款和其他类型的国家支持的特权;向有关机构提供材料,以解决与违反竞争法的犯罪线索有关的法律诉讼问题;参与法院对与使用和违反竞争法有关的案件的审理;对国家机构和公共权力机构制定的关于经营实体竞争行为的法规程序,执行合规性测试;开展并公布违反竞争法的经营实体、国家机构和地方公共权力机构的登记册;在权力范围内对竞争法的适用情况作出解释。

反垄断机构在获得关于违反竞争法的下述情况的通知后,将采取法律行动:对国家机构、地方公共权力机构和法人协会的完全或部分不符合竞争法的无效行为给予承认的做法;改变或终止不符合竞争法的交易(协议);对不符合竞争法的完全或部分无效的交易(协议)给予承认;按照既定程序收取因违反竞争法而获得的收入(利润);根据本法第十四条和第十五条的规定,确认基于相关投标结果达成的投标和交易(协议)无效;强制分割或分配经营实体;对允许违反竞争法的人实施具有法律影响的措施;以及根据法律规定行使的其他权力。

第二十二条　信息获取权

反垄断机构的官员根据既定程序有权查阅文件、资料和进入经营实体的住所,以监督竞争法的遵守情况,并对申请和违反竞争法的案件进行审议以及对竞争状况予以确定。

第二十三条　向反垄断机构提供信息

国家机关、地方公共权力机构、经营实体及其官员应当应反垄断机构提出的要求,按照规定的程序以无偿的方式向其提供必要的文件和资料。

第二十四条　禁止反垄断机构披露商业秘密或受法律保护的其他秘密资料

对于在行使本法赋予的权力时获取的商业秘密或受法律保护的其他秘密,反垄断机构无权披露相关资料。

反垄断机构工作人员对于因披露商业秘密或受法律保护的其他秘密资料造成的损害,应承担赔偿责任。对经营实体造成的损害,应根据法律规定的程序予以赔偿。

第五章　违反竞争法的行为

第二十五条　违反竞争法的影响

如出现违反竞争法的情况,国家机构、地方公共权力机构和经营实体应:执行反垄断机构关于在预定时间内消除违反竞争法的行为的指示;赔偿所造成的损失。

根据2013年7月10日第ZRU－355号法律,本款已废除。

第二十六条　损害赔偿

因国家机构、地方公共权力机构实施违反竞争法的行为而对经营实体或其他人员造成的损害,应根据法律规定的程序进行赔偿。

因国家机关、地方公共权力机构及其官员违反竞争法的作为(不作为)而对经营实体或其他人员造成的损害,应根据法律规定的程序进行赔偿。

第二十七条　违反竞争法的责任

如果经营实体作出导致或可能导致竞争限制的协调行为和协议,在商品或金融市场上滥用支配地位,经营实体在合并、联合交易以及对法定基金(法定资本)进行股份(股票)收购交易时违反竞争法,逃避执行或不及时执行关于终止违反竞争法行为的指示、关于撤销先前规定的指示,未能向反垄断机构提供信息或未能及时提供信息或提供了虚假或不实信息,违反竞争性(招标)和交易所竞标的反垄断要求,则相关法人的官员、企业家个人都要承担行政责任。

按照竞争法的规定,实施行政处罚后并不会免除经营实体执行反垄断机构的裁定(指示)或采取其他行为的义务。

根据交易竞争和协调行为相关法律,主动在第一时间限制竞争和取消准入,并向反垄断机构坦白情况的人员,可免予承担行政责任。

第二十八条

根据2013年7月10日第ZRU－355号法律,已废除。

第六章　对违反竞争法案件的启动和审理、对反垄断机构决定和指示的执行和上诉

第二十九条　对违反竞争法案件的启动和审理

反垄断机构负责启动和审理违反竞争法的案件。

启动和审理违反竞争法案件的依据是反垄断机构自行调取的材料以及法人和自然人、国家机构、地方公共权力机构和相关人员的陈述。

国家机关、地方公共权力机构和经营实体官员违反竞争法的案件根据《行政责任法》,由相关法院负责管辖。

第三十条　违反竞争法案件中的参与人员

违反竞争法案件的参与人员有:对违反竞争法的行为提起诉讼的人员;法人和(或)自然人的代表;证人、专家、专家、翻译和其他有关人员。

自撤销诉讼的裁定之日起,参与违反竞争法案件的人员有权知悉文件(但国家机密和其他受法律保护的秘密资料除外)内容,对案件进行陈述,提供口头和书面解释、证据,参与调查,向其他参与案件人员提问,提出请求和抗辩。

第三十一条　启动和审理违反竞争法案件的程序

违反竞争法的案件从启动之日起1个月内审理。在特殊情况下,根据案件的复杂性,规定的期限可以延长,但不得超过1个月。

对违反竞争法的案件的审理可以推迟或中止。关于案件审理的延期、中止和重新审理,反垄断机构作出相应的裁定,并将裁定的副本送达案件参与人员。

违反竞争法案件的启动和审理程序由部长内阁确定。

第三十二条　反垄断机构对违反竞争法案件的裁定

根据对竞争案件的实质性审议结果,反垄断机构有权对违法行为作出如下裁定:违反竞争法的事实认定和采取适当的法律影响措施;诉讼中止。

在以下情况下,反垄断机构将停止有关违反竞争法的程序,即违反竞争法的事实未得到确认;法人实体受到清算或诉讼中的自然人死亡;对反垄断机构审理的违反竞争法案件,采纳法院的裁定。

反垄断机构对违反竞争法案件作出的裁定应立即公布。

根据反垄断机构对违反竞争法案件的决定,应送达当事人。

第三十三条　裁定的执行

反垄断机构的裁定必须在规定的时间内执行。如果不执行此类裁定,将承担本法和其他法律规定的责任。

不在规定的时间内执行反垄断机构的裁定,无论是部分执行还是未及时执行,均视为拒绝执行。

裁定当事人可申请延长裁定的完成日期。如果确认本项申请中所述的情况合规,则反垄断机构有权延长裁定的执行时间。

反垄断机构对指示的执行情况进行管控。

第三十四条　裁定(指示)的上诉

违反竞争法案件的参与人员有权向法院或根据程序向上级机构或向官员对反垄断机构的裁定(指示)提起上诉。

对于反垄断机构的裁定(指示),按照管辖程序向上级机构或向官方提起上诉的行为,并不排除向法院提起上诉的权利。

在法院对反垄断机构的裁定(指示)提出上诉时,即停止执行[但防止出现突发情况、流行病和其他对民众生命和健康的实际威胁有关的裁定(指示)除外],以确保裁定的法律效力。

第三十五条　公共机构对竞争法合规性的管控

旨在促进竞争和保护消费者利益不受反竞争行为影响的公共协会,有权根据其章程,对竞争法的合规性监管。

第三十六条　争议的解决

在商品和金融市场竞争领域发生争议依法定程序解决。

第三十七条　违反竞争法的责任

违反有关竞争法的人员,按规定程序承担相应责任。

第七章　最终条款

第三十八条　对若干法律确认无效

以下法律确认无效:

(1)1996 年 12 月 27 日立法院"关于执行乌兹别克斯坦共和国'关于商品市场竞争和限制垄断活动'的法律"第 356 – Ⅰ号决议(立法院文件,1997 年第 2 号第五十五条);

(2)1999 年 8 月 20 日第 832 – Ⅰ号法案"关于修改和修正乌兹别克斯坦共和国若干法律"第十九部分(立法院文件,1999 年第 9 号第二百二十九条);

(3)2000 年 12 月 15 日乌兹别克斯坦共和国第 175 – Ⅱ号法案"关于修改、修正、确认乌兹别克斯坦共和国若干法律无效"第一部分第 18 款(立法院文件,2001 年第一条、第二条、第二十三条);

(4)2006 年 10 月 10 日第 ZRU – 59 号法案"关于修改和修正乌兹别克斯坦共和国关于加强法律保护制度和放宽创业主体经济责任的若干法律"第十五条(立法院文件,2006 年第 10 号第五百三十六条)。

第三十九条　取消相抵触的法律规定

部长内阁确保政府的决定符合本法;审查和取消与本法相抵触的规定。

第四十条　生效

本法自正式公布之日起生效。

乌克兰保护经济竞争法和自然垄断法

乌克兰保护经济竞争法*

本法旨在确定维持和保护经济竞争、消除经济活动中垄断行为的法律依据，并以发展竞争关系为基础，确保乌克兰经济的有效运行。

第一章　总则

第一条　术语定义

本法中的术语定义如下：

"经济竞争（竞争）"是指各经济实体之间利用自身取得的成果为争取相对于其他经济实体的优势而进行的竞争。通过竞争，消费者与经济实体有机会在多个卖方、买方间进行选择，而单个经济实体无法在市场上设定产品营业额条件；

"信息"是指固定在任何媒介中［包括通信、书籍、笔记、插图（地图、图表、组织图、图片方案等）、照片、视频、录像胶卷、缩微胶卷、录音记录、计算机系统数据库或其要素的全部或部分再现］、由个人提供的任何形式、任何类型的知识，以及任何公开宣布或记录的知识；

"控制"是指由一个或一个以上的法人和（或）自然人直接或通过其他实体对一个经济实体或其组成部分的经济活动具有决定性影响，特别是通过下列方

---

* 本法为2001年1月11日第2210－Ⅲ号法律，后通过2002年12月26日第380－Ⅳ号、2003年5月15日第762－Ⅳ号、2003年11月27日第1344－Ⅳ号、2004年12月23日第2285－Ⅳ号、2005年3月25日第2505－Ⅳ号、2005年5月31日第2596－Ⅳ号、2006年2月23日第3486－Ⅳ号、2009年4月16日第1276－Ⅵ号、2010年12月22日第2850－Ⅵ号、2010年12月23日第2856－Ⅵ号、2011年7月5日第3567－Ⅵ号等法律进行了多次修订。

式实现:拥有全部资产或大部分资产的所有权或使用权;对该经济实体管理机构的产生、表决结果和决策拥有具有决定性影响的权利;能够为经济活动设置条件、发出约束性指令或签订该经济实体管理机构职能的协议和合同;在其他经济实体担任上述一个或多个职务的人员担任该经济实体监事会、董事会或执行委员会的正(副)负责人;在其他经济实体担任上述一个或多个职务的人员担任该经济实体的监事会、董事会或执行委员会成员过半数职务。共同或协同实施经济活动的法人和(或)自然人包括共同或协同影响该经济实体经济活动的法人和(或)自然人,应被视为具有关联关系。其中,关联人员包括配偶、父母、子女、兄弟姐妹;

"中小型企业"是指在上一财务年度内销售产品(商品、工程、服务)的收入(所得)或资产价值不超过50万欧元的经济实体;当在该企业从事业务的市场上有相当市场份额的竞争者时,按该财务年度最后一日乌克兰国家银行公布的汇率计算;

"垄断"是指经济实体在商品市场上取得垄断(主导)地位,推动或加强其垄断地位;

"机关"是指各部和其他中央执行机构、克里米亚自治共和国最高委员会和克里米亚自治共和国国家执行机构、对自然垄断实体行为实施管理的国家机构、证券市场、国家私有化机构、乌克兰国家广播电视委员会,地方国家机关;

"协会"是指法人和/或个人组成的协会,包括企业协会和公共组织协会;

"行政控制机构"是指在国家机关或地方自治机构授予的权限内行使管理、监督职能的经济实体、企业及其他个人;

"乌克兰反垄断委员会机构"是指乌克兰反垄断委员会、乌克兰反垄断委员会常设和临时管理委员会、乌克兰反垄断委员会国务代表、乌克兰反垄断委员会属地分支机构行政委员会;

"商品市场"是指在一定时间、一定地域范围内有供求关系的商品(可互换商品)的周转区域;

"经济实体"是指任何行政、法律和所有制形式的,从事商品生产、经销、购买及其他经济活动的实体,包括对其他法人或者个人实施监督相关活动。经济实体中的一方或多方对另一方实施监督的,为经济实体组合。经济实体还包括国家机构、地方自治机构,以及从事与商品生产、销售、采购或其他经济活动有

关的行政控制机构。经济活动不包括个人为最终消费而购买消费品的活动;

“商品”是指可创造经济营业额的任何一项商品,包括产品、作品、服务、权利义务确认凭证(等价有价证券)。

第二条　本法的范围

1. 本法规制国家权力机构、地方自治机构、行政管理机构、经济管理与控制机构和经济实体之间的关系,各经济实体和其他经济实体、消费者以及与经济竞争有关的其他法人和自然人之间的关系。

2. 本法适用于因乌克兰领土范围内的经济竞争而产生关系或影响的关系。

第三条　保护经济竞争法

1. 保护经济竞争法以《乌克兰宪法》所确立的规范为基础,包括本法、《反垄断委员会法》和《防止不正当竞争法》,以及依据本法通过的其他乌克兰法律。

2. 经乌克兰最高拉达批准的国际条约与本法有冲突的,适用该国际条约的规定。

3. 只有对本法进行修改,才能规定保护经济竞争法适用的特殊性,特别是行业适用的特殊性。

第四条　发展经济竞争和限制垄断

1. 国家在发展经济竞争和限制经济活动垄断方面的国家政策、与反对经济垄断有关的措施,以及对经济实体提供财政、物资、技术、信息、咨询支持和其他促进竞争发展的支持,应由国家权力机构、地方自治机构、行政管理机构、经济管理与控制机构实施。

2. 国家权力机构、地方自治机构、行政管理机构、经济管理与控制机构应当促进经济竞争,不得从事影响竞争的违法行为。

3. 国民经济主管部门负有支持国家调控管理职责,应在国民经济主管部门机构内进驻市场,分析、预测其发展状况。

4. 垄断委员会机构依法对保护生态经济竞争的法律遵守以及保护经济实体和消费者利益不受违法行为的侵害。

5. 国家权力机构、地方自治机构、行政管理机构、经济管理与控制机构应为反垄断委员会行使在维护和保护经济竞争、限制垄断以及管理保护经济竞争法方面提供便利。

6. 为了统一适用反不正当竞争法在内的保护经济竞争法律规范,反垄断委员会应对如何适用法律作出解释。

第二章　经济实体的反竞争协同行为、滥用市场垄断(支配)地位

第五条　协同行为

1. 经济实体缔结任何形式的协议、社团作出任何形式的决定以及经济实体的其他协调竞争行为(作为、不作为)应被视为协同行为。

建立经济实体,如果其目的或影响是协调经济实体和/或协会之间的竞争行为,那么该经济实体和/或协会或其与新成立的经济实体之间的竞争行为或加入该协会也应被视为协同行为。

2. 实施或拟实施协同行为的主体应被视为协同行为的参与者。

第六条　经济实体的反竞争协同行为

1. 已经或可能导致阻止、排除、限制竞争的协调属于反竞争协同行为。

2. 协同行为在下列情况下应被视为反竞争行为:

(1)制定与产品购买或销售有关的价格或其他条件;

(2)限制生产、产品市场、技术和技术开发、投资或建立对它们的控制;

(3)以卖方、买方、消费者或其他因素为依据,按属地原则划分市场或货源、产品的种类、销售量或购买量;

(4)歪曲拍卖、竞赛、招标结果;

(5)将其他经济实体、买方、卖方逐出市场或限制其进入(退出)市场;

(6)对与其他经济实体相排斥的等价协议适用不同条件,致使该经济实体在竞争上处于劣势;

(7)订立协议,条件是其他经济实体在企业经营活动中承担的内容,或从贸易惯例或公平惯例来看,与这些协议的主体没有共同之处;

(8)在没有客观正当理由的情况下,对经济实体的市场竞争力构成实质性限制。

3. 反竞争协同行为还包括各经济实体在产品市场上实施类似的行为(不作为),该行为已经或者可能导致阻止、排除、限制竞争,且根据产品市场形势分析认为该行为的实施并不具有客观理由。

4. 对反竞争协同行为应予以制止,并依法追究责任。

5. 对于曾经实施反竞争协同行为的人先于其他参与方主动向乌克兰反垄断委员会或其属地办公室说明有关情况并提供了对作出裁决具有重要意义信息的,可免除本法第五十二条规定的反竞争协同行为责任。

乌克兰反垄断委员会机构应根据确有证据的请求对有关个人的所有信息予以保密,以保障对违反保护经济竞争法案件的调查利益。

在下列情况下,不得免除本部分所定义的下列实体的责任:

向乌克兰反垄断委员会通报了反竞争协同行为,但未采取有效措施终止这些行为的;

是反竞争协同行为的发起者或管理者的;

未提交所有此类证据或资料,说明当事人所知道的且当事人可自由获得的相关违法行为的。

第七条　中小型企业的协同行为

中小型企业自愿联合购买不会对竞争构成实质限制并有利于提高中小型企业竞争力产品的行为,不适用本法第六条的规定。

第八条　与产品提供和使用相关的协同行为

1. 以下与产品提供和使用相关的协同行为的参与人对其他参与人实施下列限制行为的,不适用本法第六条的规定:

使用参展商提供的产品或者其他供应商的产品的;

从其他经济组织购买或者销售给其他经济组织或者消费者的;

由于产品性质或者在企业经营活动中以贸易惯例等公平惯例方式购买产品,与协议标的无共同之处的;

为向其他经济组织或者消费者销售所提供的产品设定价格或者其他合同条件的。

2. 本条第 1 款规定的协同行为,适用本法第六条的规定:

对整个市场或者大部分市场竞争造成实质性限制,包括对新兴市场的垄断的;

限制其他经济组织进入市场的;

在经济方面,导致价格不正当上涨或者产品赤字增加的。

第九条　知识产权协同行为

1. 对于知识产权转让协议或授予知识产权受让方在经济活动范围内使用

知识产权权利的协议的,不适用本法第六条的规定,除非这些限制超出了知识产权实体合法权利的范围。

2. 对转让权利的数量、许可使用知识产权客体的期限和有效地域、活动类型、使用范围和最低生产量的限制,应当认定不超过本条第 1 款所述权利的限制。

第十条　经授权的协同行为

1. 对于本法第六条规定的协同行为,如果参与方证明该协同行为有助于下列情形,乌克兰反垄断委员会相关机构可授予其下列方面的权利,即对产品生产、采购和销售的改进;技术、科技和经济发展;中小企业的发展;优化产品出口或者进口;统一的技术条件或者标准的阐述和应用;生产的合理化。

2. 如果在整个市场或者大部分市场上对竞争构成实质性限制,乌克兰反垄断委员会机构不得对本条第 1 款规定的协同行为进行授权。

3. 如果协同行为参与方证明限制竞争对公共利益产生的有利影响超过不利后果,乌克兰部长内阁可授权根据本条第 2 款实施未经乌克兰反垄断委员会授权的协同行为。

4. 有下列情形之一的,不得给予本条第 3 款规定的授权:协同行为参与方施加并非一致行动必须限制的;限制竞争构成对市场经济体制的威胁。

5. 在根据既定程序获得反垄断委员会机构或部长内阁的授权前,禁止实施本条第 1 款规定的协同行为。

第十一条　协同行为的典型要求

1. 乌克兰反垄断委员会可对本法第七条、第八条、第九条和第十条规定的协同行为制定典型要求。

2. 对于符合乌克兰反垄断委员会建立的特定类型协同行为的典型要求的协同行为,应当给予授权。如果乌克兰反垄断委员会通过典型要求的建立直接说明了这一点,则根据本法第十条第 1 款,乌克兰反垄断委员会机构无须给予授权。

第十二条　垄断(主导)地位

1. 有下列情形之一的,经济实体应在商品市场上具有垄断(支配地位):

在特定市场上不存在竞争者;

该经济实体由于存在特权等情形而使其他经济实体受到原材料市场和商

品市场准入限制。该经济实体未面临因其他经济实体进入市场的实质性竞争。

2. 除非该经济实体能够证明其存在实质竞争,且在该商品市场上的份额超过35%,否则,应当推定为具有垄断(支配)地位。

3. 一个经济实体在商品市场上的市场份额等于或低于35%,且该经济实体未面临实质性竞争,特别是竞争者的市场份额占比小时,也可认定为具有非垄断(支配)地位。

4. 如果2个或者2个以上的经济实体之间没有竞争或者就某种商品而言不存在实质性竞争,并且竞争者符合本条第1款规定的条件,则应当认定其在该商品市场上具有垄断(支配)地位。

5. 几个经济主体中,每个经济主体同时满足下列条件的,均应被认定为具有垄断(支配)地位:在同一市场上份额最大的、不超过3个经济实体的合计市场份额超过50%;在同一市场上份额最大的、不超过5个经济实体的合计市场份额超过70%;但能够证明不符合本法第十条第4款规定条件的情况除外。

第十三条　滥用市场支配地位

1. 在市场上具有非垄断(支配)地位的经济实体的作为或者不作为,已经或者能够产生阻止、排除、限制竞争的效果,特别是限制竞争、侵害其他经济实体或者消费者利益,而在市场实质竞争中该经济实体不可能实施的行为,应当认定为滥用市场垄断(支配)地位。

2. 下列行为可被认定为滥用市场支配地位的行为:

(1)设定在市场上存在次要竞争时不可能形成的价格或者其他购买或者销售条件;

(2)在没有客观正当理由的情况下,与经济实体、卖方或者买方达成协议适用不同的价格或者其他不同的条件;

(3)在企业经营活动中违反公平交易与合同标的无关的额外义务为条件订立的协议;

(4)限制生产、市场或者技术开发,已经或者可能已经对其他经济实体、买方、卖方造成损害;

(5)在没有替代货源时,部分或者完全拒绝购买或者销售;

(6)在没有客观正当理由的情况下,对其他经济实体的市场竞争能力构成实质性限制;

(7)设置市场进入(退出)壁垒或者将卖方、买方、其他经济实体驱逐出市场。

3. 对滥用市场垄断(支配)地位的行为,应予以制止,并依法追究责任。

第十四条　关于诉讼资格的结论

为防止违反保护经济竞争法的行为,提高其适用的可预测性,反垄断委员会机构可从经济实体提交的资料出发,就经济实体的行动是否符合本法第六条、第十条和第十三条的规定提出修正意见。

第三章　国家权力机构、地方自治机构、行政管理机构和经济管理与控制机构的反竞争行为

第十五条　国家权力机构、地方自治机构、行政管理机构和经济管理与控制机构的反竞争行为

1. 国家权力机构、地方自治机构、行政管理机构和经济管理与控制机构(合议机构或官员)发布导致或可能导致阻止、排除、限制或扭曲竞争的任何行为(决定、命令、指示、法令等)、作出书面或口头指令、签订协议,或任何作为或不作为的,应被视为国家权力机构、地方自治机构、行政管理机构和经济管理与控制机构的反竞争行为。

2. 国家权力机构、地方自治机构、行政管理机构和经济管理与控制机构的下列行为应被视为反竞争行为:

禁止或阻止新办企业以任何领域的其他组织形式成立企业,限制通过从事某些活动生产、购买或销售某种产品;

直接或间接地强迫经济实体加入协会、分支机构或其他形式的企业联盟或者参与其他形式的经济实体协调集中;

直接或间接地迫使经济实体优先订立合同,主要向特定范围的需求者供应商品或从特定范围内的供货者购买商品;

按照地域原则、商品种类或者消费量、销售者划分为实现产品的集中分配和在各经济实体之间分配市场而采取任何行动;

在符合一定条件的情况下,禁止从一个地区向另一地区销售特定产品或者允许从一个地区向另一地区销售一定数量的产品;

某些经济实体或经济实体集团与竞争者相比处于特殊地位或享有其他权

益,从而导致或可能导致排除、限制竞争的发生;

与为竞争者创造的有关条件相比,这种行为会给某些经济实体或经济实体组合创造不利或歧视性条件;

在乌克兰法律未作规定的情况下,禁止或限制企业的行为,包括在购买或销售产品、制定价格、制订与发展有关的计划、利润的使用方面的禁止和限制。

3. 禁止国家权力机构、地方自治机构、行政管理机构、经济管理与控制机构实施反竞争行为,并依照法律规定承担相应的责任。

第十六条　禁止国家权力机构和地方自治机构下放权力

禁止国家权力机构、地方自治机构向协会、企业等经济组织授权,这种授权会造成或者可能造成排除、限制竞争。

第十七条　禁止诱导违反保护经济竞争法的行为及其合法化

国家权力机构、地方自治政府机构、行政管理机构和经济管理与控制机构(合议机关或官员)诱导经济实体、国家权力机构、地方自治政府机关、行政管理机构和经济管理与控制机构(合议机关或官员)违反保护经济竞争法律。为此等违反法律创造条件或实现其合法化的作为或不作为应禁止。

第四章　经济实体和协会的限制行为与歧视性行为

第十八条　经济实体和协会的限制行为

1. 禁止经济实体、协会以任何方式,诱导或者为其他经济实体实施违反保护经济竞争法律的行为提供便利。

2. 禁止经济实体、协会强制其他经济实体实施下列行为:

从事本法第六条规定的禁止竞争的一致行动;

从事本法第七条、第八条、第九条、第十条规定的协同行为;

参与本法第二十二条规定的经济实体集中。

第十九条　经济实体非法利用市场地位

1. 禁止经济实体根据本法第十条经乌克兰反垄断委员会相关机构授权实施协同行为;禁止经济实体根据本法第七条、第八条和第九条被授权实施协同行为的经济实体对该经济实体的经济活动设定原则上不适用于其他经济实体的相关活动,或者没有正当理由而对不同的经济实体适用不同的限制。

2. 禁止依照本法第十条第 3 款经部长内阁许可实施协同行为的经济实体实

施本法第十三条认定的滥用市场垄断（支配）地位的行为，无论其垄断地位如何。

3. 禁止本条第 1 款所述经济实体在没有客观正当理由的情况下诱导其他经济实体为其经济活动提供有利条件。

4. 本条第 1 款和第 3 款的规定，还适用于中小型企业因缺乏可供选择某种商品的接收或供应来源而依赖的经济实体。某类商品的购买者除获得传统的价格回扣或其他形式的利益外，还获得了其他类似买方所没有获得的特殊利益，应当认定为该商品的卖方依赖于该买方。

第二十条　经济实体对竞争对手的歧视

禁止与中小型企业相比具有显著更大市场控制力的经济实体作为竞争者，为中小型企业的经济活动设置障碍，特别是禁止从事本法第十九条第 1 款、第 3 款所列的禁止行为。

第二十一条　协会的限制行为

1. 禁止协会在无正当理由的情况下实施拒绝接纳一个经济实体加入使该经济实体处于不利竞争地位的该协会的行为。

2. 符合下列协会条件的，适用本条第 1 款的规定：

协会能够联合相关市场或者地域的所有参与者；

协会正在建立或者运行，其宗旨不以营利为目的；

协会的成立和活动既不会产生经济集中，也不会产生本法规定的反竞争协同行为。

第五章　控制经济实体的集中

第二十二条　经济实体的集中

1. 为防止产品市场垄断、滥用垄断（支配）地位、限制竞争，反垄断委员会组成机构对经济实体的集中（以下称作集中）实施国家控制。

2. 下列各项应被视为集中：

（1）经济组织的合并或相互挂靠；

（2）一个或若干经济实体直接或通过其他实体取得对一个或若干经济实体或其部分的控制权，特别是通过下列方式取得：

（a）直接或间接地购买或收购（以其他方式）一个经济实体整体财产组合或

结构性分割形式的资产,取得(为实现进一步的管理)租赁特许权或以其他方式取得经济实体整体财产组合或结构性分割的资产使用权,特别是购买一个流动期限内经济实体的资产;

(b)人员任命或选举

——担任下列一个或多个职位,即在监事会、执行委员会担任正职、副职,在其他经济实体的其他监督委员会或执行委员会担任上述职位;

——担任经济实体监督委员会、董事会或其他监督委员或执行委员会的正职、副职,或未重复担任两个或多个经济实体的监督委员会、董事会成员及其他监督委员会或执行委员会成员;

(3)两个或两个以上的独立经营经济实体设立一个经济实体,而其设立不会导致新设立的经济实体与各经济实体之间产生竞争;

(4)直接或间接购买、收购(以其他方式)或(为实现管理目的)取得股权(股票),且该经济实体在高级管理层获得等于或超过25%和50%的表决权。

3. 下列各项不得被视为集中:

(1)设立一个经济实体,其目的或结果是使设立该经济实体的各经济实体之间或者与新设立的经济实体之间协调竞争行为。此类行为属于本法第五条第1款第(2)项规定的一致行动;

(2)从事与证券有关业务的实体购买该经济实体的股票,如果购买是为了进一步转售股权(股票)且无经济实体高级管理层参与表决。但买入股权(股票)应在1年内进行,乌克兰反垄断委员会在接到申请后,如有证据证明进一步转售不可能,可决定延长该期限;

(3)在前条第2款规定的情况下,通过控制相联系的经济实体之间实施的,未经乌克兰反垄断委员会许可且法律规定了获得此类控制的必要性的行动;

(4)仲裁、国家权力机构官员或管理人员因管理或使用目的收购经济实体而取得对一个经济实体或其部分的控制权。

第二十三条　经济实体集中参与者

下列人员为集中参与者:

被兼并、挂靠或必须被兼并或挂靠的经济组织;

取得或计划取得对被取得或必须取得控制权的一个或多个经济实体的控制权;

收购、接收进行管理(使用)、租赁、特许权的资产(财产)、股权(股票)(作为财产)或必须收购的经济实体及其接收方、收购方;

属于或有意作为(参与)新经济实体的创始人的经济实体。对于资产(财产)、股份(股票)计入新设经济实体授权股本的经济实体,如果其中一位创始人为行政权力机构、地方自治机构、行政管理机构或经济管理与控制机构,该经济实体也应被视为集中参与者。

有理由根据本法第一条的规定将相关人员群体视为一个经济实体的、通过控制关系与本条第2款至第5款所述交易参与方建立联系的自然人或法人。

第二十四条　经济实体集中需要授权的案件

1. 有下列情形之一的,经营者必须取得乌克兰反垄断委员会或乌克兰反垄断委员会行政委员会的授权:

(1)在本法第二十二条第2款或其细则规定的情形下,具有控制关系的参与方的资产总额或产品销售总额在上一财务年度(包括国外),按乌克兰国家银行规定的、自该财务年度最后一天起生效的官方汇率折合达到1200万欧元,且在考虑控制关系的情况下,至少两个参与集中的参与者的资产(总资产)价值或产品销售额(总资产价值)超过了乌克兰国家银行规定的在该财务年度最后一天生效的变动率确定的折合为100万欧元,以及仅在乌克兰,资产(总资产)价值或产品销售(总销售)额超过了乌克兰国家银行规定的、在该财务年度最后一天生效的变动率确定的折合为100万欧元;

(2)在本法第二十二条第2款及其他附则规定的情况下,无论集中参与者的资产总价值或总商品销售量如何,任何集中参与者的商品在市场中的份额或在考虑控制权关系的情况下合计超过35%,且集中发生在上述市场或相邻市场。

2. 在计算集中参与方的销售额时,将该财务年度的产品(货物、劳务、服务)销售收入(收益)扣除增值税、消费税及其他按营业额计算的税费后的余额。

从一组通过控制关系联结在一起的经济实体内的产品销售中获得的资金,如已建有该类账户的,不应计入。

3. 商业银行参与集中的,应使用商业银行资产成本的1/10计算资产成本和销售成本。对于参与集中的保险公司,应按净资产计算公司的总资产成本,并按乌克兰与保险活动有关的法律定义的保险业务收入计算其销售额。

4. 计算本条所使用的门槛指标的程序,以及放宽某些经济实体类别的程序的特殊性,由乌克兰反垄断委员会制定。

5. 本条第 1 款规定需要获得授权的集中,在未获得授权前应禁止实施。在获得集中授权前,集中参与方不得实施可能造成竞争限制且不能恢复原状的行为。

第二十五条　授权经济实体集中的理由

1. 集中未导致整个市场或市场的大部分发生垄断,或者未对整个市场或市场的大部分竞争造成实质限制的,乌克兰反垄断委员会或乌克兰反垄断委员会管理委员会应给出授权。

2. 如果集中对公共利益产生的有利影响超过竞争限制的消极因素,则乌克兰反垄断委员会可批准因集中不符合本条第 1 款规定条件而未被乌克兰反垄断委员会批准的集中。

3. 集中造成下列竞争限制的,不得依据本条第 2 款给予授权:并非为实现集中目的所必要的;对市场经济体制构成威胁的。

第六章　一致行动或经济实体集中的授权申请及案件审查

第二十六条　提交协同行为和经济实体集中授权申请

1. 根据乌克兰反垄断委员会制定的程序,协同行为参与者、集中参与者、国家权力机构、地方自治机构、行政管理机构和经济管理与控制机构应提交:

协调交易授权申请——向乌克兰反垄断委员会或其属地办公室提交;

集中授权申请——向乌克兰反垄断委员会提交。

协同行为和集中的参与方、国家权力机构、地方自治机构、行政管理机构和经济管理与控制机构应联合提出申请。对于为审议申请而需要提交的严格接触信息,可由上述实体分别提交给乌克兰反垄断委员会相关机构。

前款所述实体可指定代理人并提出申请。

提交的申请及所附材料应当完整可靠。

提交的信息不可靠的,申请人应当根据本法第五十二条的规定承担责任。

2. 除非在乌克兰反垄断委员会国务委员规定期限内将申请退回申请人并通知其申请及其他文件与乌克兰反垄断委员会提出的要求不符,且这一事实妨碍对其进行审议,否则该申请即被视为已予以受理。

如果参与人拒绝向其他集中参与人提供审议乌克兰反垄断委员会或乌克兰反垄断委员会行政委员会提交申请所必需的文件和其他信息，乌克兰反垄断委员会国务委员根据申请人的征集情况，可责令集中参与者在指定期限内提供此类信息。责令该决定应当通知申请人。在申请人收到订单所提供的完整信息时，该申请即被视为已予以接受。

3. 如果一致行动获得乌克兰反垄断委员会机构特定期限授权，各经济实体有权向乌克兰反垄断委员会机构提交延长授权期限的申请。此类申请最迟应当在授权期限届满前 3 个月提出。

4. 采用竞争程序（招标、拍卖、竞赛等方式）实施协同行为或集中的，自中标之日起 30 日内可以在竞争程序前后分别提出申请，法律另有规定的除外。

5. 如果同一经济实体与不同经济实体共同实施同等一致行动，则可就同一协同行为提交申请，但需要根据乌克兰反垄断委员会制定的程序提交相关信息。

第二十七条　对协同行为、经济实体集中授权申请的审议

1. 乌克兰反垄断委员会机构应在乌克兰反垄断委员会相关机构受理联合行动申请之日起 30 日内对联合行动申请进行审议。

改变乌克兰反垄断委员会机构授权的行动但不改变参与方范围且不涉及其他产品市场行动的申请应由乌克兰反垄断委员会机构在 30 日内进行审议。

乌克兰反垄断委员会或乌克兰反垄断委员会行政委员会应在乌克兰反垄断委员会相关机构受理申请之日起 30 日内对申请进行审议。

2. 如果申请人提出撤回申请的请求，由乌克兰反垄断委员会相关机构作出决定，则该申请不予受理。

3. 对其申请不予审议的，申请人无权向乌克兰反垄断委员会或其属地办公室提出重复申请。

4. 被告知的协同行为信息，特别是协同行为参与方的组织形式和法律形式、参与方代表机构和分支机构的所在地、协同行为的类型和内容等信息，可以通过印刷或电子媒体方式予以公布，也可以由乌克兰反垄断委员会或其属地办公室以其他方式公布。

此外，关于已申报的协同行为和集中的其他信息也可予以公布，但申请人对该类信息不予公布或者申请人对此表示异议的除外。

第二十八条　对协同行为、经济实体集中授权申请作出决定

1. 如果乌克兰反垄断委员会机构在本法第二十七条第1款规定的申请审理期间未对行为、集中、协同行为授权决定进行审理,集中应被视为已经采取。

2. 本法第二十七条第1款规定的对申请进行审议的期限的最后一日为依照本条第1款规定作出协同行为授权决定的日期。

第二十九条　给出协同行为、经济实体集中的初步结论

1. 乌克兰反垄断委员会机构根据提交初步结论申请及所附信息,对协同行为作出初步结论;乌克兰反垄断委员会或乌克兰反垄断委员会行政委员会对各经济实体、国家权力机构、地方自治机构、行政管理机构和经济与控制管理机构给出初步结论。

对协同行为给出初步结论的申请审议期限为1个月。

2. 乌克兰反垄断委员会相关机构的初步结论应以信函的形式给出,说明:授权实施协同行为、集中的可能性;反对协同行为、集中的可能性;授权实施协同行为、集中的必要性或缺乏这种必要性;信息不足,无法给出任何结论。

3. 在本法第十条和第二十四条规定的情况下,获得关于协同行为、集中的初步结论不免除实施协同行为的申请人、集中实施人、国家权力机关、地方自治机构、行政管理机构和经济管理与控制机构提出集中实施必要性的责任。

第三十条　对经济实体协同行为、集中案件的审议

1. 有禁止协同行为或集中的理由,需要进行深入调查或专家审查的,乌克兰反垄断委员会相关机构应当启动联合行动或集中案件审理程序,按顺序予以确定,并以书面形式通知申请人。申请人提交给乌克兰反垄断委员会机构对案件作出决定的信息清单应附在案件审理开始通知后。

2. 不提交补充材料、妨碍案件审理的,乌克兰反垄断委员会机构可要求申请人和其他人员提交补充材料,并可责令依照本法第四十三条规定的程序实施专家审查。

3. 协同行为或竞争案件的审理期限最长不得超过3个月。该期限自申请人提交完整的信息并根据本条第1款和第2款的规定收到鉴定结论之日起计算。如果在乌克兰反垄断委员会审理案件期间未作出决定,则视为许可实施协同行为或集中。

本款第(1)项规定的案件审理期限的最后一日为许可实施协同行为、集中的决定作出之日。

4. 在乌克兰反垄断委员会机构或者经济法院安排与原案件有关的另一案件之前无法对该案件进行审理,或者在国家机关安排与原案件有关的其他事项之前,该案件的审理将中止。乌克兰反垄断委员会机构中止和恢复对案件审理的,应当发布命令,并通知申请人。

乌克兰反垄断委员会机构在中止审理的情形消除后,应恢复对案件的审理。

案件审理期自审理中止时停止。

重新审理案件的期限自恢复案件审理日期起连续计算。

5. 如果乌克兰反垄断委员会机构作出的决定会严重影响受本法保护权利和权益,第三方可参与申请审理。

涉及第三方参与审理案件的相关事宜应由乌克兰反垄断委员会机构安排。对第三方有牵连的,应当发布命令并通知参与案件的人员。

第三十一条　协同行为和经济实体集中案件的处理决定

1. 根据对协同行为、经济实体集中案件的审理结果,分别作出以下处理:

乌克兰反垄断委员会关于许可协同行为、禁止协同行为、许可集中、禁止集中达成一致意见;

乌克兰反垄断委员会行政委员会对集中提供授权,就经济公司、协会的组成文件或其修订达成协议,就协同行为提供授权(根据本法第十条第1款提供的授权除外)或禁止协同行为;

乌克兰反垄断委员会国务委员和乌克兰反垄断委员会领土委员会的相关行政委员会就相关行为许可实施相关行为,根据本法第十条第1款获得的被禁止的协同行为授权除外。

2. 乌克兰反垄断委员会机构在关于授权协同行为、集中的决定中可规定,集中必须满足并符合消除或减轻协同行为对竞争影响的要求和义务。

此类条款和义务特别涉及管理、使用或处分财产方面的限制,且可能涉及一个经济实体转让该财产的质押。

许可协同行为的决定可以不明确或明确规定的期限,该期限一般不得超过5年。

3. 协同行为、集中期限应为授权协同行为及实施集中后一年,但法律规定更长时间的除外。如果协同行为、集中在上述规定期限内未实施,协同行为、集中的参与方可向乌克兰反垄断委员会机构就集中再次提出集中授权申请。

4. 除限制接触的信息和相关国务委员规定的信息外,行政机关负责人披露后可能侵害他人利益的,应当将决定送达申请人。

5. 乌克兰反垄断委员会机构无权撤销或者修改决定,但本法第五十八条规定的情形除外。委员会机构有权更正文字错误或明显的算术错误,解释其决定,但不改变其内容,且可作出补充决定。如果对案件审理的事项未能作出决定,则可作出补充决定。

6. 审理申请、协同行为、集中案件作出决定的相关信息可在《乌克兰官方通讯》上发布,也可以在其他印刷刊物或电子媒体上发布,还可以其他方式发布。

第三十二条　协同行为、经济实体集中案件审理终止的理由

1. 协同行为、经济实体集中案件的审理:有下列情形之一的,无须对事项内容作出决定,即应终止集中:

收到申请人撤回原申请或终止审理申请的;

申请人未在乌克兰反垄断委员会各机构、属地办公室负责人处以罚款的期限内提交信息且缺少该信息方案案件审理的;

乌克兰反垄断委员会机构通过裁决,承认所宣布的协同行为和集中违反保护经济竞争法律的;

申请人(法人实体)的清算。

2. 案件因本条第1款第(2)项或第(3)项的原因而被终止审理的,申请人不会丧失再次向乌克兰反垄断委员会及其属地办事处提出协同行为、集中行为授权申请的权利。

第三十三条　乌克兰部长内阁制定的协同行为、经济实体集中授权程序

1. 自乌克兰反垄断委员会作出禁止协同行为或集中的决定之日起30日内,前述法律第二十六条第1款规定的实体可根据本法第十条第3款或第二十五条第2款的规定,向乌克兰部长内阁提交协同行为或集中授权申请。

2. 乌克兰部长内阁应作出有主动性的决定,决定是否给予协同行为、集中授权。

3. 乌克兰部长内阁关于授权协同行为、集中的决定可能包括协同行为参与方需满足及履行的某些要求和义务,包括对参与方实施某些行动的要求和义务。此类要求和义务不得对协同行为、集中参与方的活动实施长期控制。

4. 乌克兰部长内阁制定的协同行为、集中授权程序应由乌克兰部长内阁规定,即在独立专家中设立专家委员会界定协同行为、集中的有利和不利影响;建立对许可协同行为、集中决定的执行实施控制的程序。

如果乌克兰内阁关于协同行为、集中许可的决定不再有效或者已按规定程序予以撤销,乌克兰反垄断委员会机构应决定采取相关措施恢复原状,或者采取其他措施消除或减轻协同行为、集中对竞争造成的不利影响。

第三十四条　支付申请审议相关支出的责任

1. 就本法第十四条和第二十九条规定给予协同行为、集中许可,给出初步结论的申请提交税费按照本条第 2 款规定的数额计算。

2. 在下列情况下,税费应按下列方法计算:

提交集中许可申请的,金额为可减税公民最低收入,如果该税款已根据本部分关于提供相关事项初步结论的第 4 款规定缴纳,金额为 220 项可减税公民最低收入;

提交许可协同行为申请的,金额为 150 项可减税公民最低收入,如果该税费已根据本部分提供相关事项初步结论的第 4 款规定缴纳,金额为 70 项可减税公民最低收入;

依照本法第十四条、第二十九条规定提交给出结论申请的,金额为 80 项可减税公民最低收入;

针对本部分章规定的事项,发放其他经过核准的决定部分的,对于每份而言,金额为 0.5 项可减税公民最低收入。

该税费应在格里夫尼亚缴纳。乌克兰境外的经济实体可以按照缴款当日乌克兰国家银行公布的官方汇率以欧元或美元货币形式缴纳税款。

3. 支付款项应转入乌克兰反垄断执行机构所有的乌克兰国家预算特别基金,用于满足乌克兰反垄断委员会及其属地办公室的需要,法律另有规定除外。

4. 未向乌克兰反垄断委员会机构及其属地办公室税款缴纳文件,应作为在乌克兰反垄断委员会机构及其属地办公室负责人规定的期限内对该申请不予处理的依据。如在乌克兰反垄断委员会机构及其属地办公室负责人规定的期限内未缴纳税款的,申请不予考虑;在这种情况下,不应剥夺申请人向同一机构重复提交申请的权利。

5. 对于重复提交的申请具有一致行动、集中等特征且未发生实质性变化的,不应重复支付费用。

第七章　对违反保护经济竞争法案件的审理

第三十五条　对违反保护经济竞争法律案件的审理

1. 对违反保护经济竞争法律的案件的审理,应以发布立案令的形式进行,并作出处理决定;

2. 乌克兰反垄断委员会机构在审理违反经济竞争法案件过程中,应对属于案件证据的文件资料、鉴定结论及其他需要在职权范围内作出处理的信息进行收集、分析;对案件当事人或应其请求的任何实体,或该机构主动选择的人员作出解释。

第三十六条　案件审理启动依据

1. 反垄断委员会机构应从以下方面对违反保护经济竞争法的案件启动审理:

经济实体、公民个人、协会、机关、组织,因被本法认定为违反保护经济竞争法律的行为或者不作为而使其权利受到侵害的案件;

国家权力机构、地方自治机构、行政管理机构、经济管理与控制机构对违反保护经济竞争法律的行为进行举报的案件;

反垄断委员会各机构的提议。如申请人提交的申请中载有提交申请有关负面后果,为保护申请人利益,应根据乌克兰反垄断委员会各机构的提议提起。

2. 如果作为或者不作为存在违反保护经济竞争法律的情形,但对市场竞争条件没有明显影响,可拒绝申请人的案件审理申请。

第三十七条　案件审理的启动

1. 如发现违反保护经济竞争法律的情形,包括违法后果,反垄断委员会机构发布案件审理启动命令。

2. 立案审理的裁定应在作出之日起 3 个工作日内送达被告。案件开始审理后确定被告的,应当在 3 个工作日内向其送达被告参与本案的裁定,同时作出开始审理案件的裁定。

3. 案件审理通知书应同时送达给申请人和第三方。

第三十八条　并案与分案、中止审理与恢复审理

1. 反垄断委员会机构可发布将多个案件合并为一个案件的命令,也可发布

个案令进行单独审理。

2. 反垄断委员会有关机构提议，或经案件参与人申请，可中止对案件的审理，直至乌克兰反垄断委员会机构、经济法院对与原案件有关的另一案件作出安排，或直至国家机关对与原案件有关的不同事项作出安排。中止审理、恢复审理的裁定应予以公布。

第三十九条　案件参与人

1. 当事人、第三方或其代理人为案件参与人。

2.（依申请立案的案件）以被告和申请人为当事人。

对违反有关保护经济竞争法的行为提出申诉的人为申请人。

对于违反有关保护经济竞争法律的案件，以当事人为被告。

因决定对受本法保护的当事人的权益有实质性影响而参与诉讼的人为第三方。

反垄断委员会应发布关于第三方定义的命令，并将该命令告知案件参与人。

3. 乌克兰反垄断委员会机构认为案件被告有其他当事人的，应当向当事人作出撤换原被告或者追加共同被告的裁定，并通知案件参与人。

第四十条　案件参与人的权利和义务

1. 参与人享有下列权利：

熟悉本案有关材料（限制查阅的信息以及披露后可能损害其他参与人利益或者妨碍案件进一步审理的信息除外）；

举证并提出对司法鉴定问题的口头和书面解释（异议）意见；

收到案件的裁决副本（摘录但限制查阅的信息和其他参与人利益的信息除外）；

根据法律规定的程序对判决提出上诉。

2. 诉讼参与人有权公平行使自己权利。

第四十一条　确保证据

1. 任何能够确定是否存在违法行为的实际材料均应作为案件的证据。

这些材料通过以下途径确定：当事人、第三方的陈述，官员和公民的个人陈述，书证，物证和专家的结论。

当事人、第三方、官员或者高级管理人员、公民个人提供的足以证明违法行为存在或不存在的证据,应记入笔录。

2. 无论证据在何地,均应由乌克兰反垄断委员会及其属地办公室收集。

3. 诉讼参与人有权举证并证明证据的可靠性(客观性)。

第四十二条　追诉时效

1. 经济实体违反有关保护经济竞争法律的时效到期后,法律不予追究。

对违反保护经济竞争的承担法律责任的时效为5年,自违法行为发生之日起计算,如果是长期违法行为,则自违法行为终止之日起计算。

本法第五十条第13款至第16款规定的违反保护经济竞争法律的行为追究责任的时效为3年,自违法行为发生之日起计算;如果是长期违法行为,则从违法行为终止之日起计算。

2. 在反垄断委员会各机构审理有关违反保护经济竞争法律的案件期间,时效应当中止。

第四十三条　确保专家评审

1. 反垄断委员会相关机构自行或应案件参与人请求有权组织专家评审,并按顺序确定。

2. 反垄断委员会在建立专家评审或确定向专家提出问题时,可征求当事人和其他诉讼参与人的建议。反垄断事务机构如提出拒绝考虑诉讼参与人提出的任何问题,则应提出证据。组织专家评审的命令应提及要求给出专家结论的问题及专家评审人员。

3. 专家评审由相关办事处的专家或者其他专业人士实施。可聘请拥有专业知识的人员担任专家。

4. 必要时,反垄断委员会机构可将案件的材料提供给专家,使其熟悉案件的材料。专家无权披露限制查阅的信息和案件材料中包含的可能损害其他案件参与人利益或妨碍案件进一步审理的信息。

5. 专家可申请当事人提交调查结论所需要的材料,并在调查结论中说明没有得到询问的与案件有关的客观事实。鉴定人对提供的材料不充分或者不了解履行委托职责所必需的知识的,有权拒绝给出鉴定结论。

6. 如果需要进行额外的专家审查且几位专家得出的结论之间存在矛盾,反垄断委员会机构可进行额外的专家审查或重复的专家审查。

7. 专家泄露限制查阅或其他不得披露的信息作出虚假结论的,或无正当理由拒绝履行委托职责的,依法追究刑事责任。

8. 专家评审费用由违反保护经济竞争法律的行为人承担。对上述费用不予不支付的,承担人可向经济法院申请支付。

第四十四条　查封、扣押证据

1. 有下列情形之一的,可以扣押书证和物证,特别是可作为案件证据或者证据来源的资料、物品或者其他媒介:

扣押行动应根据反垄断委员会国务委员或其属地办公室负责人的命令,由国务委员或其属地办公室负责人或者经授权的反垄断委员会或属地办公室其他人员执行;

未提供证据,但有足够理由认为可以作为案件证据或者证据来源的文件、物品或者其他媒介存在于特定场所的;

存在有关文件、物品和其他信息载体有被销毁可能的。

2. 扣押书面证据原件的,乌克兰反垄断委员会或其属地办公室应自证据提供之日起 3 日内,将经核对无误的副本送交被扣押人。经反垄断委员会或其属地办公室证明的书面证据副本,在向其他人出示时具有效力。

3. 如果证据在扣押过程中受到妨碍,包括因证据数量较多或仅有部分证据与案件相关原因,反垄断委员会或其属地办公室的授权官员可以摘录按照既定程序收集的证据。

被扣押书面证据原件的人,可在对反垄断委员会的相关决定向经济法院提起上诉期满后予以返还。但书证的复印件,应留在案卷材料中。

在某些案件中,在物证经乌克兰反垄断委员会有关机构审查、调查后,如能满足收集要求且不损害案件审理的,可在案件审理结束前,经被举报人申请,予以退还。

4. 如果无法扣押证据,国务委员、乌克兰反垄断委员会属地办公室负责人或经国务委员授权的乌克兰反垄断委员会或其属地办公室负责人可扣押涉案的可作为证据或者证据来源的物品、文件或者其他媒介。

5. 在工作时间内,根据国务委员或乌克兰反垄断委员会属地办公室负责人的命令,可在工作地点,或根据经济法院命令,在居所和其他个人财产处扣押财物、物品、文件以及其他媒介,无论其去向如何,包括经济实体的房屋和车辆。

扣押财物、文件及其他信息媒介时,应当起草陈述书,陈述书应包括起草时间、扣押人的姓名、职务、查封、扣押财物、文件及其他媒介清单等内容。该陈述书应由进行扣押的乌克兰反垄断委员会的2名授权官员签署。陈述书还应由扣押时在场的人员签名。

当事人拒绝签署陈述书的,该事实应在陈述书中说明。当事人有权对陈述书所附内容作出解释和说明,并有权主动要求拒绝在陈述书上签字。

扣押陈述书副本应提供给其文件、物品及信息媒介被扣押的经济实体或该经济实体代表。

6. 返还扣押物品、文件及其他信息媒介的,应当按照扣押程序作成报告书。

乌克兰反垄断委员会国务委员、乌克兰反垄断委员会属地办公室负责人对返还或解除禁令的财产、物品、文件及其他信息媒介发布命令。

7. 乌克兰反垄断委员会及其属地办公室应确保保存好书面证据和物证。

物品、文件及其他信息媒介被移交保存的人员应承担隐匿、毁损、灭失的法律责任。

第四十五条　推动对保护经济竞争违法案件的审理

为确保对违反保护经济竞争法的案件进行审理,特别是为了采取本法第四十四条规定的行动,国际事务机构、海关机构和其他法律保护机构有义务在其权利范围内向乌克兰反垄断委员会及其属地办公室提供协助。

第四十六条　乌克兰反垄断委员会各机构提出的建议

1. 乌克兰反垄断委员会机构有权向权力机构、地方自治机构、行政管理机构和经济管理与控制机构、经济实体和协会提出建议,规定停止带有违反保护经济竞争法迹象的行为,规定消除违法行为的起因及其便利条件,规定在违法行为终止时消除违法行为的后果。建议应以信函形式发出。

2. 乌克兰反垄断委员会机构提出的建议在审理方面对接受建议的机构或人员具有约束力。乌克兰反垄断委员会各机构在收到建议之日起10日内向乌克兰反垄断委员会各机构及其属地办公室通报对建议的审议结果。

3. 如果建议得到执行且违法行为未对竞争造成实质性限制或扭曲,也未对公民个人或社会造成重大损害且已采取相关措施消除违法行为的后果,则不应就违反保护经济竞争法的案件启动诉讼程序,已启动的诉讼程序应予以关闭。

第四十七条　案件的初步裁决

1. 在案件审理过程中,乌克兰反垄断委员会各机构根据经济实体提出的申请，要求采取措施，防止违反保护经济竞争法行为给经济实体造成不利的和不可挽回的后果的，可对下列方面作出初步裁决：

禁止带有违反迹象的人（被告）从事某些行为，包括旨在妨碍证券交易的行为；

为了他人的合法权益需要紧急履行某项行为的，为必须履行的行为。

2. 当事人不服初步裁决的，在收到裁决书之日起 15 日内，可按照本法第六十条规定的程序提出上诉。该裁决期限不再延期。

3. 案件因被告涉嫌违法行为尚未被证实而结案的，被告可向经济法院申请依据本条第 1 款规定提交申请的经济实体因初步裁决所造成的损失追偿。

4. 根据案件审理结果作出处理决定后，原裁决失效，但已规定较短期限的除外。

第四十八条　关于处理违反保护经济竞争法律行为案件的决定

1. 乌克兰反垄断委员会各机构应根据对违反保护经济竞争法律案件的审理结果，作出决定，包括下列方面：

其违反有关保护经济竞争的法律事实的确定；

停止违反有关保护经济竞争法律的行为；

赋予权力机构、地方自治机构、行政管理机构和经济管理与控制机构撤销或修改上述决定，或违反被视为权力机构、地方自治机构、行政管理机构及经济管理与控制机构反竞争行为协议的义务；

经济实体在市场上独占（支配地位）的事实的确定；

在市场上具有垄断（主导）地位的经济实体的强制分立；

征收罚款；

妨碍证券交易；

消除违反有关保护经济竞争法律行为所造成的后果，特别是消除或减轻经济实体联合行为、集中对竞争产生的恶性影响；

发现有本法第十九条所禁止的行为的，撤销对其一致行动的授权；

被告公布乌克兰反垄断委员会或其属地办公室关于对违法行为案件作出决定的官方信息，并自行承担相关费用，包括按照决定或法律规定的方法最大限度地公布决定（在限制查阅的信息和有关国务委员确定的信息之外，披露该信息可能会造成侵害其他人参与该案的属地办事处负责人的利益）；

终结案件诉讼程序。

2. 乌克兰反垄断委员会机构作出决定后,无权撤销或者修改决定,本法第五十八条规定的情形除外。仲裁委员会有权更正决定中的印刷错误或明显的算术错误,解释决定,但不改变决定的内容,并可作出补充决定。

3. 为保护公共利益或防止对经济实体造成不利的、不可挽回的后果,乌克兰反垄断委员会机构应将根据本条第1款,《乌克兰反不正当竞争法》第三十条第1款作出的决定,视作暂缓执行的关于下列各项的决定:

经济法院立案审理,旨在撤销上述决定的;

修改经济法院有关决定(命令)的;

本部分规定的乌克兰反垄断委员会机构的决定,可在案件参与人的申请或乌克兰反垄断委员会机构发起后作出。

上述决定既可在向经济法院、仲裁法院提出相关请求之前,也可在申请人提出申请之后作出,除非经济法院中止对被上诉的乌克兰反垄断委员会机构作出上述决定。

第四十九条　结束对违反保护经济竞争法案件审理的理由

在下列情况下,对违反保护经济竞争法案件的审理应在不就案件主题作出决定的情况下结束:案件并非由乌克兰反垄断委员会或其属地办公室审理;被告不明确或被告下落不明的;作为法人的被告被清算的;乌克兰反垄断委员会各机构过去或现在针对同一被告基于相同理由审理的案件;违法行为未被证明的;法律规定的其他理由。

第八章　违反保护经济竞争法的责任

第五十条　违反保护经济竞争法

下列违法行为属于违反有关保护经济竞争法的行为:

(1)限制竞争的协同行为;

(2)滥用垄断(支配)地位的行为;

(3)权力机关、地方自治机构、行政管理机构、经济管理机关的反竞争行为;

(4)不履行乌克兰反垄断委员会机构作出的决定、初步决定或者不完全履行的;

(5)参与一致行动的经济实体实施本法第十条第5款所禁止的行为的;

(6)在本法第十六条规定禁止的情形中授予地方自治政府权力机关或者地方自治政府机关职权的;

(7)有本法第十七条所规定被禁止行为的;

(8)本法第十八条第2款、第十九条、第二十条所禁止的限制性和歧视性行为;

(9)本法第十八条第1款规定禁止的限制行为;

(10)不符合本法第二十二条第3款第(2)项规定的条件的;

(11)违反与乌克兰反垄断委员会机构达成的集中成立经济实体的组织文件的规定造成限制竞争的;

(12)在需要乌克兰反垄断委员会机构提供相关授权的情况下,未经乌克兰反垄断委员会机构授予相关授权的经济实体集中的;

(13)未在乌克兰反垄断委员会机构规定期限内向乌克兰反垄断委员会、乌克兰反垄断委员会属地办事处提交信息,或者根据规范性和法律行为提交信息的;

(14)在乌克兰反垄断委员会机构或其属地办公室负责人,或根据规范性文件和法律文件提交不完整信息的;

(15)向乌克兰反垄断执行机构及其属地办公室提交不实信息的;

(16)在乌克兰反垄断委员会及其属地办公室执行检查、调查国家、扣押财物、文件、物品和其他媒体提供信息时设立障碍;

(17)经济实体、协会、权力机构、地方自治机构、行政管理机构、经济管理与控制机构提供咨询意见,诱使其实施违反有关保护经济竞争法律的行为或者为其提供便利条件的;

(18)经济实体向乌克兰反垄断委员会及其属地办公室提交了包含违反有关经济竞争法申请信息,构成对经济实体经济活动限制的;

(19)协同行为参与人未遵守作为与协同行为、集中授权决定相关规定的协同行为、集中参与人提出的要求和义务的;

(20)符合本法第二十一条规定所禁止的其他社会团体的限制性活动的。

第五十一条　职责类型

违反相关保护经济竞争法律的,应承担法律责任。

第五十二条　罚款

1. 乌克兰反垄断委员会机构应对协会、经济实体处以罚款,包括法人和自然人。

在本条第 4 款规定的情况下,按照本法第一条规定被视为经济实体的该类法人经济实体和(或)自然人。

2. 下列规定中的违法行为:

对于本法第五十条第(1)项、第(2)项、第(4)项,罚款数额按照不超过处罚年度的前一会计年度该经济实体的产品(商品、劳务、服务)销售收入(收入)的10% 计算。非法获利在所得(收益)10% 以上的,处以非法获利 3 倍以下的罚款。其不当得利数额可采用评估方法计算;

罚款数额按照本法第五十条第(5)项、第(8)项、第(10)项、第(11)项、第(12)项计算,罚款数额并按照被处罚年度的前一财务年度该经济实体的产品(商品、劳务、服务)销售收入(收入)的 5% 以下计算;

对于第五十条第(9)项、第(13)项至第(18)项,罚款数额按处罚年度的上一财务年度该经济实体销售产品(商品、劳务、服务)的销售收入(收入)的 1% 计算。

3. 经济实体销售产品(商品、劳务、劳务)的收入,应为组成其的经济实体中依照本法第一条的规定视为该经济实体的所有法人和自然人获取的全部收入。

4. 如果一个经济实体中的几个法人和(或)自然人导致上述经济实体实施违反保护竞争法律的行为(作为或不作为),那么在不违反该法律的情况下可享有相应权力且可在竞争中获得好处或其他利益,必须实施上述行为(作为或不作为)或可获得上述利益的法人或自然人所在的经济实体给予处罚。特别是应考虑将作为经济实体的其他法人和自然人活动可能产生的影响及获得部分收入的可能作为利益。

5. 如果无收益,或者被告不顾反垄断委员会及其属地办公室负责人要求,拒不提供收入(收益)数额信息,本条第 2 款第(2)项规定的罚款数额不超过 2 万可减税公民最低收入,本条第 2 款第(3)项规定的罚款数额不超过 1 万可减税公民最低收入,本条第 2 款第(3)项规定的罚款数额不超过 2000 可减税公民最低收入。必要时,反垄断委员会可根据从其他来源获得的行政信息估算收益金额。

6. 对超过 4000 减税公民最低收入标准的罚款,应由反垄断委员会行政委员会会议全权决定。

7. 经济组织经营时间不满 1 年的，罚款数额按照作出罚款决定之日前该经济组织的收益计算。

第五十三条　强制分立

1. 如果一个经济实体滥用其市场垄断（支配）地位，反垄断委员会有权作出对该具有垄断（支配）地位的经济实体实施强制分立的决定。

2. 有下列情形之一的，不得强制分立：

在组织或地域上无法分割企业、结构分部或结构单元的；

企业、结构分部或结构单元之间在技术上紧密联系的（该经济实体使用的产值超过该企业或结构单元总产值 30% 的）。

3. 反垄断委员会作出的强制分立决定应在不少于 6 个月的期限内执行完毕。

4. 被强制分立的经济实体重组，应在消除其市场非垄断（支配）地位的前提下自主进行。

第五十四条　经济实体、权力机构、地方自治机构、行政管理机构、经济管理与控制机构官员和其他工作人员的管理责任

1. 第五十四条第 1 款除外。

2. 国家权力机构、地方自治机构、行政管理机构、经济管理与控制机构有本法第五十条第（13）项至第（16）项规定行为的，应当依法承担责任。

3. 经济实体、社会团体工作人员有本法第五十条第（16）项规定的行为的，依法承担行政责任。

第五十五条　损害赔偿

1. 因他人违反保护经济竞争法造成损失的，受害方可向仲裁庭申请损害赔偿。

2. 因本法第五十条第（1）项、第（2）项、第（5）项、第（10）项、第（12）项、第（18）项、第（19）项规定的违反保护经济竞争法律的行为造成损失的，应当按照违法行为人所受损失的一倍数额追偿。

第九章　执行、复议上诉时效及信息交换

第五十六条　执行机关决定和命令的程序

反垄断委员会主席、乌克兰反垄断委员会各属地办公室负责人

1. 决定(限制查阅的信息和有关国务委员、属地办公室负责人确定的信息,披露该信息会损害其他参加案件审理的人员利益的除外)、乌克兰反垄断委员会各机构的命令、属地办公室负责人应采用邮寄或凭收据交或以其他方式通知有关人员履行。

下列原因不能送达的:

该自然人最后所知的居住地(注册地址)不存在;

相关法定地址没有该经济实体、行政管理与控制机构的官员或授权代表;

乌克兰反垄断委员会各机构的决定、命令在所作决定的信息发布及通过印刷媒体(《乌克兰之声》)、乌克兰最高拉达(议会)报纸(政府信使)、乌克兰内阁报纸、乌克兰官方通信、相关地区理事会根据最后所知的居住地(注册地址、被告的法定住所)印刷媒体发布之日起10日内被视为送达。

2. 反垄断委员会及其各属地办公室负责人作出的决定和命令具有约束力。

3. 被乌克兰反垄断委员会机构罚款的人应自收到罚款决定之日起两个月内缴纳罚款。

4. 依照第五十二条第4款规定,对经济组织处以罚款的,所处罚款可由被处以罚款的经济组织中的一名法人或者自然人全部缴纳或者部分缴纳。其他法人、自然人一人共同缴纳或者数人缴纳全部罚款的,应当免除被处以罚款人员的义务。

5. 到期不缴纳罚款的,每日按罚款数额的1.5%加处罚款。加处罚款的总数额不得超过乌克兰反垄断委员会机构相关决定所处的罚款。

经济法院作出给予原罚款的决定之日起,停止计算和加处罚款。

在经济法院对撤销乌克兰反垄断委员会机构征收罚款决定案件、经济法院的有关判决(裁定)件进行审议、核实和审查期间,暂缓计算和加处罚款。第五十六条第5款除外。

被处罚款的个人因乌克兰反垄断委员会机构就个人提出的申请对其违反保护经济竞争法律的决定进行审查或复核的,则中止罚款的计算和征收。

6. 乌克兰反垄断委员会机构根据被罚款人的申请,有权推迟或扩大缴纳罚款的范围。

7. 在处罚决定规定期限内不缴纳罚款,又不缴纳加处罚款的,原罚款和加处罚款由乌克兰反垄断委员会机构依法收缴。

8. 经济实体应自缴纳罚款之日起 5 日内，向乌克兰反垄断委员会或其属地办公室提交已缴纳罚款的确认文件。

9. 罚没款收入全部纳入国家财政预算。

10. 乌克兰反垄断委员会有关机构和官员对经济实体、权力机构、地方自治机构、行政管理机构、经济管理与控制机构的官员和其他工作人员给予行政处罚的决定，依照法律规定的程序执行。

第五十七条　违反保护经济竞争法律决定、案件的核实协同行为申请及案件核实

1. 乌克兰反垄断委员会属地办公室行政委员会、乌克兰反垄断委员会国务委员、乌克兰反垄断委员会管理委员会关于违反保护经济竞争法案件、有关申请和协同行为案件的决定，可根据案件参与人的申请或自行根据乌克兰反垄断委员会设定的程序作出。

2. 处罚决定核实申请可在处罚决定作出之日起两个月内提出。该期限不得展期。

3. 乌克兰反垄断委员会属地办公室行政委员会作出的决定，交由乌克兰反垄断委员会行政委员会或乌克兰反垄断委员会核实；乌克兰反垄断委员会的国务委员、乌克兰反垄断委员会的行政委员会作出的决定，交由乌克兰反垄断委员会核实。

4. 乌克兰反垄断委员会核实机构可于相关决定完成之前中止履行相关决定，并书面通知参与人。

5. 乌克兰反垄断委员会机构根据决定核实结果，有权保留决定，变更决定，部分撤销原决定，将撤销部分提请重新审议，撤销原决定，重新作出决定、提请重新审理、结案。

第五十八条　违反保护经济竞争法决定及协同行为、集中申请决定的审查

1. 乌克兰反垄断委员会机构可主动或根据当事人提交的申请对违反保护经济竞争法案件以及有关申请、协同行为和集中案件的处理进行审查：

主要案情未知，且乌克兰反垄断委员会机构可能无法获知，导致该机构作出不合法或无依据的决定的；

所依据的证据不可靠，或所依据的决定违法或无依据的；

协同行为或集中的参与方没有履行乌克兰反垄断委员会机构，根据本法第

三十一条第 2 款作出的联合行动或集中的决定规定的要求和义务;

一致行动授权决定或集中决定所依据的情形不存在;

是否有乌克兰法律规定的其他理由。

作出审查决定的乌克兰反垄断委员会机构可以暂缓执行,直至审查结束,并以书面形式通知参与案件的人员。

2. 符合下列情形之一的,可对保护经济竞争法的违法案件、申请案件、一致行动案件和集中案件进行审查:

对于本条第 1 款第(2)项和第(3)项的案件,在有关决定作出之日起 5 年内;

对于本条第 1 款第(4)项、第(5)项的案件,在裁决有效期内;

对于本条第 1 款第(6)项的案件,在决定作出之日起 3 年内提出,法律另有规定的除外。

3. 根据决定审查结果,乌克兰反垄断委员会机构可以保留有关决定、变更决定、撤销有关决定。

作出本法第三十一条、第四十八条和《乌克兰反不正当竞争法》第三十一条第 1 款规定的新决定。

4. 乌克兰反垄断委员会根据决定审查结果作出禁止垄断的决定,应根据乌克兰反垄断委员会的主张,以法律形式取消因集中成立的该经济实体的国家登记。

第五十九条　变更、废止或审议乌克兰反垄断委员会机构决定的理由

1. 下列情形应当作为变更、撤销或者审议乌克兰反垄断委员会机构决定的理由:

对案件重要情况调查不彻底的;

认为案件有重要意义但未确定的;

决定结论与案件情况不一致的;

违反或者不正确地适用实体法、程序法规范的。

2. 违反或者不正确适用程序法规范的,只有在导致作出错误决定的情况下,才可作为变更、撤销或者认定该决定无效的理由。

第六十条　对乌克兰反垄断委员会机构决定的上诉

1. 申请人、被告和第三人收到裁决书之日起 2 个月内,对乌克兰反垄断委员会机构的全部裁决或部分裁决不服的,有权向经济法院提起上诉。上述期限不得展期。

2. 对乌克兰反垄断委员会、乌克兰反垄断委员会行政委员会和乌克兰反垄断委员会国务委员所作决定的上诉,应向基辅经济法院提起。对反垄断委员会的属地办事处行政委员会所作的虚假裁决的上诉,应提交至克里米亚自治共和国经济法院、区域法院、基辅经济法院和塞瓦斯托波尔经济法院。

3. 经济法院对乌克兰反垄断委员会机构裁决无效的接受,不会造成裁决履行的中止,但本条第 4 款规定的情况除外。

4. 由经济法院提起诉讼,撤销乌克兰反垄断委员会机构的下述决定:

根据本法第四十八条第 1 款和《反不正当竞争法》第三十条第 1 款;

根据本法第五十七条第 5 款作出认定的结果;

根据本法第五十八条第 3 款规定作出的复议决定;

应一方当事人申请变更经济法院相关决定(判决)期间,在经济法院相关决定(判决)变更期间,中止乌克兰反垄断委员会相关决定的执行,但乌克兰反垄断委员会机构根据本法第四十八条第 3 款作出决定或者经济法院另有决定的除外。

5. 如果经济法院有充分的理由,无论本条第 4 款的规定如何,中止乌克兰反垄断委员会机构作出决定的有效性。

第六十一条　开庭案件的通知

1. 经济法院应乌克兰反垄断委员会的请求,应将依据保护经济竞争法审理的法院案件通知乌克兰反垄断委员会。

2. 乌克兰反垄断委员会国务委员、乌克兰反垄断委员会属地办公室负责人或乌克兰反垄断委员会、经国务委员授权的办事处属地官员或领地办事处负责人分别有权了解案件的情况并得到案件的副本。如果决定会影响乌克兰反垄断委员会及其属地办公室在行使国家对保护经济竞争控制过程中的权利和义务,则有权作为对论据主题没有提出持续要求的第三方参与案件。

第六十二条　时效

1. 采取相关行动的期限,特别是在审议一致行动授权申请期间,经济实体的集中,以及在审理违反保护经济竞争法等案件期间,由乌克兰反垄断委员会各机构、乌克兰反垄断委员会属地办公室负责人确定。

所述期间应根据公历日期、确定某一不可避免的事件或某一期间确定。

2. 以日计算的,应自决定其开始的公历日期的次日算起,或者决定其开始的事件发生之日起算起。

按年计算的,应当在最后一年的相应月份和相应日期结束。

以月计算的,应当在最后1个月的相应日期结束。如果以月计算的期间终了,则在该月的最后一日结束。

如果最后一日是节假日,则下一个工作日为最后一日。最后一日应在夜间12点结束。如果确有必要于上述期间内在乌克兰反垄断委员会或其属地办公室采取行动,则该期间应当在工作日结束时结束。

3. 如果向邮局递交了必要的文件,则不视为超过了期限。如果乌克兰反垄断委员会或其属地办公室未收到文件,则应当提交相关文件已经邮寄的证据。

第六十三条　信息交换

1. 根据本法第一条相互联系的各经济组织有义务保证相互之间交换信息,包括本法第二十二条第2款规定案件的信息,并应采取其他措施确保防止违反保护经济竞争法律的行为。

2. 经济实体未履行本条第1款规定的要求,不能免除本应收到信息或采取其他措施的其他经济实体的责任。

第十章　最终条款

1. 本法自公布之日起1年内施行,但本节第(2)项、第(3)项自公布之日起施行。

2. 在本法生效之前,对于发生在本法生效之日且根据本法第十条的规定可以提起诉讼的行为,经济实体可向乌克兰反垄断委员会机构申请许可采取一致行动。

3. 除非乌克兰反垄断委员会机构在本法施行之日起1年内作出一致行动的决定,否则,根据本节第(2)项提交申请的一致行动应被视为许可。

4. 本法第四十四条关于进入他人住所或者其他财产进行检查或搜查的规定,自经济法院关于采取欺诈措施进入他人住所或者其他财产进行检查或搜查程序的法律生效之日起施行。

5. 在《乌克兰保护经济竞争法》生效之日起3个月内,指示乌克兰内阁:向乌克兰最高拉达议会提出关于乌克兰法律,使之符合本法的建议;使制定的规范性和法律行为符合本法规定;确保乌克兰各部和其他行使行政权力的中央机构审查和撤销其与本法相抵触的规范性和法律行为;在本法规定范围内,作出规范性和法律性行为。

6. 下列决定予以废止:

乌克兰关于在创业活动中限制垄断和防止不正当竞争法《乌克兰最高拉达(议会)期刊》,1992 年第 21 号,第 296 页;1993 年第 27 号,第 291 页;1995 年第 28 号,第 202 页;1998 年第 34 号,第 229 页;

《乌克兰关于修改和补充乌克兰保护知识产权的法律》第 12 项[《乌克兰最高拉达(议会)政府公报》,1995 年第 13 号,第 85 页];

《乌克兰法律》第一节第(3)项"关于修改乌克兰从法人和自然人账户中提供无可争议的注销(收取)资金的法律——银行创业活动的主体"[《乌克兰最高拉达(议会)政府公报》,1998 年第 10 号,第 36 页]。

乌克兰自然垄断法*

该法规定了法律、经济和组织原则,打破了国家对自然垄断企业的管制。本法旨在平衡社会、自然垄断行为主体和消费者利益,保障自然垄断市场的高效运行。

第一章 总则

第一条 术语和定义

1. 本法下列术语的含义如下:

---

* 本法为 2000 年 4 月 20 日第 1682 – Ⅲ号法律,后通过 2003 年 5 月 15 日第 762 – Ⅳ号、2003 年 11 月 18 日第 1280 – Ⅳ号、2003 年 11 月 20 日第 1294 – Ⅳ号、2005 年 1 月 13 日第 2339 – Ⅳ号、2005 年 5 月 31 日第 2599 – Ⅳ号、2006 年 12 月 1 日第 424 – Ⅴ号、2008 年 12 月 25 日第 800 – Ⅵ号、2009 年 3 月 5 日第 1072 – Ⅵ号、2010 年 6 月 1 日第 2289 – Ⅵ号、2010 年 7 月 1 日第 2388 – Ⅵ号、2010 年 7 月 8 日第 2467 – Ⅵ号、2010 年 7 月 9 日第 2479 – Ⅵ号、2010 年 10 月 7 日第 2592 – Ⅵ号、2010 年 12 月 23 日第 2856 – Ⅵ号、2011 年 2 月 17 日第 3038 – Ⅵ号、2011 年 7 月 7 日第 3610 – Ⅵ号、2011 年 12 月 22 日第 4220 – Ⅵ号、2012 年 5 月 17 日第 4709 – Ⅵ号(2013 年 6 月 14 日公布)、2012 年 5 月 24 日第 4851 – Ⅵ号、2012 年 6 月 7 日第 4910 – Ⅵ号(2013 年 1 月 8 日公布)等法案进行修订。另外,根据乌克兰宪法法院 2008 年 7 月 8 日第 14 – rp/2008 号裁决本法的某些条款与《乌克兰宪法》规定不一致。

“自然垄断”指在没有竞争的情况下,由于生产的技术特点(单位产品的生产成本随着产量的增加而大幅下降),市场需求能够得到最有效的满足,且自然垄断生产的产品(服务)的消费不能被其他产品(服务)替代,因此,与其他产品(服务)(下称产品)相比,该产品市场的需求对这些产品(服务)价格变化的影响程度较小;

“自然垄断生产的产品的消费者”指购买自然垄断实体生产(销售)的产品的个人或经济实体;

“自然垄断实体”指在自然流动市场生产(销售)产品的经济实体(法人);

“相邻市场”指不属于自然流动市场的产品市场,相邻市场的参与者在没有直接使用自然垄断实体生产(销售)的产品的情况下不能销售自己生产的产品,也不能使用其他经济实体的产品。

2. 术语“经济实体”“竞争”“产品市场”“产品”“机关”“行政和管理部门”等用于《乌克兰保护经济竞争法》规定的含义。

第二条　适用范围

1. 本法适用于商品市场中产生的自然垄断市场或相邻市场的关系。

依照本法对自然垄断经营实体和相邻市场经营实体的经济实体的活动进行的管理,不适用于其在本法规定的与自然垄断经营无关的领域和相邻市场从事的活动。

2. 有关自然垄断行为的法律可对自然垄断经营实体在某些商品市场从事的管理行为作出具体规定。

第三条　相关立法

1. 乌克兰有关自然垄断行为法律由本法、《航空法典》、《商船法典》、《乌克兰保护经济竞争法》、《交通运输法》、《管道运输法》、《铁路运输法》、《电力工业法》、《国家公共服务领域管理法》及对自然垄断行为作出具体规定的其他乌克兰法律组成。

2. 国际条约与本法内容不相符时,以国际条约为准。

第二章　国家对自然垄断的监管

第四条　国家监管

对实施自然垄断经营实体和相邻市场实体的行为进行国家监管。

1. 国家对本法第五条规定范围内的依照本法设立和行使职能的自然垄断经营活动的监管权，由国家管理委员会行使。

如果根据本法调整自然垄断经营行为的目标是满足特定地区的需要，国家监管自然垄断经营行为的职能可按照规定的程序及本法第十四条的规定授权给克里米亚自治共和国、州、基辅和塞瓦斯托波尔市的部长理事会。

2. 国家对自然垄断经营领域经济竞争法律的遵守情况进行监督，由反垄断委员会依其职权行使。

3. 消费者协会依照法律规定对自然垄断实体的活动进行社会监督。

协助消费者协会对自然垄断经营主体的活动进行社会监督。

第五条　自然垄断实体的活动范围

1. 对自然垄断实体的活动，依照本法规范下列领域的活动：石油和成品油管道输送；天然气管道运输及其配送；天然气和石油的管道输送及其配送；超出经营期限规定的适用于天然气存储（许可条件）的储气量；通过管道输送其他物质；输配电；利用铁路、交通、车站等保障铁路运输运行的基础设施；空中交通管制；集中供水及水处理；热运输；根据部长内阁所制订的清单，由运输枢纽、港口和航空口岸提供的专业化服务。

2. 自然垄断单位名录由反垄断委员会依职权制定和维护。

自然垄断单位名录汇总应以反垄断委员会根据由国家公用事业委员会编制的在住房和公用事业领域内运作的自然垄断实体的登记簿以准。

第六条　相邻市场

受本法管制的相邻市场包括：管道输送的天然气及其他物质；国内和国际铁路、航空、内河旅客，货物运输；超出电力生产所适用的业务规则和条件（许可条件）规定的水平生产电力；电力供应；超过热能生产所适用的商业条款和条件（许可条件）规定的水平生产热能（专用于内部的除外）；出售权益性生产天然气［包括油（伴生）气和超过许可条件规定水平的天然气（甲烷）］；热能供应。

第七条　开展活动的许可

在本法第五条规定的范围内从事自然垄断实体的活动的经济实体应当依法获得许可。

根据适用于自然垄断控制区域和邻近市场的条件和规则（许可条件），自然垄断实体有义务提供法律所要求的建设工程设施支持的技术规范。

第八条　国家对自然垄断的监管

国家对自然垄断行为的监管,适用于下列方面:自然垄断实体生产(销售)的商品的价格(关税);消费者消费自然垄断实体生产(销售)的商品;法律规定的从事经营活动的其他条件。

第九条　国家对自然垄断行为进行监管的原则

1. 国家对自然垄断行为进行管制,依据下列原则:

监管程序的公开性和透明度;定向监管,针对特定的自然垄断实体的集中监管;自然垄断实体的自给自足;促进商品质量的提高,满足对商品的需求;确保消费者权益的保护。

2. 对自然垄断实体经营的商品的价格(关税),应当考虑下列因素:

将税收归入生产成本(本条第3款定义的费用除外);国家预算和国家信托基金的税费(强制缴纳);固定资产成本扣除生产固定资产的投资;以不同价格销售(含关税)可能产生的预期利润;不同消费群体与商品生产地的远近;生产(销售)商品的质量符合消费者的需要;政府补贴和其他形式的国家支持。

3. 对自然垄断实体经营的商品进行价格(关税)监管不应考虑下列因素:

坏账和坏账准备;公认的罚款和罚金;自然垄断实体决定向其他法律实体和个人转让的金钱或商品的价值,包括慈善、赞助和公司援助;资产毁损、亏损;已销售存货的价值;

与维护社会文化设施有关的费用,根据部长内阁规定的程序确定的除外。

4. 国家对自然垄断实体行使监管职能的机构作出的监管决定,应当考虑消费者协会、自然垄断实体等利益相关方提供的有关自然垄断实体行为的信息,以及有关自然垄断实体商品价格(费率)变动的公开材料、公开听证等信息。有关自然垄断实体商品价格(费率)变动的信息披露和公开听证等适用程序应当根据《乌克兰价格和定价法》由被委托批准或管理价格(费率)的机构确定。

第十条　自然垄断实体的责任

1. 自然垄断实体应当:

在自然垄断实体和相邻市场控制的地区,遵守既定的定价程序、产品安全和质量标准和指标以及其他适用于营业执照所规定的商业活动的规则和条件;

为每项许可经营活动建立独立的财务记录;

向消费者无歧视地销售产品,不应妨碍相邻市场的生产者之间以及生产者的消费者之间协议的实施；

向监管机关在规定范围和期限内行使权力时所需的资料和信息；

向监管机关提供履行职责、使用设施、设备和土地所需的文件和信息；

应地方自治机构的要求，提供有关可支持建设设施的能力和公用（工程）网络（设施）的信息；

按照规定的方式和期限提供建设设施的工程支持技术规范。

2. 自然垄断经营的单位不得采取导致或者可能导致本法规定的商品无法生产（销售）的行为，或者以具有不同消费者属性的其他商品替代该商品。

第三章　国家自然垄断管理委员会

第十一条　国家自然垄断经营管理委员会的设立和清算

1. 国家自然垄断经营管理委员会（以下简称委员会）是国家合议机构，由乌克兰总统设立并清算。

委员会应向总统报告，并对乌克兰最高拉达负责。

委员会应根据经乌克兰总统批准的规章行事。

委员会可以设立并清算其属地机构。属地机构应根据委员会批准的规章运作。委员会及其总部和各地区机构组成由委员会主任领导的系统。委员会应具有法人资格，在银行开设账户，印章上应印有乌克兰国徽和委员会名称。

2. 集体审计委员会由主席和 6 名委员组成。

委员会主席和委员由总统通过相关法令任命和罢免。

过半数委员获得正式任命即具有法律资格。

委员会为合议机构，并通过会议作出各项决定。

过半数委员出席会议才具有法律效力。由全体委员过半数表决通过的决定，产生法律效力。

主席和委员各享有一票表决权。

委员会主席履行下列职责：

（1）领导委员会并管理其活动；

（2）批准委员会规章和条例；

（3）根据委员会委托的有关工作，对委员会委员职责进行分工；

（4）召集仲裁会议，提出审议问题，签署会议记录和会议纪要，通过仲裁委员会会议议程；

(5)根据法律规定,任免委员会核心部门的负责人和工作人员；

(6)对委员会地区办事处进行指导,并依照法律规定任免这些机构的负责人和工作人员；

(7)根据法律规定程序,履行关于委员会活动的陈述职能；

(8)有权在没有特别许可的情况下在法庭上代表委员会；

(9)在部长内阁中代表委员会,有权以顾问身份参加部长内阁会议；

(10)向总统提出关于任免委员会委员的建议；

(11)发布行政命令和对职权范围内事务的指示；

(12)依照法律规定的程序评定公务员衔级、实施奖惩；

(13)批准为委员会总部工作人员和地区分支机构负责人的职位提供人力资源储备；

(14)批准委员会中央委员会和地区办事处的组织结构；

(15)批准关于委员会中央办公室结构单位的规定；

(16)依法行使其他职权。

3. 主席和/或委员的任期为 6 年。

同一人不能连续担任委员会主席和(或)委员。

对委员会工作人员编制须经总统批准。代表团的人员配员表由委员会主席批准,并征得乌克兰财政部同意。委员会的组织结构委员会主席应依国家预算规定的开支限额内批准。

4. 主席和/或委员会委员提出辞职,因健康原因不能履行职责,被终止乌克兰国籍、严重违反公务行为,或经法院指控构成犯罪或法律规定的其他原因,可被免职。

主席和委员会委员的权力因其死亡、被确认失踪或死亡而终止。

总统的选举或者连任不得被视为罢免委员会主席和/或委员的理由。

主席或者委员任期届满后,在新的委员主席或者委员就任前继续任职。

5. 与支持委员会活动有关的后勤和其他工作应由其中央办公室根据委员会规定执行。

6. 根据其法律地位,中央机关的委员会委员和行政工作人员为国家公务员。

第十一 a 条　对主席、委员的要求

1. 主席和/或委员可以由乌克兰公民担任,并具有研究生学历(相关法律或经济专业毕业),在最近10年内担任高级职务的年限不少于3年。

2. 主席和/或委员会委员不得作为专门委员会权限范围内的自然垄断实体和相邻市场经营的经济实体的公司权利享有人。

第十二条　委员会的目标

委员会的主要目标如下:对自然垄断实体行为进行监管;为产品市场的竞争和消除自然垄断创造条件,更好地满足相邻市场的需求和促进竞争;制定相关领域内的价格调节政策;在平衡社会发展、自然垄断实体和消费者利益的基础上,促进产品市场高效运行。

第十三条　委员会履行的职能

根据规定的目标,委员会应:起草和批准自然垄断实体和相邻市场的经济实体从事经营活动的特殊规则和条件,并根据既定程序采取行动防止违反这些规则和条件的行为;按规定程序向相邻市场的自然人及经济实体发放从事经营活动的许可证;制定自然垄断行为领域内的价格政策,确定消费者接触自然垄断经营实体生产产品的条件;向有关部门提出制定自然垄断经营领域的战略、商品和服务的标准、质量指标和投资过程监管的建议;确定本法调整的自然垄断行为,建立和维护相关领域内自然垄断实体名录库;参与制订并按规定程序提出完善自然垄断行为立法的建议;通过公共媒体向社会公众通报其活动和自然垄断实体的活动;公布履行活动情况和自然垄断实体活动情况的年度报告;向有关国家机关报告违法行为;履行分配给其任务时所产生的其他功能。

第十四条　赋予委员会的权力

委员会具有下列权利:

接收自然垄断实体为履行职能而从事活动的文件、统计资料等信息;

在本权限范围内依据《委员会佣金规定》作出对自然垄断经营主体自然垄断实体具有约束力的决定;

对本法规定的有关自然垄断实体的处罚事项,决定处以罚款;

根据《乌克兰行政违法行为守则》,编写自然垄断实体官员在有关自然垄断立法方面违法行为的报告;

依照法律规定的程序,对自然垄断实体和相邻市场经营活动的经济主体违反自然垄断经营领域及其相邻市场经营活动的规则和条件(许可条件)进行处罚;

对其职权范围内的事项制定规章并监督其执行;

根据委员会为自然垄断实体制定的程序,如果其行为影响自然垄断经营市场,则与自然垄断经营领域无关;

对自然垄断实体和相邻市场经营主体违反本法规定的,向法院提起诉讼。

第十五条　委员会通过的决定

1. 委员会以公开或不公开听证的方式作出决定。对公众关注的重大问题,应当以听证会的形式举行。听证会应当有相邻市场的自然垄断实体、消费者协会和社会公众的代表参加。

委员会根据全体成员的多数票作出决定。主席和/或任何其他委员会委员有一票表决权。

委员会在作出决定时,应确保公民、企业和社会的权利和合法伙伴利益得到保障。

委员会作出的决定属于规范性法律行为的,除物价和关税(不包括物价和关税的决定)和电力批发市场运行外,其他决定属于规范性法律行为的决定。委员会的决定属于规范性法律行为的,不得要求征得其他国家机关的同意,法律有要求的除外。

属于规范性法律行为的委员会决定(制定关税的决定除外),应按照《乌克兰关于经济活动的国家监管政策的原则法》要求制定、审查和公布。

在执行期限内执行委员会作出的决定。对违反自然垄断法,影响社会公共利益的案件作出的处理决定,应当自通过之日 1 个月内,在公众媒体上公布。任何企图干涉委员会工作人员的行为,阻止其履行职责或强迫他们作出非法决定的行为应根据乌克兰法律予以相应处罚。

2. 如果自然垄断实体和/或对相邻市场经营的经济实体、消费者协会及其他利害关系人对委员会的决定不服,有权在收到决定副本之日起 1 个月内向法院提起上诉。

对委员会决定提出的上诉不应被视为构成中止其生效的理由。

法院可应本款第(1)项所述实体的请求或主动作出在诉讼期间中止委员会的决定。

委员会对自然垄断实体作出的罚款决定,依照本法第十七条规定的方式执行。

第十五 a 条　委员会的公开

1. 委员会应披露其活动。

2. 委员会举行的会议议程应不迟于会议召开前 3 个工作日在委员会官方网站上公布。

3. 委员会的决定及委员会通过的文件应在会议召开后 5 个工作日在委员会的官方网站上公布。

4. 委员会应与代表消费者利益的组织合作，并在这些组织告知消费者在相邻市场经营的自然垄断实体和经济实体的活动。

5. 消费者和任何利害关系人可就委员会管辖范围内的事项向委员会提出申请。委员会应考虑上述请求，并在适当的时候给予答复。

6. 委员会应向社会公告其工作成果，在新闻媒体（包括印刷品）上公布有关法律行为和法律规定的信息以及其他有关其活动的信息。

7. 委员会应当在报告次年的 4 月 1 日前将年度工作报告在其官方网站上公布。

第十六条　委员会的资金

1. 委员会的资金来源于国家预算。

2. 在法律规定的情况下，委员会向其自然人和法人实体提供服务所收取的费用，包括为某些类型的经济活动颁发许可证的费用，将根据国家预算法在相应年度纳入国家预算。

第十六 a 条　委员会的科学、方法和信息支持

1. 委员会为执行任务，可设立咨询机构和其他审议机构。关于委员会的规定须经委员会批准。

2. 委员会可邀请广大公共科学家、专家、顾问和代表为其活动提供科学、方法和信息支持，包括为平衡自然垄断实体和/或邻近市场、产品和服务消费者利益提供支持。

第四章　自然垄断机构工作人员、监管机构的责任

第十七条　对自然垄断行为的罚款

1. 负责国家垄断实体管理的国家委员会对下列情况下自然垄断实体处以罚款：

不及时向管理自然垄断行为的机构提供(收缴罚款)数额达到可减税的公民最低收入200欧元以上的;

不向管理自然垄断行为的机构提供信息,或者明知提供虚假信息,数额达到公民最低收入1000欧元以上的;

不履行或者不及时履行监管自然垄断行为的机构作出的决定,违反自然垄断经营市场及其相邻市场经营行为的规则和条件(授权条件、收缴罚款),数额达到公民可减税最低收入5倍以上的;

系统性地在建设项目的工程支持技术规范中提供虚假信息或者拒不提供建设项目的工程支持技术规范或者违反其报送条件,不在技术规范基础上签订支持建设项目的扶持协议或者不按照建设项目支持协议要求将建设项目接入公用事业的(收缴罚款),数额达到公民可减税最低收入1万欧元以上的。

2. 对自然垄断实体处以的罚款全部缴纳国库。

3. 被处以罚款的自然垄断实体应当自收到罚款决定书之日起的30日内缴纳罚款。

到期不缴纳罚款的,每日加处罚款数额1%的罚款。

自然垄断实体拒不缴纳罚款的,由法院强制征收。

第十八条　自然垄断实体的责任范围

自然垄断实体官员不执行或者不及时执行管理自然垄断行为机构作出的决定或不提供或者不及时提供信息以及明知是虚假信息而提供的承担行政责任。

第十九条　没收非法所得及损害赔偿

1. 自然垄断实体违反本法获得的利润应由法院没收,并纳入国家收入。

自然垄断实体通过违法行为或通过影响价格水平(关税)而获得的收入,应按照价格法予以没收,并纳入国家财政收入。

2. 因违反本法而造成的自然垄断行为或不作为造成的损害,应按照民事法律予以赔偿。

第二十条　自然垄断实体及其官员的责任

1. 因管理自然垄断实体行为的机构违反本法规定,作出违法决定、作为或者不作为造成损失的,依照乌克兰民事法律对受害方给予赔偿。

2. 管理自然垄断实体的官员应对不履行或不适当履行职责,包括依照乌克兰法律规定的程序泄露商业秘密的行为等承担责任。

第五章　最终条款

1. 本法自公布之日起生效。

2. 负责自然垄断管理的国家委员会成立前,承担自然垄断行业监督管理职能的机构,应当继续履行其职能。

3. 部长内阁在本法制定后 2 个月内,应当向乌克兰最高拉达提出关于使乌克兰立法符合本法的建议;使乌克兰内阁的法律符合本法规定;确保乌克兰各部和其他中央执行机构审查和废止任何与本法相抵触的规定。根据本法制定规章。

白俄罗斯共和国反垄断与促进竞争法*

本法建立预防、限制和制止垄断行为的组织和法律体系，为发展公平竞争、高效商品市场和消费者权益保护创造条件。

第一章 总则

第一条 基本术语和定义

除本法另有规定外，下列基本术语及其定义适用：

"商品市场"是指在白俄罗斯共和国境内，没有替代品或者有替代品的商品的流通范围，其部分受制于购买者在某一领土上购买商品的经济实力或在境外这种经济实力的缺乏；

"经济实体"是指从事经营或有权经营的法人、自然人或者其他民事法律主体；

"商品市场支配地位（支配地位）"是指一个或几个经济实体在没有替代性商品的市场或者有替代性商品的市场（以下简称某一商品市场）上所具有的排他性地位，使其有机会影响某一市场上商品流通的总体状况，或者阻碍其他经济实体进入商品市场。有下列情形之一的，推定该经济实体具有支配地位：

（1）其在某一商品市场上的份额超过被授权的政府机构制定的上限，但政府垄断或者自然垄断的案例除外；

（2）其在某一商品市场上的份额没有超过所制定的上限，但被授权的共和国政府机构认定该经济实体处于支配地位[基于该经济实体在该商品市场上所占份额相对于其他经济实体（以下简称竞争者）在该商品市场上所占份额的稳定性、新的竞争者进入该市场的可能性以及任何其他体现该商品市场特征的

* 1992年12月10日第2034－Ⅻ号法案。本法于2010年1月4日修订。

标准]；

"垄断行为"是指经济实体和国家机构违反本法规定，旨在禁止、限制或者排除竞争的任何作为(不作为)，该行为同时也损害消费者的权利、自由和合法权益；

"竞争"是指经济实体之间的竞争，其间通过各自独立的活动有效地限制了每一个经济实体单方面影响某一商品市场上商品流通的可能性；

"国家垄断"是指国家以某些国家机构或其他特定法定机构的名义拥有从事某些活动(包括创业)的排他性权利；

"自然垄断"是指国家授权的一种公共关系制度，包括因技术原因在缺乏竞争的情况下能更有效地满足该商品市场的需求(产量增加会使每件商品的生产成本大幅降低)，特定商品不能被其他商品所替代，以及特定市场里的需求对价格变化的依赖程度小于其他商品；

"极端垄断"是指专为在一定时期内生产、销售和消费国家授权商品的商品市场中存在的公共关系制度；

"合法垄断"是指国家垄断、自然垄断以及极端垄断；

"合同的格式条款"是指任何合同一方(竞标方)为合同另一方制定，且合同各方未进行细化的，供多种用途使用的初步条款，与这些条款已在合同独立部分或基本内容中规定无关，也与条款数量、合同形式(书面形式或经公证机关确认的)以及与其相关的条款无关；

"消费者"是指意欲订购、购买商品，或者正在订购、购买或使用包括其他商品组成部分在内的商品的法律主体(前提是后者已经结束或正在结束的为合法交易主体)；

"价格"是指《白俄罗斯共和国价格法》第三条所规定的价格或关税，以及减扣、附加费用、保证金；

"商品"是指任何可以作为买卖、交换对象的民事权利客体，以及法律未禁止的、正在或者可能向消费者展示或者提供的有偿作品和服务。

第二条　反垄断法

白俄罗斯共和国反垄断法包括本法和其他相关立法，以及白俄罗斯共和国参加的国际条约。

第三条　适用范围

1. 本法在白俄罗斯共和国全境有效，适用于在商品市场上活动的经济实体、国家机构和他们任命的人员之间的关系。本法适用于因下列原因而可能限制商品市场竞争的经济实体、国家机关、被授权人员的法律关系,即股份买卖、合作社产权(股份)购置、经济实体授权基金份额。

2. 本法不适用于发明、产品原型、集成电路布图、秘密信息、商标、著作权保护的关系,但不包含以上商品所有者使用该权利限制竞争的情况,以及在白俄罗斯共和国境内退出流通的商品。

3. 本法适用于与商品市场垄断行为和金融市场上的不正当竞争行为有关的关系,但不包含这些关系影响商品市场竞争以及适用于其他法律的情况。

本法适用于与商品市场上垄断行为有关的关系,在这些市场上,货物的周转能力有限,只是因为载有这些货物周转的法律规范没有规定,除非适当的国际标准另有规定。

4. 除国际法和法律规范另有规定外,本法也适用于本条第 1 款所指的法律主体在白俄罗斯共和国境外实施(或者不实施)对商品市场已经导致或正在导致竞争限制的行为,或者其他对商品市场不利条件的行为。

根据国际标准,对外国消费者、国际组织、个人以及法人、无国籍人及其他法律主体可实行豁免。

白俄罗斯共和国的经济实体在其他国家(国家集团、国际组织)商品市场上占支配地位的活动,以及其他国家经济实体参与在商品市场中的或涉及白俄罗斯共和国消费者和经济实体的垄断活动,应当受国内法律规范、国际协定规范、其他国际标准规范。

白俄罗斯共和国的经济实体在其他国家(国家集团、国际机构)商品市场上的支配地位,以及其他国家的经济实体在白俄罗斯共和国商品市场上的支配地位,依据在白俄罗斯签署国际协定或者任何其他国际法标准中予以确定。

第四条　反垄断机构

1. 国家授权的反垄断管理机构(以下简称反垄断机构)的主要功能是实行为商品市场建立和有效运行提供条件,促进和发展公平竞争,保护消费者权益的国家治理措施,包括预防、限制和制止垄断行为,或者采取其他确保反垄断法执行的措施,包括对在商品市场上具有支配地位的经济实体进行编制并保存在国家登记簿上,除非法律另有规定。

2. 反垄断机构,包括其下属机构,根据《白俄罗斯共和国宪法》或其他立法法案设立、改组和关闭。

根据《白俄罗斯共和国宪法》和其他立法法案，若干法律主体可被授权或部分授权作为合格的反垄断机构。

第二章　垄断活动的主要类型

第五条　滥用商品市场支配地位

1. 在商品市场上占据支配地位的经济实体的任何作为（或不作为），包括与其他经济实体合作活动，如果其目的是限制竞争或损害权利、自由和合法利益，或损害其他经济实体或消费者，则必须予以禁止，并被视为非法，包括以下行为：

阻碍其他经济实体进入或退出商品市场，或者限制其竞争自由；

为发展或者维持商品市场赤字退出商品流通、限制或生产，不合理地或有意地提高（减少）工序，以及通过其他手段人为抬高或压低价格；

固定或者维持价格（巩固市场）以获取高额垄断利润或排挤竞争对手；

订立和/或执行合同时，对方承担与合同标的无关的义务，或在公平执行合同的情况下对对方无利可图，以及因放弃接受上述条款而对签订协议的任何其他强制或放弃；

订立限制协议各方在与第三方的合同中确定价格和（或）供货（交付）条件的自由的协议，以及因相对人放弃接受上述条款而强制执行或放弃订立协议的行为；

订立对生产、销售市场和技术进步产生限制或控制的协议；

在平等条件下对经济伙伴提出不公平的要求，从而形成不公平的竞争条件，包括协议中使相对人与其他经济实体相比处于不平等地位的歧视性条款；

同意只与对方（消费者）订立与对方（消费者）无利害关系的商品有关的条款；

导致上述结果的其他目的。

2. 在极端情况下，如果经济实体证明上述行为是执行《白俄罗斯共和国宪法》批准（发布）的法律行为所必需的，并且限制竞争是严格和周密执行立法法案所不可避免的或必要的，则白俄罗斯共和国总统或按其命令其他国家机关和/或法院将该经济实体的行为（本条第 1 款所述行为）视为合法。

第六条　经济实体妨碍竞争的协议和行为

1. 在下列情形下,经济实体之间的任何协议(以任何方式订立和履行上述内容),或者该经济实体同意或履行任何协调一致行为,以及该实体的设立或存在均应被禁止且在法律上视为无效:

按地域原则、交易品种和数量、商品品种和数量及其价格、消费者划分市场份额;

排除、限制其他经济实体进入商品市场;

不合理地(人为地)抬高、压低或维持价格,包括拍卖、招标等;

不公平地(人为地)限制商品的生产、控制商品市场上商品的销售;

为取得、维持和加强商品市场中的支配地位,使用包括外币在内的证券、信贷资源进行经营;

拒绝与特定卖方或买方(消费者)签订协议;

其他消除或可能限制竞争、阻碍竞争建立和发展(可能有利于消除、限制竞争或者阻碍其发展和进步)的情形。

2. 法律禁止一方在商品市场上占有支配地位,而另一方与其相对人的经济实体之间的协议(一致行动),该协议(一致行为)可能产生消除、限制竞争或者阻碍竞争建立和发展的协议,并依法被认定其完全无效或者部分无效。

3. 在特殊情况下,除本条第1款列举的情况之外,经济实体之间的协议(一致行动)可由反垄断机构根据白俄罗斯共和国总统或由总统授权的任何其他国家机关或法院设立的程序认定其具有法律效力,或总统授权的任何其他国家机构或法院,前提是经济实体证明其行动的经济影响,包括社会和经济部门,将超过对特定商品市场或整个白俄罗斯共和国的负面影响,竞争必须仅限于上述限制对实现特定经济效果是不可避免的,或根据白俄罗斯共和国宪法通过(颁布)的立法法案直接规定的范围。

4. 拟订立本条第1款、第2款所列协议的经济实体,有权向反垄断执法机构提出请求,审查这些协议是否符合反垄断立法。

根据法律规定,该请求(申请)需附有恰当决定所需的资料。反垄断机构将依据立法和取得的结果作出决议,同意或拒绝协议。

反垄断机构所作出的决定、决议,包括经济实体实施了本条第1款、第2款所约束行为的案例,可以按立法法案规定的顺序上诉,或撤销,相关交易可以被认定为无效。

反垄断机构负责批准对协议是否符合反垄断法律规定的请求(申请)的审查程序,以及对提交资料内容和形式提出要求。

5. 禁止任何对产品生产或销售的垄断,以及行使可能直接导致非法限制竞争的权力,包括为了垄断生产或销售商品或者为了其他限制竞争而成立(存在)的控股公司及其他经济实体联合体。上述规定不适用于白俄罗斯共和国内依法设立的国家垄断和任何其他合法垄断的形式。

第七条 交易格式条款

1. 根据法律规定,可以全部或者部分禁止使用交易格式条款。法律还可以禁止或者限制将某些术语划为标准术语。

2. 除法律或协议另有规定外,当事人根据协议直接订立的,或者由当事各方详细协调并包含在有格式条款的协议中订立的交易条款对交易当事人具有约束力。

第三章 预防、限制和制止垄断行为

第八条 国家反垄断基本措施

国家以授权机构的名义采取措施,防止限制和制止经济实体和国家机关的垄断行为,并通过下列方式保障对竞争和商品市场的发展提供财政支持、信息支持和其他支持:国家对在商品市场上具有支配地位的经济实体进行管控;经授权,采取措施整顿和清算在商品市场占支配地位的经济实体;国家控制经济实体的重组和清算;国家控制股票交易、对合作社的财产贡献(股份)、经济实体被授权的资金份额;促进对遵守反垄断法的公共管制;其他措施。

第九条 国家对商品市场占支配地位的经济实体的监管

国家对反垄断法的执法活动进行管理,由反垄断机构或者其他被授权的机构在规定的职权范围内行使。对一个或者几个在商品市场上确认具有支配地位的经济实体,政府对其生产产量、商品质量、价格、关税及其他指标建立特殊的公共监管,以便确定其滥用市场支配地位的事实。

第十条 对商品市场中具有支配地位的经济实体的整顿

1. 对商品市场具有支配地位的经济实体进行整顿,包括通过私有化途径,应当同时具备下列条件:企业及其结构单元在组织上和/或地域上有分割的可

能性;企业、机构、单位之间技术上没有紧密联系;企业、机构、单位在其主要专业架构内的分离;

由于经济和政治上的原因,无法在相关商品市场上吸引其他竞争对手。

2. 为了发展和促进竞争,反垄断机构有权对在商品市场上具有支配地位的经济实体作出强制重组的授权决定。

3. 如果因商品产量有限而导致其在商品市场上具有支配地位,并且该商品质量优于同类商品,反垄断机构可以在该商品进入市场1年内作出强制重组的决定,但法律或者白俄罗斯共和国总统法案另有规定的除外。

第十一条　国家对经济实体的设立、改组和清算的监管

1. 为防止白俄罗斯共和国商品市场支配地位的建立或被加强,反垄断执法机构或其他国家机关在各自职权范围内,对经济实体,包括附属机构、协会、控股公司、工会组织、合并公司和其他经济实体联合体的设立、重组和清算实行国家监管,同时也对国家机关和经济实体转变为导致商品市场支配地位建立或加强的协会实行国家监管。

2. 控股公司、工会组织、合并公司和其他经济实体联合体的建立、重组应当经过反垄断机构的同意,但白俄罗斯共和国总统法案另有规定的除外。

有权在外商投资、银行和其他金融机构、保险和再保险组织中注册法人(公司)的国家机构,以及有权注册以生产经营活动为主的经济实体的地区(州)中心的市级执行委员会,与有关的州执行委员会(和明斯克市执行委员会)协调上述经济实体的注册工作。

3. 控股公司、工会组织、合并公司和其他经济实体联合体的设立或重组,必须由其发起人向反垄断执法机构提出申请,并提交其从事的基本活动类型、在相关商品市场的份额等资料,包括发起人同意加入协会的文件,以及其他文件,如白俄罗斯共和国部长会议确定的名单。

4. 反垄断机构对依据本条第3款和第5款提交的申请进行审查后,有权采取下列措施:

建立、重组控股公司、工会组织、合并公司和其他经济实体联合体,规定其不会导致商品市场支配地位的建立或者加强和/或限制竞争;

如果行为会导致建立或者加强商品市场支配地位和/或限制竞争,则有原因地作出拒绝成立、重组控股公司、工会组织、合并公司和其他经济实体联合体的决定。该机构在审查所提交的文件确定信息有疑点和/或不完整时，同样适用；

依据本条第5款第(2)项所述的理由作出不予受理申请的决定。

5.经济实体的创办者(参与者)或者授权对经济实体进行改组或设立控股公司、工会组织、合并公司或其他经济实体联合体的机构，自向反垄断执法机构提交相关申请之日起30日内，将收到其同意或者有理由拒绝的通知。

反垄断机构收到申请时，如未包含本条第3款规定的文件和/或资料，应当自收到申请之日起10日内，作出不予受理的决定。

反垄断机构关于同意重组经济实体，设立、重组控股公司、工会组织、合并公司和其他经济实体联合体的决定，自收到决定之日起1年内有效。

6.本条不适用于经法院判决依法强制清算的经济实体。

第十二条　国家对持有经济实体股份、向合作社的财产出资(股份)、授权资金交易的份额进行监管

1.反垄断机构控制经济实体持有和/或发行的股份、合作社财产出资(股份)、经济实体授权交易的资金份额，为防止建立或者强化其在商品市场上的市场支配地位。

2.下列情况需经反垄断机构同意：

在某一商品市场、合作社财产出资(股份)或者其他经济实体授权交易的资金份额中占有30%以上份额的经济实体买进/卖出同一商品市场上的同种商品。

占有某一商品市场30%以上份额的经济实体与在同一市场上买进/卖出同种商品的其他经济实体签订合同。

任何法人或者个人、外国国家、国际组织及其机构取得25%以上的合作社财产份额或者经济实体授权交易的资金份额，以及上述法律主体可能对具有商品市场支配地位的经济实体决策产生实际影响的其他交易。

任何法人或者个人、外国国家、国际组织或其机构订立超过25%以上股份的交易，或订立任何上述法律主体可能对具有商品市场支配地位的经济实体的决策产生实际影响的其他协议。

任何法人或者个人、外国国家、国际组织或其机构取得可实际控制一个经济实体活动的股份，履行法定(管理)机构职能。

3. 若要达成本条第 2 款所述交易,法人和自然人必须向反垄断机构提交取得交易同意的申请,并根据白俄罗斯共和国部长理事会确定的清单提交作出决定所需的文件和/或资料。

对提交材料的要求,以及对可能导致商品市场支配地位或者商品市场支配地位转化的交易申请的审核顺序,由反垄断机构批准的规则确定。

4. 反垄断机构有权作出如下决定:

驳回依照本条第 3 款提出的申请,如果批准会导致确立或强化经济实体在商品市场上的支配地位和/或限制竞争,且在审议相关文件时,确认其中包含的对于决定是否同意本条第 2 款提到的交易至关重要的信息不可靠和/或不完整。

在满足确保竞争要求的情况下,同意按照本条第 3 款提交申请。根据本条第 2 款作出的同意成交的决定必须包含确保竞争和执行条款的所有必要条件。

以本条第 5 款所述的理由拒绝受理申请的。

5. 反垄断执法机构收到不含本条第 3 款规定的文件和/或资料时,应当自收到申请之日起 10 日内,作出不予受理的决定。

反垄断机构根据本条第 2 款作出的同意交易的决定,自收到之日起 1 年内有效。

6. 对违反本条所设定的程序进行的交易,并且导致其确立或者加强商品市场支配地位和/或限制竞争的,反垄断机构或者利害相关者可以请求法院依法认定其无效。

第十三条　促进商品市场的发展与竞争

为了促进商品市场的发展和竞争,反垄断执法机构可以向有关国家机关、经济实体和其他法人主体就下列事项提出建议:改变自由或管制的价格,包括经济实体滥用商品市场支配地位对其生产或者销售的商品限价或者规定最高利润率;发展生产贸易领域的平行结构,包括由国家投资兴建的平行结构;吸引外商投资;为消除某些经济实体的支配地位而扩大紧缺商品的生产以及其他经济保护措施提供财政资助;进出口业务许可;修改需要取得许可的活动目录;在职责范围内的其他促进商品市场发展和竞争的措施。

第十四条　对遵守反垄断立法的公共(社会)监督

1. 消费者组织(合并组织)、其他旨在保护消费者权益不受具有商品市场支配地位的经济实体滥用的社会组织,可以对遵守反垄断立法的情况进行公共监督。

2. 对遵守反垄断立法情况进行公共监督的社会组织，有权采取下列措施：

就涉嫌违反反垄断法的事实向反垄断机构提出申请，并就消除违法事实提供建议；

向法院申请保护其成员和其他人的权利、自由和合法权益，使其免受违反反垄断立法的行为；

对作出的经济实体设立、重组、清算决定及其遵守反垄断法规定的情况进行审查，并将审查结果向社会公布；

采取其他不违反法律的行动。

第四章　对国家机关及其被授权人员从事活动的特别限制

第十五条　国家机关限制竞争的协议（一致行动）和其他行动

1. 国家机关与其他国家机关或经济实体完全或部分订立的可能导致限制竞争和/或损害经济实体和公民的权利、自由和合法权益的任何协议（一致行动），包括：

按地域原则、按交易种类和数量、按商品种类和数量及其价格、按消费者划分市场；

排除或限制其他经济实体进入商品市场；

不合理的（人为的）提高、降低或维持价格，包括拍卖和投标，必须依照法律予以禁止，并被视为无效。

2. 除根据《白俄罗斯共和国宪法》发布的法律和/或白俄罗斯总统法案另有规定外，国家机关不得（发布）任何法案、签订协议以及采取其他限制经济实体自给自足的行为或歧视某些经济实体的活动，如果这些法案或行动导致或可能导致限制竞争和/或损害经济实体和公民的权利、自由和合法权益，包括：

无理阻挠在任何活动领域建立新的经济实体；

阻止或禁止某些类型的活动，包括某些商品的生产，但法律规定的情况除外；

非法限制经济实体订立合同的权利；

指示经济实体向特定消费者（顾客）优先供应商品或者优先订立与法律相抵触的协议；

对某些经济实体毫无根据地减免税收并提供其他特权，使这些经济实体相对于同一商品市场上其他实体处于特殊地位。

除法律另有规定外，国家机关对单个或者数个经济实体作出的减免税决定必须与反垄断机构协调一致。

第五章　国家机关防止和消除违反本法行为的若干措施

第十六条　采取措施的一般情形

1. 经济实体、国家机关或者其被授权人员实施了违反本法的非法行为，反垄断执法机构将责令停止违法活动并消除该活动所产生的危害后果，以及在其职权范围内采取任何其他措施。

2. 反垄断机构的命令必须在其规定期限内执行。

3. 已排除。

4. 违反本法第五条、第六条的规定，对经济实体、消费者和公民造成损害的，依照法律处理。

第十七条　反垄断机构在行使其权利和义务过程中依法接收、保存信息

1. 经济实体、国家机关及其被授权人员不按照反垄断机构的要求提交履行本法规定的职责所必需的信息（文件、书面和口头说明等），并且阻碍反垄断执法机构的活动，不执行其合法命令，将依照本法和其他法律规定承担责任。

被授权的反垄断机构人员在执行公务时，有权在其职权范围内向国家机关经济实体查阅履行公务有关的资料，并免费获得上述资料的副本。

2. 反垄断机构必须对接收的数据（国家秘密、其他受法律保护的信息，包括经济实体的商业机密或者官方机密）保密。

第十八条　违反反垄断立法的责任

国家机关、经济实体及其工作人员违反本法，应当承担法律责任。

对反垄断机构的决定（命令、意见）的上诉依法定程序执行。

对反垄断执法机构的决定（命令）或者处罚决定提起全部或部分上诉，可以在上诉期间暂停执行，直至法院的最终判决生效。

爱沙尼亚竞争法*

第一章　总则

第一条　适用范围

1. 本法适用于为开采自然资源、生产商品、提供服务、进行产品和服务(以下简称商品)买卖提供保护,防止并消除其他经济活动中出现的妨碍或限制竞争的行为(以下简称限制)。

2. 如在爱沙尼亚境外实施了限制竞争的行为或不作为,但该行为或不作为限制爱沙尼亚境内竞争的,本法同样适用。

3. 本法不规制劳动力市场上的关系。

4.《行政诉讼法》规定适用于本法规定的行政诉讼程序,但应考虑本法规定的具体情况。

第二条　企业

1. 本法所称"企业"是指公司、独资经营者、从事经济或专业活动的任何其他实体、非法人团体或为企业利益行使的实体。

---

* 本法于2001年10月1日生效,后于2001年11月14日、2002年2月1日、2002年6月19日、2002年8月1日、2002年9月1日、2002年9月18日、2002年10月9日、2002年10月23日、2002年10月24日多次修订。自2002年11月1日起,爱沙尼亚经济部与交通部重组合并为经济事务和交通部。之后该法于2002年11月20日、2003年2月11日、2003年3月8日、2004年3月24日、2004年5月1日、2004年6月28日、2004年8月1日、2006年5月10日、2006年7月1日、2007年1月24日、2007年3月15日、2007年11月8日、2007年11月22日、2008年1月1日、2010年1月20日、2010年2月27日、2010年4月22日又进行了多次修订。2011年1月1日根据《欧盟运行条约》第140条第2款(2010年7月13日欧盟理事会第2010/416/EU号决定,OJL196,2010年7月28日,第24～26页)于欧盟理事会关于所确定的爱沙尼亚共和国废除例外决定中决定的日期起开始生效。此后2011年1月27日、2012年1月1日、2012年6月6日、2012年7月7日、2013年6月19日、2013年7月15日、2014年2月19日、2014年7月1日、2014年6月5日、2014年6月19日、2015年1月1日对改法又进行了多次修订。

2. 企业相关规定适用于国家、地方政府、公法上的法人及其他参与商品市场、行使行政职能的实体。

3. 本法所称通过控制而相互关联的企业可被视为一家企业。

4. “控制”是指一家企业或多家企业通过购买股份,基于交易、章程或采用其他方式对其他企业施加直接或间接影响的机会,可包括下列权利:

(1)对其他企业的管理机构的组成、表决或者决策施加重大影响;或者;

(2)使用或处置其他企业的全部或大部分资产。

第三条　商品市场

1. “商品市场”是涵盖爱沙尼亚全部或部分领土,买方基于价格、质量、技术特征、销售条件或使用条件、消费或其他特征认为商品可互换或可替代(以下简称可替代)的商品流通领域。

2. 为界定商品市场,按照规则,对于可替代的商品,一般应以货币计算营业额。在不可行或不方便的情况下,可结合其他同等指标评估参与商品市场的企业的市场规模及市场份额。

第二章　禁止企业协会作出限制竞争的协议、一致行动和决议

第四条　禁止企业协会作出限制竞争的协议、一致行动及决定

1. 禁止企业协会作出以限制竞争为目的或效果的协议、一致行动及决定包括:

(1)直接或间接固定价格或任何其他交易条件,包括适用于第三方的商品价格、关税、费用、加价、折扣、回扣、基本费用、溢价、附加费、利率、租金或租赁费用;

(2)限制生产、服务、商品市场、技术开发或投资;

(3)共享商品市场或商品供应来源,包括限制第三方进入商品市场或试图将其排除在市场之外;

(4)交换限制竞争的信息;

(5)约定不同条件对同等协议的适用性,从而使其他各交易方处于不利的竞争地位;

(6)签订由补充义务第三方接受而与补充义务和协议标的无关的协议。

2. 本条第 1 款的禁止规定仅在基于《欧盟运行条约》第四十二条的基础上

确定的范围内,适用于农业生产者、农业生产者协会及协会联合会作出的关于农产品生产、销售或联合设施使用的协议、惯例及决议。

第五条　次要协议、做法或决议

1. 本法第四条第1款第(4)项至第(6)项的规定不适用于次要协议、惯例和决议。

2. 如果在签署协议、参与实践或通过相关决议的企业的总营业额中,各企业的合计市场份额不超过下列比例,则该协议、惯例或决议被视为次要协议、惯例或决议:

(1)对于纵向协议、惯例或决议,各方各占15%;

(2)对于横向协议、惯例或决议,各方共占10%;

(3)对于同时具备纵向和横向协议特征的协议、惯例或决议,占10%。

3. 如果企业在生产链或分销链的不同层次(如原材料或成品生产、零售或批发分销)上经营,则企业作出的协议、一致行动或企业协会作出的决定被视为是纵向的。在生产链或分销链中同一层次上由企业作出的协议、企业的一致行动或者企业协会作出的决定被视为横向的。

4. 如果在协议、做法或决议的整个有效期内,本条第2款规定的条件得到满足,则该协议、惯例或决议被视为次要的。

第六条　豁免

1. 本法第4条第1款规定的禁止规定不适用于下列协议、惯例或决议:

(1)有助于改进商品生产或分销,促进技术、经济进步或环境保护,同时允许消费者公平享有由此产生的利益的;

(2)不对签订协议、参与一致行动或通过决定的企业施加对实现本款第(1)项规定的目标并非必不可少的任何限制;

(3)不向签订协议、参与一致行动或通过相关决定的企业提供消除商品市场大部分竞争的可能。

2. 利用因本条而产生条件的企业必须提供关于遵守本条第1款规定的所有条件的证明。

第七条　集体豁免

1. 集体豁免是经地区分管部长建议,根据共和国政府法规授予的以签订、参与或通过符合本法第六条规定的豁免条件许可限制或可能限制竞争的某种类型的协议或决议。

2. 集体豁免是在特定期限内设定的，可指定：

(1)集体豁免适用的协议、惯例或决议的类别名称；

(2)不应包括在此类协议、惯例或决议中的限制和条件；

(3)包括此类协议、惯例或决议中的条件，以及包括此类协议、惯例或决议中的限制和条件；

(4)此类协议、惯例或决议必须符合的其他条件。

第八条　无效协议或决定

除非本法第五条至第七条允许，具有本法第四条规定的目的或效果的任何协议、决定或其部分均无效。

第三章

第九条至第十二条

略。

第四章　具有市场支配地位的企业

第十三条　具有市场支配地位的企业

1. 在本法中，具有支配地位的企业是指在同一市场上经营的、其地位足以使其在很大程度上独立于竞争对手、供应商和买方在相关市场上经营的一家或多家企业。如果一家企业在市场营业额中至少占40%的份额，或在同一市场上经营的多家企业在该市场上的营业额至少占40%的份额，则推定其具有支配地位。

2. 本法第十五条规定的控制基础设施的企业也是具有支配地位的企业。

第十四条　特殊权利或排他性权利

在本法中，特殊权利或排他性权利是指国家或地方政府授予一家或多家企业的权利，这些权利限制获准在某一特定区域内经营的企业的数量，或向对在同一地理区域内经营的其他企业实施重大影响的一家或多家企业提供好处。

第十五条　控制基础设施的企业

企业拥有、占有或经营其他实体无法复制的网络、基础设施或者其他基础设施，或者虽然在经济上便于复制但又无法在商品市场上经营的，该企业被视为控制基础设施或者具有自然垄断地位。

第十六条 滥用支配地位

禁止一家或多家企业直接或者间接滥用其在商品市场上的支配地位，包括：

(1)直接或者间接设定或采用不公平的买卖价格或者其他不公平的交易条件；

(2)限制生产、服务、商品市场、技术开发或投资；

(3)在与其他交易方签订的同等协议中，规定或者附加不同的条件，使某些交易方处于不利的竞争地位；

(4)签订由补充义务第三方接受但补充义务与协议标的无关的协议。

(5)强制企业实施集中、与该企业或者其他企业共同签订限制竞争协议、参与一致行动或作出决议；

(6)无正当理由拒绝商品买卖。

第十七条 对享有特殊权利或排他性权利的或控制基础设施的企业的活动的限制

第十八条 控制基础设施的企业的义务

1. 控制基础设施的企业允许其他企业以供货或者销售商品为目的，在合理、非歧视条件下接入网络、基础设施或者其他重要设施。

2. 控制基础设施的企业基于客观原因可拒绝批准其他企业接入网络、基础设施或者其他重要设施，包括下列情况：

(1)接入网络、基础设施或其他重要设施的安全性或者此网络、基础设施或设施运行效率和安全性受到危害；

(2)保持危害网络、基础设施或其他重要设施的完整性或者可操作性；

(3)接入网络的设备、基础设施或者其他重要设施不符合既定技术标准或规则；

(4)申请接入的企业缺乏技术、财力和资源，无法通过或者借助网络、基础设施或者其他必要设施高效、安全地提供必要服务；

(5)申请接入的企业不持有法律规定从事相关活动所需法定许可；

(6)由于这种接入，法律规定的数据保护不再获得保障。

第十八 a 条 关于会计核算的特殊要求

享有特殊权利、排他性权利或者控制基础设施的企业应当根据一贯适用、客观合理的会计原则,分别核算与每项产品或服务相关的收支。该原则应当在企业内部规章中作出明确规定。收支核算应当能够评估企业的产品或者服务的价格与产品或者服务价值的比例是否合理。

第五章　集中控制

第十九条　集中

1. 在下列情形下视为出现集中:

(1)之前的独立企业在《白俄罗斯商法典》意义上出现合并,或者部分企业被合并的;

(2)一家企业取得对另一家企业的全部或部分控制权,或者取得对多家企业或其中部分企业控制权的;

(3)多家企业共同取得对另一家企业的全部或部分控制权,或者取得对多家企业或其中部分企业控制权的;

(4)已控制至少一家企业的自然人取得对另一家企业的全部或部分控制权,或者多家企业或其中部分企业控制权的;

(5)已控制至少一家企业的多个自然人共同取得对另一家企业的全部或部分控制权,或者几家企业或其中部分企业控制权的。

2. 本条第 1 款第(3)项和第(5)项规定的实体共同创立一个持续、独立履行义务的新企业也被视为对本条第 1 款第(3)项和第(5)项所指的控制权的取得。

3. 本章所称“企业部分”是指企业资产或该企业在组织上独立的部分,包括构成业务活动基础并能明确商品市场上营业额归属的企业或厂房。

4. 下列情形不被视为集中:

(1)本条第 1 款中所指的交易是由多家企业以重组形式进行的;

(2)信贷机构、金融机构或保险公司以自身或其他实体为受益人,以出售为目的临时收购 1 家企业的证券时这些机构确定发行该证券的企业的竞争行为,且目的是准备出售该证券、企业或其部分,而且此等出售应在收购之日起 1 年内进行;

(3)一个获得合法授权的实体依照与清算、强制解散、破产或其他类似程序相关的法案获得控制权的;

(4)本条第 1 款第(2)项或第(3)项中指定的行为的唯一商业目标是为保持

投资价值而获得并持有其他企业持股权的企业与上述持股权有关的表决权首先用于与该企业的管理和监督机构成员任命有关的事项，并非为了直接或间接地决定企业影响竞争的行为。

5. 如果基于合理性原则，本条第 4 款第（2）项中规定的出售在 1 年内进行，竞争局可根据该实体的合理申请作出延长任期决定。

第二十条　集中各方

下列各方为集中各方：

（1）实施合并的企业或部分被合并的企业；

（2）取得对一家企业全部或部分控制权，或多家企业全部或部分控制权的自然人或企业；

（3）共同取得对一家企业全部或部分控制权，或几家企业全部或部分控制权的自然人或企业；

（4）取得控制权的主体或部分为取得控制权的主体的企业。

第二十一条　集中控制的适用

1. 如果集中各方当事人于上一财务年度在爱沙尼亚的总营业额超过 600 万欧元，且至少有两个集中当事人在爱沙尼亚的总营业额超过 200 万欧元，应由竞争局对集中实施控制。

2. 如果集中受关于企业间集中控制的欧洲理事会第 139/2004/EC 号条例（第 1 ~ 22 页）约束，则集中不受竞争局控制，除非欧洲委员会根据该条例第九条规定指定竞争局为集中控制的主管部门。

第二十二条　集中评估

1. 集中评估应基于维持和发展竞争的需要，并考虑商品市场结构以及商品市场上的实际竞争及潜在竞争，包括：

（1）集中各方的市场地位及其经济实力以及竞争者进入商品市场的机会；

（2）进入商品市场的法律障碍和其他障碍；

（3）相关商品的供求趋势；

（4）买卖双方及消费者的利益。

2. 如果本法第十九条第 1 款第（1）项、第（3）项或第（5）项或第十九条第 2 款所述集中的目的或效果是对影响或可能影响竞争的企业的行为进行协调，还应评估此等行为是否符合第四条第 1 款和第六条第 1 款规定的条件。评估首先

应以下列各项为基础:

(1)2 家或 2 家以上成立合资企业的企业是否会在很大程度上作为合资企业在同一商品市场上,或在之前或下一个受影响的市场上或与该商品市场相关的另一家市场上继续实施活动;

(2)建立合资企业直接导致的行为是否为设立合资企业的企业提供了消除商品市场或者该商品市场绝大部分竞争的机会。

3. 如果竞争局很有可能首先通过建立或加强支配地位来严重限制商品市场竞争,则该部门应禁止集中。

4. 竞争局应根据本条第 3 款或在集中不符合本法第六条第 1 款规定条件的情况下禁止第 2 款规定的集中。

第二十三条　集中各方的营业额

1. 集中一方的营业额包括在集中前一个财务年度内由该集中一方出售商品获得的收益,该收益是根据本法第二十四条第 8 款确定的营业额计算标准得出的。

2. 集中一方在爱沙尼亚境内的营业额为在爱沙尼亚境内向买方出售商品获得的营业额。

3. 信贷机构或金融机构的营业额被视为包括扣除增值税和所得税后的下列收入项目的总额:

(1)利息收入;

(2)财政投资收入;

(3)手续费收入;

(4)金融业务收入;

(5)其他业务收入。

4. 在爱沙尼亚,信贷机构和金融机构的营业额为在爱沙尼亚设立的信贷机构、金融机构,或外国信贷机构金融机构在爱沙尼亚设立的分支机构赚取的收入。

5. 保险公司营业额为其总保费(包括与保险公司或保险公司代表发放的保险合同相关的全部应收和已收保险费),包括扣除税费和其他费用后的支出再保险费及应就个人保险费或保险费总额支付的款项。

第二十四条　营业额的计算

1. 本法第二十一条第 1 款规定的集中一方的营业额应按照下述企业的营业

额总和计算：

（1）集中一方；

（2）集中一方控制的企业；

（3）控制集中一方的企业；

（4）由本款第（3）项规定的企业控制的企业；

（5）由本款第（1）项至第（4）项规定的2家或2家以上企业共同控制的企业。

2. 如果通过本法第十九条第1款第（2）项至第（5）项规定的方式取得对企业的控制权，则在计算该企业的营业额时，仅考虑该企业的营业额和受其控制的企业的营业额。

3. 如果通过本法第十九条第1款第（2）项至第（5）项规定的方式取得对某家企业的部分控制权，在计算企业的营业额时，仅考虑作为交易标的的该企业相应部分的营业额。

4. 如果通过本法第19条第2款规定的方式取得对企业的控制权，在计算营业额时，应考虑共同设立新企业的各企业的营业额。

5. 集中一方的营业额不包括属于同一集团的企业之间获得的商品销售额。

6. 如果同一自然人或企业在2年内通过两次或多次交易取得一家或多家企业的部分控制权，则该交易被视为同一次交易，最后一次交易的日期被视为集中日。就该集中而言，计算时，应同时考虑过去2年内作为交易标的各部分的营业额，且计算取得控制权的自然人或企业的营业额时不应计入取得控制权的自然人或企业的营业额。

7. 如果同一家企业或属于同一集团的企业在过去2年内取得对爱沙尼亚同一经济领域内同一家企业或多家企业的部分控制权，则被控制的企业的营业额应包括集中前2年内已取得控制权企业的营业额。

8. 营业额的计算标准应按地区分管部长确定。该规定制定了营业额计算程序，并可指定在不同经济部门经营的集中各方的营业额计算方法。

第二十五条　集中申报

1. 在集中生效前及下列行为实施之后，根据本法第二十六条和第二十七条规定，向竞争局申报需要实施控制的集中：

（1）达成合并协议、执行交易或收购企业部分股权的行为；

(2)实施交易或其他取得控制权的行为;

(3)实施交易或其他取得共同控制权的行为;

(4)证券公开竞价公告。

2. 如果集中各方证明其有意执行实施控制、收购交易或行为,或者就公开竞价而言,集中当事人已告知其公开组织竞价的意图,可根据本法第二十一条第1款规定向竞争局申报集中。

3. 根据本法第十九条第1款规定,下列各方应就集中进行申报:

(1)如果之前相互独立的企业进行《商法典》意义上的企业合并,或者部分企业被合并,各企业共同申报;

(2)取得对另一家企业、几家企业或其部分全部或部分控制权的企业;

(3)共同获得另一家企业、几家企业或其部分全部或部分控制权的企业;取得另一家企业的全部或部分控制权、多家企业全部或部分控制权的自然人,但前提条件是该自然人已控制至少一家企业;

(4)共同取得另一家企业、多家企业或其全部或部分控制权的自然人,但前提条件是该自然人已控制至少一家企业。

4. 信贷机构、金融机构、保险公司应在征得相应领域监管机构同意后再进行申报。

5. 集中申报前,应按照《国家规费法》规定的程序缴纳国家集中申报手续费。

第二十六条　集中通知

1. 集中通知应以书面形式提交给竞争局,并指明:

(1)集中各方信息,包括商号、注册代码、详细联系信息、经营范围等;

(2)集中情况说明;

(3)集中各方在上一财务年度产生营业额的相关数据;

(4)本法第二十四条第1款第(1)项至第(5)项中指定的集中各方同属一个集团的各企业在其他企业行使控制权或拥有持股权相关的信息;

(5)商品市场信息,包括市场份额、主要竞争者、买方及集中各方竞争者和买方的市场份额信息以及商品市场准入或退出壁垒等信息;

(6)申报人编写的关于集中对相关商品市场产生影响的说明;

(7)至少有集中一方作为成员的企业协会的相关信息;

(8)与实施集中直接相关且必要的竞争限制(如有)及施加此等限制的理由;

(9)与集中有关的其他情形(如有)的相关信息,包括与集中直接相关义务;

(10)已向其申报或将向其申报的其他国家竞争局名单。

2. 集中通知可以简易形式提交给竞争主管机构,从本条第1款所列必要信息中删去该款第(5)项规定的商品市场补充信息,但须满足下列条件之一:

(1)集中一方或者与其属于同一集团的企业作为集中另一方,与该方属于同一集团的企业既未在同一商品市场上经营(这些商品市场不存在横向重叠),也未在之前或之后受影响的市场上经营;

(2)集中各方或者与其属于同一集团的经营者至少有两个在同一商品市场内经营,集中后共同市场份额不超过15%,或者集中的一方或者数方与当事人属于同一集团的经营者在前一个或者后一个受影响的市场经营,集中的另一方或者与当事人属于同一集团的经营者在该市场经营,除非集中各方的单独市场份额不超过集中各方共同市场份额的25%;

(3)集中各方共同设立本法第十九条第2款所述新企业,而该新企业未在爱沙尼亚经营,也无意在爱沙尼亚经营;

(4)集中一方取得对一家企业的控制权,而该企业已与另一家企业共同实施控制。

3. 集中通知应附上下列文件的正本或经核实无误的副本:

(1)已在其他国家登记簿上登记的集中当事人的登记摘要;

(2)实施集中所依据的文件;

(3)集中各方在集中上一个会计年度的年度报告和年度账目;

(4)提交通知人员的权限证明文件;

(5)国家规费缴纳证明文件;

(6)就市场份额、竞争状况、可能增加的销售额、在其他市场的扩张情况或总体市场情况等集中实施评估或分析得出的调研和评审等文件;

(7)集中通知随附文件清单。

4. 通知应包含提交通知的日期和被通知人的签名。

5. 提交集中通知的指南应根据地区分管部长的规定确定。

6. 如果通知不符合本条第1款至第4款的要求或本条第5款规定的指南,

竞争局应当设定一个期限,以弥补集中通知的缺陷。

7. 如果竞争局针对集中通知中包含的缺陷规定了一个期限,本法第二十七条第1款规定的期限自此等缺陷消除时起开始生效。

8. 如果集中各方未在规定期限内消除缺陷,则视为未提交集中通知。

9. 竞争局可豁免集中一方提交本条第1款或第3款规定的某些文件或信息的义务(如果该信息或文件对集中相关程序并不具有必要性)。

10. 集中申报人应当注明其认为集中通知包含的属于商业秘密的信息。集中事实及本条第1款第(1)项和第(4)项的信息不应被视为商业秘密。

第二十七条　集中程序

1. 竞争局自提交集中通知之日起30个自然日内应:

(1)如果被控制的集中不涉及本法第二十二条第3款或第4款规定的情形,作出集中许可相关决定;

(2)作出启动补充程序决定,以确定被控制的集中是否存在本法第二十二条第3款或第4款规定的情形;

(3)如果集中不属于本法第十九条第1款或第2款范围或者不受本法第二十一条规定的控制,则作出决定;

(4)集中各方决定不实施集中的,决定终止集中程序。

2. 在补充程序中,竞争局应在补充程序启动后4个月内作出下列任何一项决定:

(1)如果被控制的集中不涉及本法第二十二条第3款或第4款规定的情形,则准许实施集中;

(2)如果被控制的集中涉及本法第二十二条第3款或第4款规定的情形,则禁止实施集中;

(3)如果集中各方决定不实施集中,终止程序。

3. 竞争局为避免限制竞争,可以准许企业实施集中,但集中各方须自行承担其所承担的义务。

4. 如果受集中影响的商品市场状况发生重大变化,或者存在其他正当理由,竞争局可根据集中一方提出的合理的书面申请,修改许可集中或撤销集中决定中规定的履行本条第3款规定的义务。

5. 如果竞争局在本条第1款和第2款规定的期限内未作出决定,则允许实施集中。

6. 根据本法第二十一条规定需要实施控制的集中,在许可集中决定作出之前或者在根据本条第 5 款规定需要实施控制的情况下不得生效。

(1)集中各方必须在集中许可决定生效之日起 6 个月内实施集中。经集中一方合理申请,竞争局可延长一次指定期限,但延长期限最长不得超过 1 年。

(2)与集中有直接关系且为实施集中所必需的竞争限制也应被视为许可决定中允许的竞争限制。

7. 本条第 6 款的规定不禁止证券的最后一次公开竞价或将证券作为一系列证券,包括可与获准在证券市场上交易的其他证券互换的证券,据此从本法第十九条意义上的各个卖方获得控制权,但前提条件是:

(1)根据本法第二十五条规定及时通知竞争局;

(2)证券收购人未使用与所收购证券有关的表决权,或仅以保持投资价值为目的使用该表决权。

8. 经集中各方合理申请,竞争局可对本条第 6 款和第 7 款规定的要求作出例外规定,并准许其实施相关行为。竞争局在审查申请时,应考虑规定实施的行为对集中一方、多方或第三方的影响,以及集中对竞争造成的任何危险。在给出许可后,竞争局可对集中各方施加与行为实施相关的义务。

9. 本条不影响证券交易的有效性,包括可与获准在证券市场上交易的其他证券交换的证券交易,除非买方或卖方已知悉或应知悉交易违反了本条第 6 款的规定。

10. 如果在本条第 1 款或第 2 款规定的期限内,集中通知存在明显缺陷,竞争局应书面通知集中申报人。本条第 1 款或第 2 款规定的期限计算自竞争局发出书面通知后的次日起中止,直至存在的缺陷被消除为止。

11. 如果集中各方未在竞争局规定的期限内提交必要或补充信息或材料,则本条第 1 款或第 2 款规定的期限自竞争局发出书面通知后的次日终止,直至提交该信息或材料为止。

12. 竞争局应在官方公报上公布关于收到集中通知的通知及根据本条第 1 款或第 2 款所作出的决定。公布的通知应根据本法第十九条第 1 款规定载明集中各方的名称及商号、国籍以及集中方式。

13. 利害关系方有权在本条第 12 款规定的集中通知公布后 7 日内向竞争局

提出意见和异议。

第二十八条　集中各方承担义务

1. 如果竞争局发现被提起程序的集中存在本法第二十二条第3款或第4款规定的情形,应及时以书面形式通知集中各方,但不得迟于补充程序期限终止前1个月。通知应指明提交异议或关于承担第二十七条第3款规定义务建议的期限。

2. 集中各方对承担义务的描述应足够详细,使竞争局能够确定其所承担义务的适当性,避免对商品市场竞争构成限制。

3. 如果竞争局认为集中各方承担的义务不适于避免限制商品市场上的竞争,且集中各方不同意变更该义务的,或者集中各方未在本条第1款规定期限内提出义务承担建议的,竞争局应当依据本法第二十二条第3款的规定禁止集中。

(1)如果根据本条第3款承担的义务需要进行额外分析,或者集中各方同意变更或补充所承担的义务,本法第二十七条第2款规定的期限应中止。程序应自竞争局分别发出通知后次日起中止,本法第二十七条第2款规定的期限自其收到承担义务的建议之日起继续。

(2)根据本条第3款第(1)项规定,可中止程序一次,中止时间不得超过2个月。

4. 集中各方应在履行义务之日起或者许可集中决定规定的义务履行期限届满之日起10日内,向竞争局报告其承担义务的履行情况。

第二十八a条　口头听证

应集中一方或竞争局要求,应在竞争局确定的时间、地点举行口头听证会议。召集会议时间最晚应在听证会举行前10个自然日通知给被听证人。经被召集参加会议的人员提出的合理书面申请,竞争局可变更会议期限或地点。听证人同意后,竞争局可口头告知。

第二十九条　无效集中

1. 有下列情形之一的,竞争局可决定撤销准予集中的决定:

(1)集中各方提交了虚假、有误导性或不完整的信息,且这些信息构成该决定的决定性因素的;

(2)违反了本法规定的条款、其他条件或义务,或违反了许可实施集中的决定。

2. 集中许可的撤销并未剥夺集中各方申请新集中许可的权利。

第六章　国家援助

第三十条　国家援助

1. 国家援助应被视为《欧盟运行条约》第一百零七条第1款规定的援助。

2. 国家援助应在规定的期限内并在为实现《欧盟运行条约》第一百零七条第2款和第3款规定的目标所必需的范围内提供。国家援助必须具有激励效果。

3. 除第四十九条第3款和第5款以及第四十九b条的规定外,本章其他规定不适用于下列情况:

(1)向运输部门提供援助;

(2)与农产品或林业生产、加工或营销有关的援助,该援助提供受《农村发展与农业市场监管法》或《欧盟共同农业政策实施法》监管;

(3)与渔业产品的生产、加工或销售有关的援助,该援助由《渔业市场组织法》监管。

第三十a条　国家援助提供方

1. 国家援助提供方应为州、地方政府或其他团体,包括直接或间接使用国家或地方政府资源提供国家援助的基金会、非营利性协会、公法上的法人或本法第三十一条第2款规定的公共事务企业。

(1)在无法明确国家援助提供方或提供机构未就履行国家援助义务达成一致意见的,由共和国政府根据援助目的、援助领域以及其他影响履行援助义务的情况,以命令方式指定国家援助提供方。

(2)国家援助提供方必须确保国家援助提供的透明度及效率,并在提供国家援助后检查国家援助使用的目的性。

①在欧洲委员会对本法第三十四a条规定的国家援助通知作出或被视为作出允许决定之前,国家援助提供方无权开始提供国家援助。如果根据第三十四b条规定提供团体豁免涉及的国家援助,则此项禁止不适用。

②如果国家援助提供方已向欧洲委员会递交通知书以获得法律上的确定性,则在欧洲委员会根据本法第三十a条第(2)款第①项作出或被视为作出允许决定之前,或者在其作出不提供国家援助的决定之前,国家援助提供方不得

开始提供国家援助。本法第三十 a 条的规定适用于通知书。

(3)财政部有权要求国家援助提供方提供有关本条第 2 款规定义务履行情况的信息。

第三十一条　国营企业和提供公共事务企业

“国营企业”是指国家或地方政府根据适用于个人的法律或任何其他方式,通过所有权或财务参与权直接或间接对其施加主要影响的企业。

“提供公共事务企业”是指国家或地方政府指派其提供市场上无法提供且其认为有必要提供的公共事务企业。

公共事务应加以定义,并通过法律或合同确定提供这种服务义务。

第三十二条

略。

第三十三条　微小援助

1. 微小援助应被视为是关于《欧盟运行条约》第一百零七条和第一百零八条对微小援助适用的欧洲委员会(欧盟)第 1407/2013 号条例第三条以及关于《欧盟运行条约》第一百零七条和第一百零八条对提供公共事务企业提供微小援助适用的欧洲委员会(欧盟)第 360/2012 号条例第二条所规定的援助。

2. 无须向欧洲委员会提交本法第三十四 a 条规定的国家援助通知,以提供微小援助。

3. 微小援助应根据欧洲委员会(欧盟)第 1407/2013 号条例和(欧盟)第 360/2012 号条例规定的程序提供。

4. 在提供微小援助时,授予人应在通过提供微小援助的决定之前,将计划的微小援助通知受益人。

援助提供方应要求受益人提交关于在当年财务年度和前两个财务年度内提供受益人微小援助的通知。

微小援助通知的格式和提交程序由财政部部长制定。

在提供微小援助时,提供方应在提供微小援助的决定中指明所提供的援助是欧洲委员会(欧盟)第 1407/2013 号条例第三条或(欧盟)第 360/2012 号条例第二条定义的微小援助。

5. 提供方应检查新的微小援助不会超出微小援助上限。

第三十四条

略。

第三十四 a 条　向欧洲委员会提交国家援助通知

1. 国家援助提供方应根据规定的网络申请程序向受赠方提交符合欧洲委员会(欧共体)第 794/2004 号条例要求的关于实施欧洲委员会(欧共体)第 659/1999 号条例的国家援助通知书,该通知书对《欧洲共同体条约》第九十三条的适用性作出了具体规定以及所有必要的书面和电子信息,供财政部审核。

2. 国家援助通知符合要求的,国家援助提供方应将国家援助通知连同所有必要的信息通过欧洲委员会规定的网络申请程序转交给爱沙尼亚共和国常驻欧盟代表机构,由其转交欧洲委员会。

3. 有下列情形之一的,财政部有权要求国家援助提供方在收到通知之日起 10 个工作日内补充报送信息或提出补充国家援助通知内容的建议:

(1)财政部认为国家援助通知不符合要求的;

(2)国家援助提供方未按国家援助通知要求提交信息的;

(3)所提交信息存在缺陷的。

4. 国家援助提供方在处理国家援助通知书的过程中,应通过财政部以电子方式提交欧洲委员会要求补充的信息,由其转交给爱沙尼亚共和国常驻欧共体代表机构,然后转给欧洲委员会。

5. 如果国家援助提供方决定撤回提交给欧洲委员会的国家援助通知书,则应向财政部提交申请,由财政部将申请转交给爱沙尼亚共和国常驻欧盟代表机构,由其转交给欧洲委员会。

第三十四 b 条　集体豁免涵盖的国家援助

1. 集体豁免涵盖的国家援助应被视为对某些类别的横向国家援助执行《欧盟运行条约》第一百零七条和第一百零八条的欧洲理事会(欧盟)第 994/98 号条例,欧洲委员会就此通过了相应的集体豁免条例。

2. 为提供集体豁免所涵盖的国家援助,无须向欧洲委员会提交本法第三十四 a 条规定的国家援助通知。

在提供集体豁免涵盖的国家援助后,国家援助提供方应在援助决定中注明所提供的援助属于欧洲委员会有关集体豁免规定意义上的国家援助。

3. 在提供集体豁免涵盖的国家援助后,国家援助提供方应在不迟于实施个别国家援助或援助方案前10个工作日,将符合欧洲委员会要求的国家援助实施情况汇总表(以下简称集体豁免通知)以书面和电子方式通过欧洲委员会规定的网络申请程序报送财政部审核。汇总表应将提供单项国家援助或援助计划实施所依据的法律或法律草案,且如有必要,连同证明符合计划的国家援助的援助说明、欧洲委员会集体豁免规定中指定的条件以及集体豁免通知一并提交给财政部。

4. 已废除。

5. 已废除。

6. 已废除。

7. 集体豁免通知符合要求的,国家援助提供方应将集体豁免通知转交爱沙尼亚共和国常驻欧盟代表机构,由其转交欧洲委员会。

有下列情形之一的,财政部有权要求国家援助提供方在收到集体豁免通知之日起10个工作日内补报信息或对集体豁免通知提出建议:

(1)财政部认为集体豁免通知不符合要求的;

(2)国家援助提供方未能在集体豁免通知中提交所需信息的;或者

(3)所提交的信息有缺陷的。

8. 集体豁免通知书应在提供单项国家援助或国家援助计划开始实施后20日内转交给欧洲委员会。

第三十五条至第四十一条

略。

第四十二条　非法国家援助或滥用国家援助的收回

(1)为执行关于《欧盟运行条约》第一百零八条具体适用规则的欧洲委员会第659/1999号条例第一条第f项所定义的援助应视为非法国家援助。

(2)欧洲委员会(欧共体)第659/1999号条例第一条第g项规定的活动被视为滥用国家援助。

(3)如果欧洲委员会或欧洲法院转发了国家非法援助或滥用的国家援助须由国家援助受益方追回的决定,则将该决定应转交给非法援助或滥用国家援助的提供方。国家援助提供方必须根据欧洲委员会或欧洲法院的决定收回国家援助并支付利息。

第四十三条至第四十八条

略。

第四十九条　国家援助情况报告

1. 财政部应于每年3月31日前通过电子方式将欧洲委员会发送的预先填写好的国家援助报告表转交给国家援助提供方。国家援助提供方须核对预先填写好的国家援助报告表，在每年4月30日前对报告表进行修改或补充，并将报告表以电子方式送还财政部。

2. 如果欧洲委员会要求国家援助提供方向委员会提交国家援助补充报告，或者欧洲委员会要求对国家援助提供方所提供的国家援助情况提供补充报告，国家援助提供方应在每年4月30日之前或者不迟于欧洲委员会决定规定的截止日期10个工作日之前，向财政部提交该报告。

3. 微小援助提供方须在每年4月30日之前，确保获得可以查看上一年度向财政部提供的微小援助的信息。

4. 财政部应将本条第1款和第2款规定的报告以电子方式送交爱沙尼亚共和国常驻欧盟代表机构，该代表机构应在不迟于6月30日或者委员会规定的截止日期前将报告送交欧洲委员会。

5. 财政部应于每年向政府报送一次国家援助和微小援助的总体情况。

第四十九a条　与欧洲委员会在监督和现场检查方面的合作

1. 必要时，财政部应协助欧洲委员会对国家援助实施监督和现场检查。

2. 在欧洲委员会（欧共体）第659/1999号条例第二十二条第6款有规定的情况下，地区分管部长或其授权人应向塔林行政法院递交书面申请，申请获得欧洲委员会授权进行检查的官员的许可。在申请许可时，还应向塔林行政法院提交授权委托书，说明检查理由和目的。

本条第2款规定的许可批准应依据《行政诉讼法典》关于批准采取行政措施的规定作出。

第四十九b条　国家援助和微小援助登记簿

1. 国家援助和微小援助登记簿（以下简称登记簿）是由政府建立的国家登记簿，用以保存国家提供的国家援助和微小援助的记录。

2. 制定登记簿保存法规，由政府根据地区分管部长建议任命授权处理人员。

3. 国家援助和微小援助提供方须向登记人员提交所有国家援助和微小援助信息。

4. 本条第3款的规定不适用于本法第三十条第3款第(2)项和第(3)项规定的国家援助,除非这种援助是在本法第三十四a条和第三十四b条规定下提供的。

第七章 不正当竞争

第五十条 禁止不正当竞争

1. 不正当竞争是指不诚实的交易行为或有悖公序良俗的行为,包括:

(1)发布误导性信息,出示或购买要发布的误导性信息、贬低竞争对手或其商品;

(2)滥用保密信息或滥用竞争对手的员工或代表。

2. 禁止实施不正当竞争行为。

3.《广告法》规定适用于作为广告方法的误导性、侮辱性或诋毁性信息。

第五十一条 发布误导性信息、出示或购买要发布的误导性信息,贬低竞争对手或其商品

1. 误导性信息是指错误信息,只要买方一般注意该信息就会给要约人造成误导性印象,或者损害或可能损害其他企业的声誉或经济行为。

2. 禁止发布、展示或订购要发布的关于自身或其他参与商品交易的企业及其商品或工作设备的误导性信息,但由订购信息发布或者出版商不对所展示内容的正确性承担责任的除外。

3. 本条第1款指定的信息主要指有关产地、质量、生产方法、供应方式或来源、价格、关税、折扣、获奖情况、销售原因和商品库存情况,以及该企业获得的优惠、财务状况和其他品质等方面的信息。

第五十二条 滥用保密信息或滥用其他企业的雇员或代表

1. 滥用保密信息是指利用与竞争对手有关的非法获得的保密信息。

2. 滥用竞争对手雇员或代表是指对其施加影响,使其为受影响的一方或第三方的利益行事。

第五十三条 不正当竞争的认定

当事人之间的纠纷按照民事诉讼程序进行审理的,应当认定是否存在不正当竞争行为。

第八章　国家监督

第五十四条　监督部门

除第六章和第七章的规定实施外,竞争主管机构应对本法的实施情况进行监督。

第五十四 a 条　监督的具体措施

为实施本法规定的国家监督,竞争主管机构可根据《行政执法法》规定的程序,使用该法第三十条、第三十一条、第三十二条、第四十九条、第五十条、第五十一条规定的具体的国家监督措施。

第五十五条　竞争局的权限

1. 竞争局有权实施本法指定的一切行为,并有权采取相应措施保护竞争。

2. 竞争局应分析竞争形势,提出竞争促进措施及改善竞争状况的建议,提出拟通过或修改的立法建议,并与其他国家及国家联盟的竞争局开展合作。

第五十六条　竞争局与欧盟的合作

1. 竞争局是负责欧洲委员会第 1/2003/EC 号条例第三十五条意义上"关于执行依据《欧盟运行条约》第八十一条和第八十二条制定的竞争规则第一百零一条和第一百零二条"的机构,并在必要时协助欧洲委员会实施竞争监督和现场检查。

2. 竞争局应与欧盟成员国的竞争局及欧洲委员会合作,按照欧盟法律规定的条件和程序执行欧盟各成员国竞争规则。

3. 国家法院在审理与《欧盟运行条约》第一百零一条或第一百零二条适用相关的事项时,应允许竞争局参与程序,并提供意见。

4. 竞争局应根据合理的书面申请,本着另一成员国的竞争局利益实施本法和《行政程序法》规定的诉讼行为,以确定是否违反《欧盟运行条约》第一百零一条和第一百零二条规定,并采取《行政执法法》规定的国家监督措施。必要时,另一成员国竞争主管机关的官员可以参与竞争主管机关实施的程序性行为。

第五十七条　竞争局要求提供信息的权利

1. 竞争局有权要求所有自然人、法人及其法定代表人、国家机关、地方政府及其官员提交对下列事项必要的信息:

(1)分析竞争形势;

(2)确定商品市场;

(3)检查协议、活动和决定;

(4)已废除;

(5)对处于支配地位企业的行为实施监督;

(6)监督集中或者遵守集中许可条件的情况;

(7)已废除;

(8)已废除;

(9)对本法的执行情况实施国家监督。

2. 本条第1款规定的信息要求应以书面形式或以可复制的书面形式提交,其中应具体说明要求提供信息的目的和法律依据,并提及在未能提供信息或提供不完整、不正确或误导性信息时发布训令的可能性。信息报送期限不得少于10日。

3. 已废除。

第五十七a条　罚款缴纳比例

在未遵守训令的情况下,根据《替代执行和罚款支付法》规定的程序所征收的罚款的最高额为6400欧元(对于自然人而言)或9600欧元(对于法人而言)。

第五十八条　通知竞争局

略。

第五十九条　竞争局要求提交材料的权利

1. 竞争主管机关有权要求所有自然人、法人及其法定代表人,以及所有国家机关、地方政府及其官员和代表提交经提交人签字证明的文件、草稿或其他材料的原件或复印件。提交复印件后,竞争局有权要求提交原件以核实复印件的真实性。

2. 经材料提交人或其代表要求,竞争局应出具已收到材料的确认书,在监督工作完成后,竞争主管机关有权将文件、草稿和其他材料原件返还给竞争局。

第六十条　对企业所在地或营业场所实施检查

略。

第六十一条　提出建议

1. 竞争局可向国家机关、地方政府以及自然人、法人提出改善竞争状况的建议。

2. 建议接收人必须根据竞争局要求，将其为按建议所采取的措施或不予采取措施的理由告知竞争局。

第六十二条　训令和罚款的征收

略。

第六十三条　保守商业秘密的义务

1. 向很可能损害企业利益的、与企业经营活动有关的信息，尤其是与专有技术有关的技术和财务信息、费用验证方法信息、生产秘密和流程、供货来源、购销数量、市场份额、客户和经销商、营销计划、支出和价格结构及销售策略等信息均视为商业秘密。披露给公众的信息、竞争局作出的决定和训令以及竞争局负责人或竞争主管机关的任何其他官员制作的不涉及商业秘密的文件，不视为商业秘密。

2. 除本法另有规定外，未经企业同意，竞争局官员无权将在履行职责过程中知悉的企业的商业秘密（包括受银行业秘密限制的信息）传播或向其他实体或公众披露。企业有正当理由认为属于其商业秘密的信息应予以确定和标明。如果竞争局提出要求，企业必须指明被视为商业秘密的信息，并说明将该信息归为商业秘密的理由。除法律规定不予公开的信息外，其他信息不应被视为商业秘密。竞争局要求审查的，经营者应当准备查阅不包含商业秘密的文件。

3. 竞争局官员可披露和使用企业的商业秘密，但前提条件是该披露对于确定竞争违法行为，或者违反本法、《欧盟运行条约》第一百零一条或第一百零二条的行为具有必要性。竞争局的官员为刑事、民事、行政或轻罪案件的审理或判决的法院提交含有商业秘密的文件。

4. 为实施《欧盟运行条约》第一百零一条和第一百零二条，竞争主管机关有权根据欧洲委员会第 1/2003/EC 号条例第十二条规定的条件，与欧洲委员会和各成员国的竞争主管机关进行交流，并将包括经营者的商业秘密及其他机密信息在内的任何事实或法律事项作为证据使用。

5. 竞争局不得对决定和训令中的商业秘密和其他保密信息进行披露。

第六十三 a 条　适用

1. 向竞争局提出的提起行政诉讼的申请或在行政诉讼过程中向竞争主管机关提出的申请（以下简称申请）应以书面形式提出，并应载明本法第二十六条第 3 款规定的信息。

2. 申请应由申请人或其代理人签署。非法人社会组织代理申请文件的,应由具有相应权限的负责人签署。申请人的代理人应在申请书上附有授权代表的证明文件。申请书应附上提供给申请提交人的证明文件。

3. 经申请人合理请求,可根据竞争局决定,宣布申请人无须向他人披露其姓名。

第六十三 b 条　拒绝审查申请

1. 有下列情形之一的,竞争局不予审查申请:

(1)申请明显不正当的;

(2)针对同一事项已向欧洲委员会提起诉讼,或者欧洲委员会就同一事项作出的决定已生效的;

(3)根据申请书记载内容无法确定申请人的;

(4)申请书中存在瑕疵,且申请人在竞争局规定的期限内未能消除瑕疵的。

2. 如果申请人就同一事项已向另一成员国的竞争局提起诉讼,或者另一成员国的竞争主管机关就同一事项作出的决定已生效,竞争局可拒绝审查该申请。

第六十三 c 条　诉讼程序中止

1. 如果行政程序、行政诉讼程序、民事诉讼程序、渎职检察程序或刑事程序未决,且与该事项有关,竞争局可通过决定中止程序。

2. 竞争局可在本条第 1 款所述程序的法院判决或行政行为生效后,通过决定重新提起诉讼程序。

第六十三 d 条　诉讼程序的终止

1. 在下列情况下,竞争局可终止诉讼程序:

(1)在企业活动中,没有出现违反本法的情形的;

(2)竞争未受到严重限制的;

(3)企业在商品市场的竞争状况明显得到改善的;

(4)因同一事项引起轻罪或刑事诉讼的;

(5)申请人撤回申请,且终结诉讼不侵犯第三人权利的;

(6)同一事项已向另一成员国的竞争局提交,或者另一成员国的竞争局就同一事项作出的决定已生效的;

(7)实施行政行为的当事人死亡或者被撤销的;

(8)竞争局已批准根据本法第六十三 g 条承担的义务的;

(9)企业已终止诉讼所涉及的活动,无须发布训令的;

(10)申请书所述事实内容为民事纠纷,不存在明显限制竞争风险的。

2. 如果已就同一事项向欧洲委员会提起诉讼,或者欧洲委员会就同一事项作出的决定已生效,则竞争局应终止诉讼程序。

第六十三 e 条　法院许可实施检查

1. 竞争局应根据关于实施条约第八十一条和第八十二条规定的竞争规则的欧洲理事会第 1/2003/EC 号条例第二十条和第二十一条规定的条件和程序向欧洲委员会提交一份理由充分的书面申请书,及根据欧洲委员会第 139/2004/EC 号条例第十三条规定的条件和程序向塔林行政法院院长或其任命的该法院行政法官提交关于许可行使控制权的书面申请。

2. 许可前,法官应保证欧洲委员会的决定是真实的,并且所设想的强制措施既不随意,也不过分,尤其要考虑所涉违法行为的严重性、所寻求证据的重要性、有关企业的参与情况,以及与检查事项有关的业务账簿和记录保存在请求许可的场所是合理的。在考虑是否准予检查时,国家法官不得质疑检查的必要性。

3. 在评估所设想的强制措施是否适当时,法官可直接要求或通过竞争局要求欧洲委员会对就使其能够控制的强制措施的适当作出详细解释。国家法官不得要求向其提供委员会档案中的信息。

4. 本条规定的许可应根据《行政诉讼程序法》关于准予采取行政措施的规定作出决定。

第六十三 f 条　出现限制竞争风险时的训令

1. 紧急情况下,如果竞争局了解违反《欧盟运行条约》第一百零一条或第一百零二条的规定可能对竞争造成重大、不可挽回的损害时,竞争局可自行要求自然人或法人履行该规定中的义务,避免实施被禁止的行为。

2. 本条第 1 款中规定的期限最长不超过 3 个月。

竞争局认为必要时,可以延长监督期限,但最长不得超过 1 年。

第六十三 g 条　义务承担、义务承担申请与债务承担的批准

1. 企业的行为可能违反本法第四条、第十六条、《欧盟运行条约》第一百零一条或第一百零二条的规定,且竞争局认为企业负有撤销该违法行为的,可向竞争局提出承担义务的书面申请(以下简称义务承担申请)。

2. 承担义务的目的在于改善竞争状况,并与违法行为造成的危害后果的消除措施相适应。

3. 义务承担申请必须足够详细,使竞争局能够评估该义务的适当性及其对竞争状况的改善。

4. 竞争局对一项义务予以批准的,竞争局可自行决定被批准的义务对经营者具有约束力,终止诉讼程序。

5. 义务承担期限是一定的。企业必须在竞争局事先确定的期限内将义务的履行情况通知竞争局。

6. 在下列情况下,竞争局可主动地或根据某人的申请,恢复根据本条第4款终止的程序:

(1)据以提起诉讼的有关情况发生重大变化的;

(2)经营者未履行其承担的义务的;

(3)义务是基于经营者提交的不完整、不正确或者误导性的信息被批准或者程序发生终止的。

第六十四条至第七十三条

略。

第九章　责任

第七十三a条　干涉实施国家监督

1. 略。

2. 同一行为如果是法人实施的,可处最高3200欧元的罚款。

第七十三b条

略。

第七十三c条

略。

第七十三d条

略。

第七十三e条　滥用支配地位

1. 设定不公平的交易条件的或限制生产、服务、商品市场、技术开发、投资或者从事滥用市场支配地位活动的,处 300 个罚款单位以下的罚款或者拘留。

2. 对于相同行为,如果是法人实施的,最高处以 4 万欧元的罚款。

第七十三 f 条　擅自实施集中和损害竞争集中的执法措施

1. 未经许可实施集中,以及违反禁止集中或许可集中条款的,可以处 300 个罚款单位以下的罚款或者拘留。

2. 对于相同行为,如果是法人实施的,最高处以 4 万欧元的罚款。

第七十三 g 条　经营者不履行重要设施控制的义务

1. 拒绝其他企业以合理和无歧视条件开放网络、基础设施等必要设施,或者有其他违反法律规定的基础设施管理义务行为的,应被处以 300 个罚款单位以下的罚款或者拘留。

2. 对于相同行为,如果是法人实施的,最高处以 4 万欧元的罚款。

第七十三 h 条　未遵守有关会计的特殊要求

1. 未遵守本法规定的有关会计的特别规定的,可被处以 300 个罚款单位以下的罚款或拘留。

2. 对于相同的行为,如果是法人实施的,可被处以 3.2 万欧元的罚款。

第七十三 i 条　诉讼程序

1. 本法第七十三 e 条至第七十三 h 条规定的轻罪诉讼时效为 3 年。

2. 本法第七十三 e 条至第七十三 h 条规定的有关轻罪的诉讼程序应由竞争主管机关执行。

第七十四条至第七十七条

略。

第七十八条　损失赔偿

本法所禁止的行为造成的所有权损失或其他损失,应通过民事诉讼程序予以赔偿。

第七十八 a 条　宽大处理的适用

1. 为适用《刑事诉讼法典》第二千零五十一条的规定,《刑法典》第四百条规定的刑事犯罪参与者可以向竞争局提交宽大处理申请,申请方式可以书面方式确定,并确定竞争局收到申请的时间。

2. 宽大处理申请应包括下列内容:

(1)申请人的姓名、身份证号码、出生日期或者注册号、地址等联系方式;

(2)《刑法典》第四百条中规定的可识别其他犯罪参与人的资料；

(3)对《刑法典》第四百条规定的犯罪行为的详细描述，包括涉案商品、实施违法行为的地域范围、违法时间和方式等信息；

(4)宽大处理申请人所掌握的有关《刑法典》第四百条规定的刑事犯罪的所有证据。从技术上讲，无法同时提交申请的证据材料的要尽早提交。对于无法立即提交的证据，提交证据说明并通知证据所在地即可；

(5)宽大处理申请人已向其提交或者拟向其提交宽大申请的其他竞争局或者其他主管部门的信息。

3. 自然人以自身名义提出宽大处理申请的，被视为宽大处理申请人。由法人的代表人以法人的名义提出宽大处理申请的，该法人和该法人的关联自然人一并视为宽大处理申请人。在本条中，与法人有关联的自然人是指法人的代表、成员或股东、管理机构或监督机构的成员和雇员，包括自然人与法人关系已经终止的情况。宽大处理适用于如果不符合本条第 5 款第(2)项至第(6)项规定条件或者作为宽大处理申请人的法人在宽大的申请中合理排除的与法人有关联的自然人。

4. 竞争局应及时向申请人确认收到宽大处理申请，并注明竞争局收到申请的准确时间，并将申请及其附件转交检察室。

5. 宽大处理的适用应符合以下条件：

(1)宽大处理申请由申请人主动提出，并符合本条第 1 款和第 2 款规定的要求；

(2)宽大处理申请人经检察院批准，应终止参与实施符合《刑法典》第四百条规定刑事犯罪要件的行为，但该申请人被监视的除外；

(3)根据检察院确定的条件，宽大处理申请人应当披露并在可能的情况下全面、公开地提供其所知悉的关于《刑法典》第四百条规定的刑事犯罪的所有证据；

(4)宽大处理申请人应当全面、善意地配合调查机关和检察院，并自行承担所有费用，直至《刑法典》第四百条规定的刑事犯罪诉讼程序终止；

(5)宽大处理申请人没有诱使他人实施《刑法典》第四百条规定的犯罪行为，或者进行犯罪准备或实施；

(6)宽大处理申请人在提交宽大处理申请前后，没有在《刑法典》第四百条规定的刑事犯罪诉讼过程中，恶意销毁、隐匿相关证据，或者未经检察室许可，披露宽大处理申请或者刑事诉讼的有关事实。

第十章　执行条款

第七十九条至第八十六条

略。

第八十七条　法案的执行

1. 本法适用于在本法生效时及在本法生效后实施的所有限制竞争的协议、一致行动和决议。

2. 本法生效前开始的诉讼程序应依照对案件提起诉讼时有效的法案进行。

3. 1998 年 10 月 1 日前，国家或地方政府以任何形式或按照任何程序提供某一企业、使该企业能够在商品市场上相对于其他企业具有竞争优势或者成为市场上唯一的企业的许可也应视为一项特殊权利或排他性权利。

4. 政府及其部长应在本法生效后 3 个月内，使根据《竞争法》通过的法规与本法相一致。

5. 本法第三十三条第 4 款和第四十九条第 3 款在 2011 年 12 月 31 日之前有效。

6. 本法第三十三条第 4 款第(2)项和第(3)项在 2012 年 12 月 31 日之前有效。

第八十八条

略。

第八十九条　本法的废除

略。

第九十条　本法的生效

1. 本法自 2001 年 10 月 1 日起生效。

2. 本法第四十九 b 条自 2009 年 1 月 1 日起生效。

斯洛伐克竞争保护法*

第一章

第一节　基本条款

第一条　本法的目的

本法旨在保护竞争不受任何限制,为竞争的进一步发展创造条件,以造福消费者,并规范斯洛伐克共和国反垄断办公室(以下简称办公室)在监督其遵守本法规定方面的权力和活动范围。

第二条　适用范围

1. 本法适用于:

(a)企业;

(b)行使国家管理职能的国家行政机关、行使自治权的市和自治地区、行使被移交的国家管理职能的国家行政和专业自治机构;

(c)本法规定的其他实体。

2. 本法适用于限制或可能限制竞争的企业的活动和行为,根据专门法律提供公共事务企业所实施的限制除外,但前提条件是本法的适用性有效地或合法地妨碍这些企业根据专门法律完成其任务。

3. 第二十二条至第四十一条的规定还适用于办公室根据专门法律评估企业的活动和行为程序。

4. 本法还适用于发生在国外但限制或可能限制国内市场竞争的活动和行为。

5. 本法(第五节除外)不适用于仅在外国市场上实施的有效竞争限制行为,

---

* 1990 年第 347/1990. Coll. 号法案。

约束斯洛伐克共和国并在《斯洛伐克共和国法律汇编》中公布的国际条约另有规定除外。

第三条　部分术语的定义

1. 本法所称“企业”是指专门法律规定的企业家,以及与竞争相关或可能相关活动和行为有关的自然人、法人、企业协会和联合会,无论这些活动和行为是否以营利为目的。

2. “相关市场”是指在满足用户特定需求方面相同或可替代的产品、表演、作品和服务(以下简称商品)的供求关系在地域和时间上共存。

3. “相关商品市场”由能够满足用户特定需求的相同或可替代的商品构成。评估商品的可替代性主要考虑商品特性、价格和预期用途。

4. “相关地域市场”是指竞争条件完全同质,且能够与具有不同竞争条件的其他地域分开的地域。

5. 本法所称“营业额”是指销售商品取得的收入或收益的总和,不包括增加对企业财务援助的间接税。就企业协会而言,除依照前款计算的总和外,还应将企业协会成员的贡献计入其营业额中。以外币计算的营业额应折算为欧元。欧洲中央银行或斯洛伐克国家银行制定并公布的、在相关会计期内有效的外汇参考价的平均值应折算为欧元。

6. 在本法中,“对企业提供的财务援助”是指从公共来源向企业提供的、与企业从事某项活动相关并反映在商品价格中的任何资金资助。

第二节　非法竞争限制和集中的形式

第四条　竞争限制协议

1. 除本法另有规定外,企业间的协议和一致行动,以及以限制竞争为目的或效果的企业协会的决议(以下简称限制竞争协议)应予以禁止。

2. 如果企业间的协议、一致行动以及企业协会的决议对竞争的影响不明显,则不构成限制竞争协议。如果作为协议、一致行动或企业协会的决议当事人的企业的市场份额未超出办公室在具有普遍约束力的法律规章中设定的标准,则不对竞争造成明显影响。如果企业间的协议、一致行动或者企业协会的决议以限制竞争为目的,则会对竞争产生明显影响。

3. 在本法中:

(a)“企业间的协议”是指协议当事人意愿的任何口头或书面的表达,以及任何其他由其行为衍生的意愿表达;

(b)“一致行动”是指企业之间采取一致行动,而这些企业之间没有第(a)项所述企业间的协议的特征,且不能被认为企业之间自然的配合;

(c)“企业协会作出的决议”是指该企业协会的任何法律行为,也是该企业协会的建议。

4. 尤其应禁止下列竞争限制协议:

(a)直接或间接固定价格或任何其他交易条件;

(b)关于限制或控制生产、销售、技术开发或投资的承诺;

(c)市场分配或供货来源的分配;

(d)协议当事人针对各企业的相同或类似交易适用不同的条件,从而使企业处于不利的竞争地位的承诺;

(e)规定订立合同需要当事人接受就其性质或根据商业惯例与合同标的无关的附加义务的条件;或者

(f)对与公开采购、公开招标或其他类似招标程序有关的公开采购、公开招标或其他类似招标程序中企业进行协调。

5. 如果同时存在下列限制竞争协议,则第 1 款规定的禁止不适用:

(a)有助于改进商品的生产或销售状况,促进技术或经济进步,同时使消费者公平地分享由此产生的利益;

(b)不对限制竞争协议当事人强加第(a)项规定的对实现目标不必要的限制;

(c)限制竞争协议当事人不会排除相关市场实质部分所涉产品的竞争。

第五条　集体豁免

1. 对于不会影响欧盟成员国间贸易的各类限制竞争协议,其目的或效果是限制国内市场竞争,且符合根据专门法律规定的禁止豁免条件的,第四条规定的禁止不适用。

2. 办公室应发布第 1 款规定的豁免不适用于与第四条第 5 款不一致的限制竞争的决议。

第六条　限制竞争协议的一般规定

1. 如果诉讼一方声称第四条第 2 款、第 5 款或第五条适用于其行为或活动,则该方有义务向办公室证明这一事实。

2. 如果第四条第1款规定的禁止理由仅涉及企业间协议或企业协会决议的一部分，则仅该部分被禁止。但是，从本协议内容或协会决议的内容来看，上述部分可从其他部分中分离出来。

3. 企业可申请办公室就其协议草案或企业协会决议草案是否构成限制竞争发表意见。为此，办公室不得根据第四条第2款和第5款或第五条对企业间协议草案或企业协会的决议草案进行评估。办公室应在申请送达之日起30个工作日内出具意见；情况复杂的，应在60个工作日内出具意见。

4. 对限制竞争协议中在不同生产链或分销链上开展经营活动的企业间达成的限制竞争协议，如果内容与其目的相同，则办公室应在相同程序中实施评估。

第七条

根据第204/2004 Coll. 号法案废除。

第八条　滥用支配地位

1. 一家或者几家没有实质性竞争关系或者依靠经济实力能够独立实施行为的企业在相关市场上具有支配地位。

2. 滥用相关市场支配地位的行为包括：

(a) 直接或者间接利用不公平的价格或者其他不公平的交易条件；

(b) 限制生产、市场或者技术开发，损害消费者利益；

(c) 在与其他企业的同类或者类似交易中采用不同的条件，从而使其处于或者可能处于不利的竞争地位；

(d) 订立承担补充义务的一方当事人接受的但从性质或商业惯例来看，该义务的条件与合同标的无关的合同。

3. 禁止滥用相关市场支配地位的行为。

第八a条

根据第151/2014 Coll. 号法案废除。

第九条　集中

1. 本法所称“集中”是指企业通过下列任何一种方式进行的持久经济上的合并行为：

(a) 2家或多家之前独立的企业的合并；或

(b)1 家或多家企业取得对另一家企业或其部分、多家企业或其部分的直接或间接控制权。

2. 在本法中,第 1 款第(a)项所指的“合并”是指根据专门法律进行的合并,以及在保持法律独立性的情况下,相关企业在经济上联合起来并保持其法律独立性的合并。

3. 在本法中,第 1 款第(b)项所指的“企业部分”是指据以获得营业额的资产。

4. 第 1 款第(b)项所指的“控制”是指能够对企业活动施加控制影响的能力,特别是通过下列方式:

(a)所有权或其他权利;

(b)能够对企业各机构的组成、表决或决定施加控制影响的权利、合同或其他事实。

5. 第 1 款第(b)项所指的“集中”还指设立由 2 家或 2 家以上企业共同控制的合资企业,且相应的合资企业持续地行使一个独立经济实体的全部职能。

6. 依据第 5 款,如果可能导致企业竞争行为,办公室应根据第四条和第五条规定对集中进行评估。

7. 本法关于集中的规定(除第十条第 7 款外)还指依据第十条第 10 款规定向办公室申报集中。

8. 符合下列条件的,不应被视为集中:

(a)银行、外国银行的分行、保险公司或其他金融机构(其正常活动包括自营或为他人进行证券交易)临时取得证券是为了转售该证券,从而使其能够获得对另一家企业或其部分、多家企业或其部分的控制权,但前提条件是该机构在确定该企业的竞争行为时不行使表决权或其他权利,或者如果行使这些表决权仅是为了准备出售该企业或其部分或出售证券,且该出售在取得证券之日起 1 年内完成。如果证明在此期限内不可能出售证券,则办公室应根据公司申请发布决定,可通过决定将期限延长 1 年;

(b)根据专门法律临时取得对该企业或其部分、几家企业或其部分的控制权。

9.《商法典》第六十九条第 3 款。

第十条

1. 在下列情况下,集中应受办公室控制:

(a)在斯洛伐克共和国集中设立前一会计期间,相关企业的合计营业额至少达到4600万欧元,并且其中至少有两家相关企业在集中设立前一个财务年度在斯洛伐克共和国的合计营业额至少达到1400万欧元;或

(b)在斯洛伐克共和国集中设立前一财务年度所达到的合计营业额:

①属于第九条第1款第(a)项规定的至少由一家相关企业集中设立的,为1400万欧元,且另一企业在集中设立前一财务年度在全球范围内的合计营业额不少于4600万欧元;

②属于第九条第1款第(b)项规定的由其收购或部分收购的至少一家企业设立的企业的,至少为1400万美元,且在集中设立前一财务年度,任何一个相关企业于集中设立前一财务年度在全球范围内的合计营业额不少于4600万欧元;

③属于第九条第5款规定的至少由一家创立共同持股企业的相关企业的,为1400万欧元,且另一家企业于集中设立前一财务年度在全球范围内的合计营业额不少于4600万欧元;

2. 企业的营业额应为下列各实体的营业额总和:

(a)相关企业。

(b)相关企业直接或者间接实施下列行为的企业:

①持有1/2以上的股份;

②可行使半数以上的表决权企业;

③有权委任企业各机构过半数成员;或

④有权管理企业事务。

(c)在相关企业中享有第(b)项所述权利的企业。

(d)第(c)项所指的企业享有第(b)项中所指权利的企业。

(e)其中,第(a)项至第(d)项中的2家或2家以上企业享有第(b)项所指的共同权利的企业。

3. 企业的总营业额不包括第2款所指的各企业之间销售商品的收入或收益。在根据第九条第1款第(b)项实施集中的情形中,考虑企业或其被集中部分的营业额。

4. 对于依据第九条第1款第(a)项实施的若干企业之间实施的集中,如果某些企业属于同一经济集团,在集中各方属于同一经济集团的情况下,对第2款规定的营业额进行相加,以确定办公室是否根据第1款规定对集中实施控制。

对于依据第九条第 1 款第(b)项实施的集中,如果被收购一方的相关企业为多家企业,或者部分企业属于同一经济集团,则根据第 2 款对其合计营业额进行相加,以确定办公室是否根据第 1 款规定对集中进行控制。为确定各企业是否属于同一经济集团,办公室根据第九条第 4 款规定审查直接控制或间接控制关系。

5. 相同企业之间或属于相同经济集团的企业之间在 2 年内设立的两项或两项以上、共同受第 1 款规定的集中应当视为最后一次集中日发生的一次集中。

6. 如果相关企业共同享有第 2 款第(b)项所述的权利,则在计算营业总额时,不应包括合资企业与每一个相关企业或者第 2 款第(b)项至第(e)项的规定的与其相关的其他企业之间的商品销售所产生的营业额。

合资企业与其他企业间销售商品所产生的营业额应在各相关企业间平均分配。

7. 第 1 款规定受办公室控制的集中应在集中产生的权利和义务执行之前以及在下述时间之后通知办公室:

(a)订立合同的;

(b)已宣布公开招标中标的;

(c)国家主管部门的决定已交付给企业的;

(d)收购投标公告日期;

(e)欧洲委员会(以下简称委员会)通知企业由办公室处理该事项的;或者

(f)集中发生所依据的另一事实发生的日期。

8. 2 家或 2 家以上独立企业合并的,由相关企业共同申报;公开招标的,由选定的投标人申报;国家机关依据特别法律作出企业合并决定的,由参与合并的经营者共同申报;收购投标的,由收购投标人申报;在其他情况下,由取得另一家企业、多家企业或其部分控制权的企业申报。

9. 集中申报应包括办公室在具有普遍约束力的法律规章中确定的要求。根据集中申报企业合理要求,办公室可减少具有普遍约束力的法律规章所要求的信息数量。如果办公室在程序执行期间发现减少的信息数量不足以就该事项作出决定,可要求企业补充某些信息或提交完整的集中通知。从提出完成集中申报的要求之日起至递交资料之日止,第十一条第 1 款、第 2 款规定的期限应予以暂停。

10. 集中通知还应在签订合同之前或者在发生其他产生合并、获得控制权或合资企业设立之前提交给办公室,但通知应由办公室根据第 1 款的规定控制。除第九条规定的要求外,通知还应包括书面理由和证明集中所涉事实的书面文件。

11. 企业不得在集中决定生效前履行因集中而产生的权利和义务。

12. 第 11 款的禁止规定不得影响公开招标中选定的投标人的投标权,但收购人不得行使所产生的与执行投标相关的表决权。

13. 在下列情况下,根据第 11 款作出的禁止规定不得影响收购价格变动或在证券市场上从不同主体获得第九条第 1 款第(b)项所述证券交易中控制权的变动:

(a)根据第七条的规定,集中应立即申报给办公室;且

(b)基于第十四条获得的豁免,控制权收购人不行使与这些证券有关的表决权,或仅为了维持这些投资的全部价值。

14. 如存在重大理由,办公室可应企业要求,允许其第 11 款所述的禁令。准予背离的要求必须包含企业要求的理由、范围以及评估此种违背对竞争产生影响所需的信息和文件。办公室应在提交请求后 20 个工作日内作出同意或不同意的决定。办公室可要求企业提供更多信息,以便评估是否准予违背禁令。作出背离决定的时限自提交完成规定信息时为止。在决定此种违背时,办公室还应考虑到集中中止对有关企业和第三方的影响以及集中对竞争的威胁。此种违背可在附加条件和义务的情况下授予,以确保竞争的有效性。

15.《商法典》第二百八十一条至第二百八十八条。

16. 根据斯洛伐克共和国民族委员会第 317/1996 Coll. 号法案第十四条修正的关于国有企业的第 111/1990 Coll. 号法案第十四条。

第十一条

1. 办公室应在集中通知递交之日起 25 个工作日内作出集中决定。该决定通常包括对企业清单、企业经营的行业或相关市场的理由解释。涉及简单理由解释的决定,在依据第三十三条作出决定之前,办公室不应给出说明。

2. 认为存在竞争问题需进一步分析的,办公室应酌情通知当事人根据第 1 款规定在规定期限内作出说明。在该情况下,办公室应在将书面通知送达诉讼当事人之日起 90 个工作日内发布集中决定。

3. 未完成集中申报的,在办公室向当事人发出完成集中申报要求之日起至

当事人送达完整的集中通知之日止发布集中决定。办公室根据其提交的文件确认其向诉讼程序当事人送达通知的完备性。

4. 在行政诉讼过程中,如果办公室发现集中通知内容不实,应立即告知当事人,并从当事人处收到真实信息之日的次日起重新开始计算发布集中决定的期限。

5. 如果办公室要求当事人提供可能对集中决定产生实质性影响的其他信息和文件,则从向集中当事人递交集中申请之日起至其提交信息和文件之日止,上述第 1 款和第 2 款规定的期限中止。办公室应以书面形式通知诉讼当事人。

6. 办公室根据诉讼当事人提出的理由合理的请求或在得到该当事人同意的情况下,可在期限届满前根据第 1 款和第 2 款的规定将期限延长,甚至可以多次延长,最长为 30 个工作日。

7. 由于相关期间市场情况变化或提供的数据发生变化等原因,导致法院或办公室撤销集中决定且原申报不完备的,诉讼当事人应立即补正申报。如未发生此类变更,诉讼当事人应立即以书面形式向办公室确认此事实。第 1 款和第 2 款规定的期限应自在填写完毕的原始通知中递交完整信息之日或诉讼当事人送达确认书后的次日起开始计算。

第十二条

1. 集中未明显扭曲相关市场有效竞争且集中主要因设立或强化市场支配地位而产生的,由办公室发布批准集中的决定。

2. 如果集中符合第 1 款规定且未根据第四条第 1 款禁止协调竞争行为,办公室应根据第九条第 6 款发布批准集中的决定。

3. 如果决定中规定的条件确保集中符合第 1 款或第 2 款规定,办公室还应发布批准集中的决定。办公室可在其决定中规定诉讼当事人承担与该条件有关的义务,特别是为确保附加条件的满足和实现。

4. 如果集中引起对违反第 1 款或第 2 款规定的担忧,则办公室应书面要求诉讼程序当事人根据第 3 款规定提出与此条件有关的条件和义务,办公室应在请求中予以说明。办公室不受所提条件的约束。

5. 诉讼当事人应在收到集中请求后 30 个工作日内,就确保集中符合第 1 款或第 2 款条件,以及与该条件有关的义务向办公室提交书面建议。对于该期限届满后提交的建议,办公室不予以考虑。在有正当理由的案件中,办公室可应诉讼当事人请求,在期限届满前延长。办公室根据诉讼当事人在需要特别考虑的案件中提出请求的充分理由,可接受在确定提出条件和义务的期限届满后提交的有关的条件和义务建议,但前提条件是在根据第十一条第1款或第2款作出决定的期限内,适当审查条件和义务建议。在提交有关条件和义务期间,第十一条第1款或第2款规定的期限应暂停。如在期限届满前,已提交的条件建议及与该条件有关的义务为最终建议,则第十一条第1款或第2款规定的期限应自提供最终建议之日起计算。

6. 办公室可在根据第3款作出决定中确定,在满足附加条件之前,诉讼程序当事人不得行使因集中而产生的权利和义务。

7. 办公室可通过直接向自然人和法人地址发送、公布或其他形式提出与该条件有关的建议。

8. 根据第4款和第5款提出的条件和建议还可包括在由诉讼当事人承担费用的情况下委任他人进行。受托人协助办公室监督诉讼当事人义务的履行情况,或代表诉讼当事人确保义务的履行,且由诉讼当事人承担相关费用。受托人在开展活动时与办公室展开密切合作。受托人应独立于相关企业或相关企业经济集团,且与其所决策事项无利害关系。

9. 办公室应禁止通过设定或加强支配地位而对相关市场竞争产生明显扭曲的集中。

10. 如果集中由于设定或加强相关市场支配地位或协调竞争行为不符合第四条第1款规定,使相关市场竞争产生严重扭曲的,则办公室应禁止第九条第6款所指的集中。

11. 第1款至第3款所指的决定应被视为涵盖了与集中直接相关且对实施集中至关重要的竞争限制。

第十二 a 条　集中评估简易程序

根据第204/2004 Coll. 号法案废除。

第十二 b 条

根据第204/2004 Coll. 号法案废除。

第十二 c 条

根据第204/2004 Coll. 号法案废除。

第十二 d 条

根据第 204/2004 Coll. 号法案废除。

第十二 e 条

根据第 204/2004 Coll. 号法案废除。

第十二 f 条

根据第 204/2004 Coll. 号法案废除。

第十三条

1. 如诉讼一方当事人未履行决定中规定的条件,办公室应依职权撤销决定,并根据第十二条第 1 款至第 3 款、第 9 款或第 10 款发布决定。

2. 办公室可在下列情况下依职权根据第十二条第 1 款至第 3 款或根据第三十二条第 2 款第(c)项撤销决定,并可根据第十二条第 1 款至第 3 款、第 9 款或第 10 款发布决定:

(a)诉讼一方当事人未履行与决定中规定条件有关的义务;或者

(b)企业的决定是依据提供不完整的信息或虚假信息作出的。

3. 在下列情况下,办公室可应诉讼一方请求修改根据第十二条第 3 款作出的决定,而不受第十一条规定的时限限制:

(a)相关市场情况发生重大变化,不再需要履行诉讼一方当事人的条件或履行与条件有关义务的;或者

(b)在履行条件或条件义务决定确定的期限届满之前,诉讼当事人因重要理由不能履行该期限,则申请延长该期限的。

第十三 a 条

如果办公室发现存在下列情况,则可要求企业承担恢复集中设立前的竞争水平的义务,特别是公司分立或权利转让的义务,以及旨在保证履行该义务的其他义务:

(a)依据第十二条发布禁止集中的决定之前行使因集中而产生的权利、义务;

(b)因集中而产生的权利、义务的履行违反其根据第十二条发布的禁止决定;或者

(c)因集中而产生的权利、义务的履行违反了根据第十二条第 3 款作出的决定规定的条件。

第三节　办公室

第十四条

1. 办公室是斯洛伐克共和国负责保护和促进竞争的国家行政部门的中央机构。

2. 办公室根据专门法律授予竞争局在保护和促进竞争方面职权。

3. 办公室所在地设在布拉迪斯拉发。

4. 办公室可在其所在地以外设立常驻或临时分支机构。

5. 经斯洛伐克共和国政府要求,办公室应向斯洛伐克共和国政府提交有关其活动的报告,每年一次。

第十五条　办公室主任

1. 办公室由主任领导。主任因故缺席或主任职位发生空缺时,由副主任代理。办公室副主任同时负责完成办公室主任交办的任务。

2. 办公室主任由总统根据政府提议任免。主任任期为 5 年。凡有资格当选斯洛伐克共和国民族委员会委员的公民均可被任命为主任。

3. 副主任由办公室主任任免。办公室一审诉讼程序中作出的决定由副主任或其指定人员签署。副主任为专门法律规定的国家公务员。

4. 办公室主任可连任,但最多不得超过两届。

5. 办公室主任的职位与其专门法律履行的职务和活动不相符。

第十六条

1. 办公室主任应在以下期限内结束履职:

(a)任期届满的;

(b)辞职的;

(c)被免职的;

(d)死亡的。

2. 办公室主任可在书面方式通知斯洛伐克共和国总统后辞职。主任任期将在任命新办公室主任后结束。

3. 斯洛伐克共和国总统在下列情况下解除办公室主任职务:

(a)办公室主任因与其履行职务直接相关的故意犯罪或过失犯罪而被法院作出终审判决的;

(b)因法院终审判决而终止民事行为能力的;

(c)其已开始履行与第十五条第5款所指的办公室主任职位不相符的职务或活动;

(d)因个人过失或者健康状况连续6个月不能胜任公职的。

第十七条

斯洛伐克共和国政府根据专门法律确定办公室主任的薪资。

第十八条　办公室理事会

1. 应设立办公室理事会(以下简称理事会)。委员会须按非上诉程序对上诉或复审决定作出裁决。如国家行政机构中央机构负责人根据专门法律决定,委员会亦须就重新启动诉讼程序和检察官的抗诉作出决定。理事会由理事会主席和6名成员组成。办公室主任同时也是理事会主席。

2. 与办公室有雇佣关系或类似工作关系的人员不得作为委员会成员。委员会成员在履行委员会成员职责时可获得报酬。报酬的数额及细节由办公室颁布的具有普遍约束力的法律规章规定。

3. 理事由办公室主任提议,由政府任免。

4. 理事的任期为5年。理事之委任方式应保证其任期在1年内最多不超过3人。

5. 如理事在其任期届满前结束,新理事的任期仅为相应任期的剩余时间。

第十九条

1. 办公室主任须在理事任期届满前至少3个月向政府提议3名理事候选人。政府须在候选人名单送交后2个月内委任理事。新委任的理事须于上一届理事任期届满后次日就职。

2. 任何为斯洛伐克共和国公民、具有大学学历、完全行为能力且无犯罪记录的个人,均可被委任为理事。

3. 理事中必须至少有2名具有法律硕士学位,且至少有2名拥有经济学硕士学位。

第二十条

1. 理事会会议由理事会主席召集和主持;如理事会主席缺席或发生职位空缺,由副理事会主席召集和主持。

2. 理事会主席、副主席由理事会从理事中选举产生,则由出席会议成员过半数投票任免。如未能依前句当选为理事会副主席,则以得票最多的理事为理事会副主席。在票数相等的情况下,由理事会主席决定。

3. 理事会主席、副主席及至少 4 名理事,或理事会主席、理事会副主席及至少 3 名理事出席时,理事会达到法定人数。理事会通过决定,须经出席会议的理事过半数通过。如表决票数相等,理事会主席或办公室副主任(在理事会主席缺席或职位发生空缺的情况下)可投决定性的一票。

4. 理事会通过表决方式作出决定。理事会应当举行非公开会议。

5. 理事会的表决情况应当作书面记录。如果理事、理事会主席、理事会副主席的意见不同,应同时记载理事会主席或理事会主席的不同意见。表决记录应当保密。

6. 理事会的决定由理事会主席签署,或者如果理事会主席缺席或出现职位空缺,可由理事会副主席签署。

7. 如就某理事与某事项、诉讼程序当事人或其代表的关系对该理事的公正性存有异议,或该理事在不同情况下就同一事项参与了诉讼程序,则该委员不得参与该事项的听证或决策。

第二十一条

1. 理事的任期在下列情况下终止:

(a)任期届满的;

(b)辞去职务的;

(c)被罢免的;

(d)本人死亡的。

2. 理事辞去职务的决定应以书面形式通知总理。理事辞职后,在新理事被委任前,原理事须继续履行其职务。

3. 在下列情况下,斯洛伐克共和国政府可根据办公室主任提议罢免理事:

(a)因与其职务行为直接相关的故意犯罪或过失犯罪被法院判决的;

(b)因法院终审判决而终止民事行为能力的;

(c)理事连续 4 个月以上未履职的。

4. 如果担任理事会副主席的理事职务终止,新委任的理事就任后,应由理事会补选新的理事会副主席。

第四节　办公室的职权

第二十二条

1. 办事处须:

(a)针对特定经济部门实施调查,以了解该部门的竞争状况;

(b)实施调查以确定是否存在根据本法提起诉讼的理由;

(c)应他国竞争局的请求,依照专门法律或对斯洛伐克共和国有约束力的国际条约开展调查和其他法律援助行动;

(d)根据本法或特别法律,作出企业从事的行为或活动被禁止的决定;决定不从事此类行为的义务和对非法状况进行补救的义务;

(e)对国家行政机关在行使国家行政管理职能、市或自治区在行使自治权和被授权的国家行政管理职能以及专业自治机构在行使被授权的国家行政管理职能时是否违反本法有权作出决定,并有制止此类行为的义务和纠正该状况的义务;

(f)处理并决定因本法或专门法律规定而引起的有关保护竞争的所有事项;

(g)监督由办公室作出决定的履行情况;

(h)依据法律发表意见;

(i)在监督该地区的主管部门,确保保护竞争方面的国际关系;

(j)向法院提交申请书,请求批准依法对委员会的活动进行检查;

(k)根据第二十二 a 条第 8 款,向法院提出申请,同意对其活动执行情况进行检查;

(l)建议进一步保护和促进竞争的措施;

(m)委托受托人,或按照第十二条第 8 款和第三十八 f 条第 4 款规定任命受托人。

2. 在根据本法和专门法律履行职责方面,办公室有权要求企业及其高级雇员、法定机构、监督机构或其他机构(以下统称企业人员)以及其他自然人和法人提供办公室活动所需的信息和文件,无论其采用何种记录媒介,并对这些文件进行复印和记录,或要求将其正式核准的译本翻译成斯洛伐克文,并作出书面或口头解释,并对这些文件作出录音记录。这些实体有义务在办公室规定的期限内向办公室提供这些信息和文件。对于保密信息,遵守相关立法条件。

3. 在根据本法或专门法律履行义务时,办公室有权要求警察机关或涉及刑事诉讼的机关依法获得的信息,最重要的是有权查阅保存在刑事诉讼程序中的档案,对档案进行摘录和记录,并自费复制档案或其部分,将其用于本法规定的目的。

4. 根据对斯洛伐克共和国具有约束力的国际条约,或经提供信息或信息涉及人员的同意,办公室应向其他国家的竞争局提供信息,以便在这些国家实施竞争法所需的信息,包括根据本法或专门立法保护的信息。办公室只有在确保互惠的情况下,才可根据前句提供信息。

第二十二 a 条　检查

1. 在根据本法履行职责时,办公室工作人员和受委托执行办公室职权范围内职责的人员(以下简称办公室工作人员)有权根据书面授权(以下简称授权)进入企业或与企业活动或行为有关的任何场所和交通工具进行检查。

2. 在调查和一审程序中,由办公室副主任授权办公室工作人员进行检查;在理事会的序中,由理事会主席授权办公室工作人员进行检查。授权书应包括授权人员姓名、职务、被检查场所和交通工具中的职务、检查期限、检查对象和目的、获得授权进行检查人员的姓名、对被检查场所和交通工具经营单位权利和义务的指示、授权人员的签名、授权编号及办公室印章。

3. 办公室工作人员进行检查时,应出示第 2 款规定的授权书,并将授权书复印件送交被检查场所和交通工具的经营单位或其雇员。

4. 由办公室工作人员制作检查记录。在笔录上签字后即视为检查完毕。部分在场人员拒绝签字的即视为检查结束;拒绝理由应记入检查记录中。由于客观原因,在必要时间内,办公室可酌情中断检查,甚至多次中断检查。

5. 为获得第二十二条第 2 款规定的文件和信息,在检查过程中以及涉及机密信息时,办公室工作人员有权:

(a)根据检查需要,封存记录信息的文件或媒介,查封检查场所、设备、交通工具;

(b)如果办公室主由于技术原因无法查阅信息或复制文件,可在必要时间内取走载有相关信息的文件和媒介,以便复制或获取信息;

(c)确保进入企业的场所和交通工具,打开封闭的场所及其设备,或以其他

方式提供记录信息的文件和媒介;办公室有权邀请其他能够确保克服障碍的人员;

(d)确保获得企业数据存储在数据存储设备中的所有电子形式的信息,或企业以任何电子形式创建的所有信息,或企业可获得的与其活动有关的所有信息,包括以电子形式存储在其他实体数据存储设备中的信息,且企业可获取该信息并用于其活动;为确保使用这些媒介,办公室有权邀请有能力确保获取此种信息其他人,但这些人员无权获取该信息。

6. 办公室工作人员有权根据第5款第(d)项规定,复印任何文件形式的信息、所有计算机数据和以任何电子形式存储的信息。

7. 为实施检查,在检查过程中,企业有义务:

(a)根据第5款第(c)项规定进入;

(b)与办公室工作人员合作,提供必要的协作,允许适当实施检查;

(c)为雇员提供解释机会,提交办公室所需的文件和信息,无论其记录在何种媒介上;

(d)确保获得所有电子形式的文件、信息和数据;

(e)根据第5款第(a)项规定,确保印章完好无损。

8. 如有合理理由怀疑与企业的活动或行为有关并可据以证明存在严重限制竞争的资料或文件位于第1款所列之外的场地或交通工具,以及现有或之前企业雇员的私人场地或私人交通工具,则办公室可根据法院许可,检查相应场地。办公室在检查开始时,应将法院同意检查的批文送达被检查人。被检查人不到场的,办公室应在检查结束后24小时内将法院同意检查的批文连同检查记录副本送交邮局。

9. 办公室应根据第8款的规定邀请决定准予检查的法院指定的保管人参加检查。

10. 根据第8款进行检查时,除封闭场所和交通工具外,应适用第4款至第7款的规定。

11. 根据办公室要求,警察局有义务向其雇员提供保护和配合,或应办公室的要求,如果参与第1款或第8款的检查,向负责执行专门法律规定的其他竞争局的人员提供保护和配合,或向委员会雇员和获得授权的人员根据专门法律履行职责的人员提供保护和配合。

第二十三条

本法的规定规范了行政诉讼程序一般立法的程序和规定，除了关于时限、交付、替代、分钟、员工或行政机构成员排除的规定，不适用于办公室的程序第二十二条第1款第(a)项至第(c)项和第二十二a条。这些规定应充分适用。

第二十四条

根据第151/2014 Coll. 号法案废除。

第五节 诉讼程序

第二十五条

1. 诉讼程序应依职权或应依诉讼一方请求启动。对于限制竞争的协议、滥用支配地位及其他违法限制竞争的协议，均应依职权启动诉讼程序。

2. 办公室可依据自然人或法人的书面申诉，依职权启动诉讼程序。根据提交书面申诉自然人或法人提交的请求，办公室应在收到请求之日起2个月内以书面形式通知其关于相关事项的其他程序。

3. 诉讼当事人应为：

(a)限制竞争协议的各方当事人；

(b)可能构成市场滥用支配地位的企业；

(c)就第九条第1款第(a)项所指的集中而言，被合并的企业；

(d)对于第九条第1款第(b)项所指的集中，直接或间接取得对企业或其部分、几家企业或其部分控制权的企业；

(e)就可能违反第三十九条规定的情况而言，国家行政机关、市、自治区域或行业自治机构；

(f)除上述第(a)项至第(e)项所规定的情形外，需要对其受法律保护的权利或本法规定的义务作出决定的企业。

4. 在通过企业间订立的合同创设商品销售或分销制度的限制竞争协议的程序中，如为达成该协议，在限制竞争协议的生产链或分销链的不同层次上运作，则办公室可将诉讼当事人的范围限定在始终作为合同当事人之一且将合同的内容或条件转给其他企业的企业。

5. 在诉讼过程中，诉讼各方须及时将与诉讼标的有关的任何变动通知办公室。

6. 办公室应指示诉讼各方当事人其诉讼程序权利和义务,使其在诉讼中不会因缺乏法律知识而受到任何损害;诉讼一方当事人有律师代理的,办公室无须如此。

第二十六条　合并程序和另案处理

1. 为提高诉讼效率,办公室可将已经启动相互关联诉讼的或涉及同一当事人的诉讼程序进行合并。

2. 合并诉讼程序的,办公室应在之前开始的诉讼程序的期限内作出决定。

3. 如果某一事项不适合合并程序或合并的理由不复存在,则办公室可将该事项另案处理。

4. 对于合并及对另案处理的决定,不得上诉。

第二十七条　第三方

1. 本法所称第三方是指除诉讼一方以外的自然人或法人,尤其是诉讼一方的消费者、供应商、采购人或竞争对手。

2. 如第三方对诉讼程序提出书面请求发表意见,办公室应在适当范围内告知其程序相关事宜,并为此指定一个特定日期。

3. 如第三方书面要求参加口头审理,并有意向参与口头审理,办公室可为其参加口头审理并发表意见。

第二十八条

根据第151/2014 Coll. 号法案废除。

第二十九条　关于送达的特别规定

1. 当诉讼各方或其代理人的住所、注册办事处、获得授权接收文件的人员发生变更或对有效送达文件很重要的任何其他类似事实发生时,应及时通知办公室,不得无故迟延。

2. 如接收人不在送达地点,而办公室将有关文件按办公室得知的最后一个地址送达,则即使经邮寄退回无法送达,该文件仍应视为已送达。该地址为法人的注册地、自然人的营业场所、固定或者临时居住地。文件退回办公室的日期视为送达日期。

3. 如向诉讼一方当事人交付文件存在困难或延误,或该程序一方当事人在国外,办公室可命令该方当事人指定1名接收文件的代理人,该代理人可毫无困难或延误地将文件送达该代理人。如该方当事人未能提交,则应将拟提供给该当事人的文件保存于办公室，视为实际送达；办公室应将有关情况通知该诉讼一方当事人。

4. 如多位当事人提交启动程序的联合建议，则办公室可为其指定 1 名联合代表进行送达，除非自己指定代理人。

5. 如关于电子送达的专门法律的规定不适用，办公室的文件也可以电子方式送达，但诉讼一方当事人或其代理人应提出请求并将以电子形式送达文件的地址告知办公室。文件发送之日起第 3 日，即使收件人未收到文件且未确认已送达，亦应视为已送达。

6. 根据第 5 款交付，应排除在发起诉讼程序，传票给口头听证会，在发布决定和交付决定之前发表的公告。

第三十条 发布决定的时限

办公室应在诉讼程序提起之日起 6 个月内发布决定。情况复杂的，办公室主任可在期限届满前，将决定的期限多次延长，但延长的期限最长不得超过 24 个月。如办公室不能在 6 个月内发布决定，则必须书面通知诉讼当事人，并说明理由。根据第十一条第 1 款或第 2 款发布决定的，不在此期限内。

第三十一条

1. 办公室还可发布中止程序的决定，但有关行政诉讼法律确定的事项除外。

(a) 如另一国家的竞争局已在违反专门法律规定方面处理过的相同事项；

(b) 在集中情况下，根据专门法律确定由谁处理该事项为止。

2. 中止诉讼程序，除根据第三十八条第 3 款自违反行为发生之日起算的期限外，本法规定的期限无效。

第三十二条 诉讼程序的终止

1. 在下列情况下，办公室可通过发布终止程序：

(a) 诉讼一方当事人死亡或已宣告失踪，且无继任人；

(b) 申请人未遵守办公室关于在规定期限内纠正缺陷的请求，且办公室指示申请人的结果不遵守办公室要求弥补提交的缺陷；

(c) 其他国家的竞争局已在处理同一事项。

2. 在下列情况下，办公室应作出终止诉讼程序的裁定：

(a) 诉讼的唯一一方当事人死亡或已不存在，且无继任人；

(b)诉讼当事人撤回请求;

(c)未提供的法律程序启动的理由或已不复存在;

(d)在提起的诉讼程序中确认该诉讼唯一当事人的自然人或法人并非该诉讼的一方当事人;

(e)办公室已在处理或已就同一事项作出决定;

(f)涉及限制竞争,仅在外国市场上造成明显影响,但《斯洛伐克共和国法律汇编》中载明的具有约束力的国际条约另有规定的除外;

(g)在诉讼过程中没有证据证明诉讼一方当事人有违反本法规定的行为;

(h)在被诉过程中发现其在境外发生的行为或者其他行为不会对境内市场竞争造成限制;

(i)委员会已经根据专门法律处理同一事项或就同一事项作出决定;

(j)委员会已在处理同一集中案件或已就同一集中案件作出决定。

3. 办公室还可根据第 1 款和第 2 款规定终止部分诉讼程序。

4. 根据第 2 款第(a)项和第(b)项终止程序的决定应在卷宗中说明。

第三十三条　发布决定前的说明

在发布最终决定之前,办公室须请诉讼程序各方以口头或书面形式对该决定的内容和方法发表意见或对该决定提出修正意见,并向各方通报办公室根据可用信息和文件得出的调查结果。

第三十四条　上诉

1. 对一审程序中作出的判决,可在裁决书送达之日起 15 日内提起上诉。

2. 第二十二条、第二十二 a 条、第二十五条第 3 款至第 6 款、第二十七条至第三十三条、第四十条和第四十一条的规定相应地适用于上诉程序。

3. 对于根据第三十二条第 2 款第(a)项、第(b)项、第(i)项和第(j)项发布的终止程序的决定,不得提起上诉。

第三十五条

1. 裁决作出后,才可对在一审作出裁决的机关放弃上诉权。

2. 对上诉未作出判决的,可撤回上诉。当事人撤回上诉的,不得再次提起上诉。

3. 如果诉讼一方放弃上诉权或者撤回上诉,裁决自向一审作出裁决的机关送达放弃或撤回上诉的决定之日起生效。

第三十五 a 条

第二十五条第3款至第6款以及第二十七条至第三十三条的规定相应地适用于诉讼程序的重启和对上诉程序以外决定的复议。第二十五条第3款至第6款、第二十七条至第二十九条、第三十一条至第三十三条、第四十条、第四十一条的规定适用于检察人员提出抗诉的程序。

第三十六条　执行决定

在不迟于履行规定义务期限届满后5年内命令执行该决定。

第三十七条

1. 除非本法另有规定，否则，在办公室提起的诉讼应依照普通行政诉讼法律进行。

2. 行政事业性收费按办公室有关规定办理。

第六节　行政违法责任

第三十八条　罚款

1. 对于：

(a)违反限制竞争协议禁止规定的；

(b)违反禁止滥用支配地位规定的；

(c)行使集中权利义务前未申报的；

(d)违反禁止行使集中所产生的权利和义务的，但办公室根据第十条第14款给予豁免的情况除外；或者

(e)不遵守办公室的决定的。

除第三十八d条另有规定外，办公室在上一财务年度根据第三条第5款对企业处罚的罚款不超过其营业额的10%。

2. 违反第三十九条禁止规定的，办公室将对市、自治区或行业自治组织处以最高66000欧元的罚款。

3. 在根据第1款和第2款处以罚款时，办公室应考虑违法行为的严重程度及持续时间。在评估违法行为的严重程度时，办公室应考虑违法行为的性质、可能对市场造成的影响及相关市场的规模。除上述标准外，办公室还应考虑关于罚款的其他事实，特别是多次违规、拒不配合办公室工作、违法行为领导者或发起人失职，以及在实践中不履行限制竞争协议等。

第三十八a条

1. 对于违反按规定时限向办公室提交申请文件或信息的义务,或提交的文件、信息不真实、不完整,或拒绝其审查的,办公室将采取以下措施:

(a)对于企业或者并非企业的法人,依照第三条第5款规定对其处以上一财务年度营业额1%的罚款;

(b)对并非企业的自然人处以1650欧元以下的罚款。

2. 办公室应对其场所或运输工具因违反上述义务而本应或已经接受检查的企业实施检查。

(a)第二十二a条第7款第(a)项或第(e)项在上一财务年度,依照第三条第5款规定对其处以其营业额5%以下的罚款;

(b)根据第二十二a条第7款第(b)项至第(d)项在上一财务年度,依照第三条第5款规定对其处以其营业额1%以下的罚款。

3. 办公室应对其私人场所或私人交通工具本应或已经接受检查的自然人施加违反本条所述义务的处罚。

(a)根据第二十二a条第7款第(a)项或第(e)项,最高处以80000欧元的罚款;

(b)根据第二十二a条第7款第(b)项至第(d)项,最高处以25000欧元的罚款。

第三十八b条

对于无重大理由不出席听证会、不履行第二十五条第5款或第二十九条第1款规定的义务或以其他方式干扰诉讼程序进行的,办公室可对其处以最高为3300欧元的罚款。

第三十八c条　一般罚款规定

1. 第三十八条和第三十八a条所称“上一财务年度”是指编制最近一期财务报表的财务年度。

2. 如果企业或法人在上一财务年度未依据第三条第5款规定取得营业额达330欧元或未依据第三条第5款规定取得营业额或依据第三条第5款规定其营业额仍无法计算的,除第三十八d条另有规定外,办公室可依据第三十八条第1款及第三十八a条第1款和第2款对侵权行为对其处以最高为330000欧元的罚款。

3. 办公室可重复征收第三十八条第 1 款和第 2 款及第三十八 a 条第 1 款至第 3 款所述的罚款，但对针对违反第二十二 a 条第 7 款第(e)项所述罚款除外。

4. 自提起诉讼之日起 4 年内最迟不超过违反本法规定、违反专门法律规定、未满足条件或违反其决定所规定的义务或承诺之日起 8 年内，办公室可依据第三十八条第 1 款和第 2 款、第三十八 a 条和第三十八 b 条规定处以罚款。

5. 罚款应纳入国家收入中。

第三十八 d 条　宽大处理

1. 基于第四条第 1 款或专门法律规定所指的限制竞争协议一方当事人提起的申请（各方当事人在同一生产链或分销链上运营），如果该方是第一个主动提交下列材料的，办公室不对该协议当事人处以罚款：

(a) 确凿的违法证据，或作为第一个申请保留排名的当事人，在办公室设定的时限内提交证据且满足参加宽大处理条件的；

(b) 对于根据第二十二 a 条规定实施检查具有决定性的信息和证据，该信息和证据应能获得证明违法行为的确凿证据，或作为第一个申请地点保留的当事人，在办公室要求的期限内提交该信息和证据且符合参加宽大处理条件的。

2. 基于第四条第 1 款或专门法律规定所指的限制竞争协议一方当事人提起的申请（各方当事人在同一生产链或分销链上运营），如果该协议当事人结合可获得的信息和证据主动向办公室提供证明具有重要证明力的证据以及办公室已处置的证据，使办公室能够证明违反第四条第 1 款或专门法律所指的禁止性行为的证据，且该协议当事人满足参加宽大处理的条件，办公室可按第三十八条第 1 款规定减免不超过 50% 的罚款。

3. 基于第 1 款申请参加宽大处理计划的条件是，申请人

(a) 最迟在第 1 款第(a)项或第(b)项提供证据之时终止了参与限制竞争协议，但如对保持检查的公正性有必要，经办公室批准而参与限制竞争协议的除外；

(b) 未强迫其他企业参与限制竞争协议；

(c) 向办公室提供了申请人掌握的所有证据，并在整个调查和诉讼过程中与办公室进行了有效合作；

(d) 未将提交的申请及其内容通知协议其他当事人。

4. 基于第 2 款申请参加宽大处理的条件是，申请人

(a) 最迟在第 2 款提供证据时终止了参与限制竞争协议，但如对保持检查

的公正性有必要,经办公室批准而参与限制竞争协议的情况除外;

(b)向办公室提供了申请人掌握的所有证据,并在整个调查和诉讼过程中与办公室进行了有效合作;

(c)未就提交申请书及其内容告知协议其他当事人。

5. 办公室自申请提交之日起,根据第 3 款和第 4 款对参与宽大处理的条件的满足情况进行监督,直至就该事项作出最终决定为止。

6. 如果属于同一经济集团的、提交联合申请所有申请人都满足条件,则这些申请人根据第 3 款和第 4 款规定参与宽大处理的条件视为得到满足。为确定申请人是否属于同一经济集团,办公室根据第九条第 4 款审查直接控制或间接控制关系。

7. 申请人提交适用宽大处理的申请、保留排名的申请及其详细信息、参加宽大处理的条件以及办公室申请适用处理计划后的程序由办公室根据其公布的规章确定。

第三十八 e 条　结算

如已查明的事实足以证明违反本法或专门法律的结论,除根据第三十八 a 条和第三十八 b 条对违法行为处以罚款的情形外,办公室可依职权或根据诉讼一方当事人的请求进行和解,以减少程序或实施市场上迅速有效的补救措施。如诉讼一方当事人与办公室就和解结论达成一致,且诉讼程序一方承认其参与该违法行为并对其参与行为承担责任,办公室应减少第三十八条第 1 款和第 2 款对其处以的罚款。

有关减免罚款的具体条件、商议和解的过程以及减免罚款的数额由办公室公布的规章规定。

第三十八 f 条　承诺

1. 办公室可就违反禁止限制竞争协议、禁止滥用支配地位行为或关于其他形式非法限制竞争行为的决定要求诉讼一方当事人履行其向办公室提交的承诺终止诉讼程序,以消除可能出现的竞争问题。办公室可在一定期限内发布该决定。无决定发布的法定主张。

2. 在根据第三十三条作出决定之前,诉讼一方当事人可在不迟于答辩期限届满前提交承诺,办公室对以后提交的承诺不予考虑。该办公室可以通过直接陈述自然人和法人,出版或以其他形式来检验提交的承诺。

3. 办公室可在下列情况下自行修改或撤销第 1 款所述的决议：

(a)对决定发布后发生重大变化的决定具有决定性影响；

(b)诉讼一方当事人不遵守办公室决议；或

(c)诉讼一方当事人提供的、对作出决议起决定作用的信息不完整或虚假。

4. 根据第 1 款提交的建议还可包括，在由诉讼一方当事人承担费用的情况下委任他人发布；第十二条第 8 款的规定的内容。

第三十八 g 条　对限制竞争协议提供证据的奖励

1. 举报人是指下列自然人：

(a)不承担本法规定义务的；

(b)根据本法第三十八 d 条规定申请不予征收或减少征收罚款之人员，在其依本项规定提交证据前提出申请的；

(c)第一个向办公室提供第四条第 1 款或根据专门法律规定的限制竞争协议的信息且协议各当事人在生产链或分销链的同一层次上经营，即：

①书面或电子的确凿证据；

②对实施第二十二 a 条规定检查具有决定性、应能获取证明违法行为的确凿证据。

2. 如果举报人提出要求，并按本条第 1 款第(c)项①或②的规定提供的证据对违反行为决定的作出具有决定性，办公室的决定生效和可执行且罚款已经缴纳的，举报人可获得奖励。如裁决须经法院复核，则举报人只有在法院最终驳回对该决定合法性进行审查的诉讼，且主管机关在该决定中所处罚款缴纳后，举报人才有权获得奖励。

3. 对举报人提供的奖励为办公室决定限制竞争协议各方当事人处以罚款总额的 1%，但最高不超过 10 万欧元；如法院更改办公室处罚金额，则更改后的罚款数额作为计算奖励的依据。如果自办公室的决定可执行之日起 100 日内，或自法院关于审查办公室决定合法性的裁决被驳回之日起，或自办公室决定合法性的裁决生效之日起，或自办公室决定削减罚款之日起（以上述情况中较晚发生的日期为准）罚款仍未缴纳的，举报人有权获得的奖励的 50%，但不得超过 10000 欧元。

4. 应举报人请求，办公室应对举报人的身份提供保护。

5. 第 1 款不影响第三十八 d 条第 1 款的规定。

6. 本条第 1 款所述的违法信息不视为违反专门法律或合同所规定的保密义务。

第七节　其他形式的非法竞争限制

第三十九条

行使国家行政管理职能的国家行政机关,行使自治和被移交的国家行政管理职能的市和自治地区,行使被移交的国家行政管理职能的专业自治机构不得提供明显有利于某些企业的支持或以其他方式限制竞争。

第八节　保护、获取信息和保密

第四十条

1. 除表决记录外,诉讼当事人及其代表有权查阅、记录、复印、接收档案副本或以其他方式获取档案信息。如果其他人证明其请求合法,则办公室可允许查阅档案、记录和复印件,提供档案复制件,也可向其他人提供档案中的信息。办公室提供档案复印件,以补偿、复制、获取技术介质及其运输相关的材料成本。

2. 办公室有义务采取相应措施,保证第 1 款规定的程序不会导致泄露机密信息、银行秘密、税务秘密、商业秘密、通信秘密、邮政秘密或不违反《公司法》规定作出的保密义务。

3. 在发布决定之前,档案中包含第三十八 d 条规定的不予罚款或减少罚款的申请部分,以及诉讼阶段已向办公室提供并保存在案卷外的其他文件和信息均不准查阅。决定发出前的陈述书作为案卷的一部分。

4. 办公室有义务通知自然人和法人对其认为需要遵守商业秘密或其他机密信息向办公室提交信息或文件。

5. 本法所称保密信息是指既不是商业秘密,也不是受专门法律保护的信息,仅为特定人群的信息且披露该信息会严重损害信息提供者或其他人受法律保护的利益,包括申请人就宽大处理提交的请求(如果提供该信息会危及第三十八 d 条规定的程序)。

6. 办公室可要求自然人和法人提供将信息和文件标记为商业秘密或机密信息的书面理由,并向办公室提供信息和文件的其他措辞,包括对受保护信息的描述以及不包含商业秘密或机密信息的文件。对于根据第十条第 7 款或根据

第十条第10款进行的集中申报，诉讼一方当事人有义务提供将信息和文件标明为商业秘密或机密信息的书面理由，并提供不包含商业秘密和机密信息的单独的申报书，其中包括受保护信息和文件的描述。

7. 尽管有第6款所述的正当理由，但如果办公室认为所提交的信息和文件不构成商业秘密或机密信息，则应书面通知自然人或法人。

8. 办公室应保护构成商业秘密或机密信息的信息和文件。该办公室应当仅对诉讼方面考虑到有关缔约国利益的案件，并且在诉讼程序中的律师的利益而不可避免受到侵害，且根据第6款提交的信息和文件是不够的。应允许查阅信息。

9. 办公室应允许根据第8款第二句向诉讼一方当事人提供属于商业秘密或机密信息的信息和文件，且仅在获得该信息提供者的书面同意的情况下才允许查阅该等信息和文件。如信息提供者不同意查阅，该信息仅能提供给诉讼一方当事人的代表。作为诉讼一方的企业的雇员不得担任另一方当事人的代表。

10. 就第8款和第9款规定的程序而言，办公室应事先指示诉讼一方当事人或其代表对其所获悉的事实承担保密义务；办公室应按指示做记录，诉讼当事人或其代表应在记录上签字。代表的保密义务适用于其所代表的诉讼当事人及其他人。

11. 该办公室有义务披露办事处的最终决定，以及事项的性质。就本法规定涉及的诉讼程序启动的通知。出于根据本段的披露目的，应从决定中排除构成商业秘密，机密信息数据。

12. 就根据第11款披露集中申报而言，办公室应始终向集中各方披露根据第九条第1款集中的性质及确定集中的行业。

13. 如在商业公报和办公室官方网站上披露，则应视为已履行第11款规定的披露义务。

第四十一条

1. 办公室只能为根据本法或专门法律履行职责而使用其获得的信息或文件。

2. 除非第3款另有规定，办公室工作人员和委员会成员须对其在根据《公司法》第二十二条履行办公室职责时所获悉的事实保密。保密义务即使在终止雇佣关系或委员会成员职务终止后仍持续存在。

3. 办公室工作人员将承担保密义务的信息提供给下列机构的,不被视为违反保密义务:

(a)为民事诉讼和刑事诉讼程序设立的法院;

(b)刑事诉讼涉及的机关;

(c)为履行专门法律指定职责而设立的刑事警察局、金融警察局;

(d)根据特别法规设立的检察官办公室;

(e)根据斯洛伐克共和国受约束的国际条约和专门法律第 18 条第(a)项规定或经信息提供者或信息涉及人员同意而设立的其他竞争局。

第九节　与非法竞争限制有关的民事诉讼

第四十二条

在涉及竞争的协议造成的危害的情况下,根据第三十八条第 1 款提供符合参与条件的竞争的缔约方,如果限制竞争的缔约方根据第三十八条第 1 款,履行宽大处理符合参与条件的协议缔约方被排除在履行赔偿的义务之外。如果损害无法通过其他参与者通过相同协议限制竞争,则根据第三十八条第 1 款履行宽大处理条件的竞争方的缔约国仅对自己直接或其直接造成的损害赔偿间接客户或供应商进行处理。

第十节　共同、过渡条款和最终条款

第四十三条

根据第 151/2014 Coll. 号法案废除。

第四十四条

1. 本法生效前产生的法律关系应根据之前的法律进行调整。

2. 在本法生效日期之前向该办公室提起的诉讼程序应根据之前的法律完成。

3. 根据本法任命的第一任办公室主任应在其被任命后 1 个月内向斯洛伐克共和国政府提出关于理事职位候选人的提议。斯洛伐克共和国政府应在候选人名单提交之日起 1 个月内任命第一届理事。

4. 第一届理事会的 3 名成员任期为 4 年,另 2 名成员的任期为 3 年。

5. 本法生效日期之前开始的期限应依据之前的法律计算,直至该期限期满为止。

6. 如果本法规定对企业更为有利，则适用本法生效之前受的罚款。

7. 本法生效之前已向斯洛伐克共和国最高法院提起诉讼，请求审查办公室作出的决定合法性，应根据之前的法律进行。

8. 对于本法生效后根据上诉、诉讼程序重启、检察官抗诉或对上诉程序以外决定进行的复议，以及对第一审决定所作决定的复议，办公室主任应基于特别委员会的建议，根据本法作出决定，直至所有理事被任命为止。

第四十四 a 条　加入《欧盟条约》生效之日起的过渡条款

1. 本法规定适用于《斯洛伐克共和国加入欧盟条约》生效日期前发生的法律关系。这些法律关系的确立，应由之前的法律进行调整。

2. 除本法另有规定外，在本法生效日期之前已经启动的办公室程序应按本法规定完成。

3. 本法生效日期之前根据第四条或第八条对企业的活动和行为进行评估的诉讼程序，在根据专门法律规定对程序中的相同活动和行为进行判断时，也应保持不变。

4. 办公室根据之前的法律作出的对企业禁止限制竞争协议的豁免规定，在期限届满前继续有效。如果认定已给予豁免的限制竞争协议与专门法律相抵触，或者确定发布该决定的条件发生实质性变化，该办公室应依职权撤销该决定。

5. 企业必须在本法生效之日起 6 个月内根据第六条第 4 款确保其遵守专门法律第 5 条第(a)项的限制竞争协议。

6. 办公室应就在本法生效之日前已启动诉讼程序的终止作出决定，其中要求办公室发布关于禁止限制竞争协议不适用于该决定中规定期限内的限制竞争协议以及在本法生效日期之前提起的诉讼程序。在本法中，办公室应发布关于相关活动和行为是否构成限制竞争协议的决定。如果根据第十条第 1 款规定的集中不受办公室控制，则办公室应发布关于在本法生效日期之前终止关于集中诉讼程序的决定，如果根据第六条第 1 款作出的禁止不适用于限制竞争协议，则发布可能违反第四条规定的诉讼程序。

7. 第十条第 1 款规定在本法生效日期前已经启动的由办公室进行的集中评估简易程序应根据之前的法律完成。

8. 如果办公室在本法生效日期前作出批准附条件禁止集中的最终决定,而企业在本法生效之日后仍未符合该条件,则办公室应依本法规定处理。

9. 如果办公室在本法生效日期前作出禁止集中的最终决定,在本法生效后违反禁止集中产生的权利和义务,办公室应依本法规定处理。

10. 如果办公室根据第十二条第6款或第7款作出禁止实施集中的最终决定,则本法生效之日前发生的违反禁止行使集中设立所产生的权利义务的行为,适用之前的法律规定。

11. 本法生效日期前开始的期限应依之前的法律规定计算,直至期满为止。

12. 对于本法生效日期前发生的违反之前法律规定所处的罚款,应依之前的法律规定处理。

第四十四b条

2009年6月1日起施行过渡性规定。

1. 2009年5月31日前发生的法律关系,适用之前的法律规定。

2. 本法生效日期前已经向办公室提起的程序,适用之前的法律规定。

3. 违反之前法律规定,罚款处罚方式对企业更为有利的,适用本法规定。

第四十四c条　2012年1月1日起施行的有关过渡规定

1. 2011年12月31日前发生的法律关系,适用之前的法律性。

2. 对于在办公室提起诉讼程序,于2011年12月31日前已经启动但尚未结案的,应依照2012年1月1日前生效的法律规定完成,但对罚款决定的执行程序,于2011年12月31日前已经启动且尚未结案的程序除外,该程序应终止。

3. 对于根据本法第十条第1款规定集中不属于反垄断机构管辖范围的,办公室应终止2012年1月1日前启动的集中程序。

第四十四d条　2014年7月1日起施行的有关规定的过渡规定

1. 2014年6月30日前发生的法律关系,适用之前的法律关系。

2. 2014年7月1日起施行的本法规定,与2014年6月30日前生效的法律规定相比,其罚款更有利于企业的,则适用本法规定。

3. 2014年6月30日前已经启动但尚未结案,应适用2014年7月1日起生效的本法,但集中相关程序应适用2014年6月30日前生效的法律。

4. 办公室主任应在2014年8月1日前向斯洛伐克共和国政府提出关于新的理事职位候选人的建议。新任命的理事应在被任命的次月的第一天就职。

5. 理事会应从其成员中选出一名理事会副主席，任期至 2014 年 10 月 15 日止。

第四十五条

根据第 240/1998 Coll. 号法案和第 121/2000 Coll. 号法案修正的关于竞争保护的斯洛伐克共和国民族委员会第 188/1994 Coll. 号法案。

第四十六条

1. 根据第 402/2011 Coll. 号法案和第 32/2014 Coll. 号法案修正的反垄断办公室令第 204/2009 Coll. 规定，给出了集中申报的详细规定。

2. 根据第 403/2011 Coll. 号法案修正的反垄断办公室令第 269/2004 Coll. 号规定，给出了阈值计算的详细规定。

第二章

对根据第 36/1967 Coll. 号法案、第 158/1969 Coll. 号法案、第 49/1973 Coll. 号法案、第 20/1975 Coll. 号法案、第 133/1982 Coll. 号法案、第 180/1990 Coll. 号法案、第 328/1991 Coll. 号法案、第 519/1991 Coll. 号法案、第 263/1992 Coll. 号法案、第 46/1994 Coll. 号法案、第 190/1995 Coll. 号法案、第 232/1995 Coll. 号法案、第 233/1995 Coll. 号法案、第 22/1996 Coll. 号法案、第 58/1996 Coll. 号法案、第 281/1996 Coll. 号法案、第 211/1997 Coll. 号法案、第 359/1997 Coll. 号法案、第 124/1998 Coll. 号法案、第 144/1998 Coll. 号法案、第 169/1998 Coll. 号法案、第 187/1998 Coll. 号法案、第 225/1998 Coll. 号法案、第 233/1998 Coll. 号法案、第 235/1998 Coll. 号法案、第 318/1998 Coll. 号法案、第 331/1998 Coll. 号法案、第 46/1999 Coll. 号法案、第 66/1999 Coll. 号法案、第 166/1999 Coll. 号法案、第 185/1999 Coll. 号法案、第 223/1999 Coll. 号法案、第 303/2001 Coll. 号法案、第 501/2001 Coll. 号法案、第 215/2002 Coll. 号法案、第 232/2002 Coll. 号法案、第 424/2002 Coll. 号法案、第 451/2002 Coll. 号法案、第 480/2002 Coll. 号法案、第 620/2002 Coll. 号法案、第 75/2003 Coll. 号法案、第 353/2003 Coll. 号法案、第 530/2003 Coll. 号法案、第 589/2003 Coll. 号法案、第 520/2002 Coll. 号法案、第 75/2003 Coll. 号法案、第 204/2004 Coll. 号法案、第 371/2004 Coll. 号法案、第 382/2004 Coll. 号法案、第 420/2004 Coll. 号法案、第 428/2004 Coll. 号法案、第 613/2004 Coll. 号法案、第 757/2004 Coll. 号法案、第 36/2005 Coll. 号法案、第

290/2005 Coll. 号法案、第 341/2005 Coll. 号法案、第 24/2007 Coll. 号法案、第 84/2007 Coll. 号法案、第 273/2007 Coll. 号法案、第 335/2007 Coll. 号法案、第 643/2007 Coll. 号法案、第 384/2008 Coll. 号法案、第 484/2008 Coll. 号法案、第 491/2008 Coll. 号法案、第 487/2009 Coll. 号法案、第 495/2009 Coll. 号法案、第 575/2009 Coll. 号法案、第 151/2010 Coll. 号法案、第 183/2011 Coll. 号法案、第 332/2011 Coll. 号法案、第 484/2008 Coll. 号法案、第 484/2008 Coll. 号法案、第 491/2008 Coll. 号法案、第 487/2009 Coll. 号法案、第 495/2009 Coll. 号法案、第 575/2009 Coll. 号法案、第 151/2010 Coll. 号法案、第 183/2011 Coll. 号法案、第 332/2011 Coll. 号法案、第 348/2011 Coll. 号法案、第 388/2011 Z. Z. 号法案、第 335/2012 Coll. 号法案、第 64/2013 Coll. 号法案、第 75/2013 Coll. 号法案、第 180/2013 Coll. 号法案、第 106/2014 Coll. 号法案修正的第 99/1963 号《民事诉讼法典》修正如下：

在第七十八 a 条最后一句中，“建议”应放在“委员会实施检查”之后，并省略“或反垄断办公室进行检查”。

第三章

对根据第 397/2008 Coll. 号法案、第 318/2009 Coll. 号法案、第 575/2009 Coll. 号法案、第 508/2010 Coll. 号法案、第 301/2012 Coll. 号法案、第 132/2013 Coll. 号法案、第 437/2013 Coll. 号法案、第 102/2014 Coll. 号法案、第 106/2014 Coll. 号法案修正的关于消费者保护及关于对涉及违法的斯洛伐克共和国民族委员会第 372/1990 Coll. 号法案进行更改的第 250/2007 Coll. 号法案修正如下：

第二十四条

第 8 段原文如下：

“(8)反复妨碍、歪曲或妨碍第 3 款规定的履行监视义务的行为被视为严重违反义务。”

脚注 28a 如下：

“(28a)例如：关于贸易许可第 455/1991 Coll. 号法案修正案第 58 条。”

第四章

关于基于卖方的远程合同或卖方经营场所外订立的合同保护销售或服务

相关消费者及关于某些法律的修正和补充发的第 102/2014 Coll. 号法案修正如下：

第十四条中的“第一条至第三条”应替换为“第一条，第二条第 2 款至第 8 款，第三条”，“和第三十六条”之后应以逗号取代“和”，并在其末尾添加“和第二条第 1 点，自 2015 年 4 月 1 日起生效”。

第五章

斯洛伐克共和国全国委员会主席被授权在《斯洛伐克共和国法律汇编》中公布斯洛伐克共和国民族委员会根据第 465/2002 Coll. 号法案、第 204/2004 Coll. 号法案、第 68/2005 Coll. 号法案、第 165/2009 Coll. 号法案以及第 387/2011 Coll. 号法案变更和补充修正的与竞争保护及对斯洛伐克民族委员会关于国家行政管理部门的中央机构组织的第 347/1990 Coll. 号法案修正案进行修正和补充的法案。

第六章

本法于 2014 年 7 月 1 日生效，但第三条（于 2014 年 6 月 14 日生效）及第四条（于 2014 年 6 月 12 日生效）除外。

斯洛文尼亚防止限制竞争法

第一编　总则

第一条　本法内容

1. 限制性行为、企业集中、不正当竞争以及防止严重限制有效竞争的限制性做法和集中的措施在斯洛文尼亚共和国境内造成或可能造成影响的,本法对其进行规制。

2. 本法规定了负责竞争保护的机构及其职能和程序。

第二条　实施欧洲理事会条例

本法规定了关于实施《条例》第八十一条和第八十二条规定的竞争规则、实施于 2002 年 12 月 16 日颁布的理事会条例(EC)第 1/2003 号(OJ L 1, 4. 1. 2003, p. 1, 以下简称条例 1/2003/EC) 和于 2004 年 1 月 20 日颁布的关于控制企业集中的第 139/2004 号条例(OJ L 24, 29. 1. 2004, p. 1, 以下简称条例 139/2004/EC)的程序和权限。

第三条　术语定义

在本法中,下列术语的含义如下:

1. "企业"是指从事经济活动的任何实体,无论其法律形式、组织形式或所有权状态如何,亦指虽未直接从事经济活动,但会影响或可能会影响所述企业市场行为的一类企业。

2. "经济行为"是指为了金钱而在市场上开展的任何活动。

3. "母公司"是指直接或间接实施下列活动的企业:

持有另一企业大部分资本或业务份额;

持有另一企业大部分表决权;

有权任免另一企业管理机构或监事会的多数成员;或者

有权依照业务合同或其他法律安排管理另一企业的事务;

4.“子公司”是指在另一企业拥有权利的任何企业。

5.“集团公司”是指下列企业：

参与安排或集中的企业；

其子公司；

其母公司；

前项所述子公司；和

前项所述一家或多家企业共同或与另外一家或多家企业共同享有本条第3款所述权利或权力的企业。

6.“相关市场”是指由相关产品/服务市场和相关地域市场界定的市场。

7.“相关商品/服务市场”是指通常消费者或用户基于其特征、价格或预期用途认为具有可互换或可替代的一切产品或服务的市场。

8.“相关区域市场”是指通常涵盖竞争者在相关产品/服务市场上进行产品或服务买卖的竞争区域和竞争条件足够相同但因竞争条件明显不同而不同于邻近区域的市场。

9.“参与集中的企业”是指进行合并的企业、控制其他企业、被收购的企业及合资的企业。

10.“年销售额”是指企业在一个营业年度内正常销售产品或提供服务的净销售额。

11.“参与集中的企业与同一集团中其他企业的年营业额”是指参与集中的企业与同一集团中其他企业一起创下的年营业额，不包括在集团内企业之间销售产品、提供服务所创造的净收入。若通过取得一家或多家企业的一部分控制权实现集中，不管这部分是否具备法人资格，就卖方而言，仅考虑与参与集中的部分有关的营业额。同一企业在2年内进行的符合两笔或多笔交易应视为一笔且为最后一笔交易日实现。如果集团公司与第三家企业一起享有本条第3款所述权利，则应在参与集中的企业中均分企业集中创下的营业额。

12.“在斯洛文尼亚共和国市场上创下的年营业额”是指在斯洛文尼亚共和国境内销售产品、提供服务创下的净收入。

13.“信贷机构及金融机构的年营业额”包括股票收入、信贷收入及应收账款收入。在本法中，“信贷机构”和“金融机构”在与适用银行的法律中的含义一样。

14.“信贷机构的年营业额”是指承保保费总额,包括所有依保险合同已收或应收金额(包括所支付的再保险费),不计与保费有关的税费或出资。

15.“信息”是指一切信息,包括保密信息,不考虑其记录或存储媒介。

16.“保密信息”是指商业秘密、有关企业经济活动的业务通信、个人信息以及本法或其他条例规定符合特别保护安排和特别获取条件约束的其他信息。保密信息不包括可公开获取的信息。

17.“商业秘密”是指其披露会造成重大损失且为一定数量的人士知悉的信息。

18.“集体豁免”是指符合本法第六条第3款或《欧洲共同体条约》第八十一条第3款所述标准的各类协议。

19.“限制性行为”包括限制性协议和任何滥用支配地位的行为。

第四条　适用范围

1. 本法适用于企业。

2. 根据第1/2003/EC号条例,本法还适用于违反《欧洲共同体条约》(斯洛文尼亚共和国第7/04号官方公报,以下简称《欧共体条约》)第八十一条和第八十二条规定的情况。

3. 本法不得对雇主和雇员之间的关系造成任何影响。

第五条　斯洛文尼亚共和国竞争保护办公室

本法规定的任务由斯洛文尼亚共和国竞争保护办公室(以下简称办公室)执行。

第二编　限制性行为

第六条　禁止限制性协议

1. 以防止、限制或扭曲斯洛文尼亚共和国境内竞争为目的或结果的企业之间的协议、企业集团作出的决定以及企业的一致行动(以下简称协议)应被禁止并视为无效。

2. 尤其要禁止下列情况:

直接或间接地确定买价或卖价或其他交易条件;

限制或控制生产、销售、技术进步或投资;

在与其他交易方的相同交易中采用不同的条件,使其处于不利的竞争地位；

签订合同，以承担按性质或商业惯例与其合同标的无关联的补充协议的其他当事人接受为准；

共享市场或货源。

3. 本条第1款不适用于有助于提高商品产量、销量或促进技术和经济进步的协议，但允许消费者公平享有所产生的利益。这些协议不得对相关企业施加对实现这些目标并非必要的限制条件，且允许企业就作为协议标的的大部分商品或者服务排除竞争。

4. 援引前款规定的企业应举证证明已满足前款所列条件。

第七条　次要的限制条件

1. 前条第1款不适用于次要协议。

2. "次要协议"是指企业与集团内其他企业一起在斯洛文尼亚共和国境内任何相关市场上的总市场份额不超过以下比例的企业之间达成的协议：

生产水平或者交易水平相同的企业为10%（横向协议）；

生产水平或者交易水平不同的企业为15%（纵向协议）；

若是横纵向混合协议，或者难以确定协议是横向协议还是纵向协议为10%。

3. 若相关市场上的竞争受到其他企业之间达成的平行或类似协议累积效应的限制，前款所述市场份额门槛应降低5%。

4. 即使未达到本条第2款及第3款所述的门槛，本条第1款不得适用于：

（1）以下列事项作为其目标的横向协议：

定价；

限制生产或销售；或

分享市场或货源；

（2）以下列事项作为其目标的纵向协议：

确定零售价格；或

对参与的企业或者第三方提供地域保护。

第八条　集体豁免

1. 对于符合本法第六条第3款所述条件的多组协议，应适用欧洲委员会或欧盟理事会条例及其修订条款，即使无迹象表明对欧盟成员国之间的贸易有影响。

2. 斯洛文尼亚共和国政府(以下简称政府)可以通过立法明确指定符合本法第六条第3款所述的其他种类的协议。

3. 如果办公室发现某个协议的部分效果与本法第六条第3款或《欧共体条约》第八十一条第3款的规定不符,可撤销集体豁免。

第九条　禁止滥用市场支配地位

1. 禁止一家或者多家企业在斯洛文尼亚共和国境内滥用市场上或大部分市场上的支配地位。

2. 当一家企业或多家企业在很大程度上明显独立于竞争者、客户或消费者行事时,应被视为具有支配地位。

3. 在确定支配地位时,办公室要特别考虑市场份额、金融期权、法律或实际准入壁垒、接触供应商或进入市场,以及现有或潜在的竞争。

4. 滥用市场支配地位,存在于:

直接或者间接设定不公平的买卖价格或者其他不公平的交易条件;

限制生产、市场或者技术发展,对消费者不利;

在与其他交易方的相同交易中采用不同条件,使其处于不利的竞争地位;

签订合同,以承担按性质或商业惯例与其合同标的无关联的补充协议的其他当事方接受为准。

5. 若一家企业在斯洛文尼亚共和国市场上的份额超过40%的门槛,应视为具有支配地位。

6. 若2家或2家以上企业在斯洛文尼亚共和国市场上的份额超过60%,应视为具有支配地位。

第三编　企业集中

第十条　集中的定义

1. 因出现下列情况永久变更控制权,应被视为集中:

2家或2家以上独立的企业合并或部分合并;或

已经控制至少一家企业的一个或多个自然人,或一家或多家企业通过购买证券或资产、合同或任何其他方式直接或间接控制一家或多家企业的全部或部分控制权;或

2 家或 2 家以上独立的企业设立合资企业作为一个独立的经济实体进行运作。

2. 前款所指对一家企业或其部分的控制权,应当由权利、合同或其他方式构成,在考虑所涉事实和规定的情况下,单独或共同赋予对该企业或部分企业施加决定性影响的可能性,特别是拥有或使用一家企业全部或部分资产的权利;对一家企业各机构的组成、表决或秩序造成决定性影响的权利或合同。

3. 控制权是由下列人士或企业获得的:

权利所有者或者有权享有所涉合同权利项下的人;

尽管不是该权利的所有者或有权享有该合同项下权利但有权行使合同权利的人。

4. 当其正常业务活动包括为自己或他人从事证券交易业务的银行、保险公司、储蓄机构或其他金融机构暂时持有其在一家企业的业务资产,以便出售资产时,视为没有实现集中,但前提条件是其不对这些业务资产行使表决权,以便确定该企业的竞争行为,或其行使该表决权为了处置这些业务资产做准备,且该处置不在获得这些业务资产之日起 1 年内进行。当企业可以证明在规定期限内无法进行处置时,办公室可决定延长的 1 年,且不得针对该等命令提供任何司法保护。

第十一条　集中评估

1. 禁止出现可能会严重阻碍斯洛文尼亚共和国境内大部分地区的有效竞争的集中,特别是设立或加强支配地位而出现的集中。

2. 办公室在符合消费者利益且不形成竞争障碍的前提下,应以参与集中的企业的市场地位、金融期权、市场结构、供货商和用户可用的替代物、货源供应或进入市场的途径、任何法律准入壁垒或其他准入壁垒、相关市场的供需趋势、中间消费者和最终消费者的利益以及技术和经济进步的发展状况为基础对集中进行评估。

3. 若设立符合前条第 1 款第(3)项规定的其目的或影响为协调保持独立的竞争者的竞争行为,应依本法第六条的标准对该协调进行评估。如果办公室确定未满足本法第六条第 3 款所述的条件,可作出宣告集中不符合竞争规则的决定,并应禁止该集中。

第四编　办公室

第十二条　办公室的任务及职责

1. 办公室有权控制本法和《欧共体条约》第八十一条、第八十二条实施情况的机构应监控、分析实现市场有效竞争所需的条件并采取行动,依据本法规定作出决定,并向国民大会和政府呈报常见问题的意见书。

2. 除本法另有规定外,办公室为轻罪诉讼机关,在违反本法规定及《欧共体条约》第八十一条和第八十二条规定时根据相关轻罪法作出裁决。

3. 若出现本法第六条第 1 款及第四十四条第 3 款所述的情况,办公室可向主管法院提起无效诉讼。

第十三条　组织机构

1. 办公室应独立自主地执行任务。

2. 办公室应由其主任运营。主任还应负责办公室的活动。

3. 在行政诉讼和轻罪诉讼程序中作出裁决时应组成合议庭。

4. 合议庭由主任(担任主席)和办公室 2 名工作人员组成,工作人员由主任指定。如果合议庭拟将主任排除在外,须由政府决定。

5. 经协商后,合议庭在会议上以表决方式通过决定,该决定不得公开。决定以多数票表决方式通过。

6. 合议庭应在诉讼程序前公布所依据的法案。

7. 办公室主任应在其职权范围内发布其他方案。

第十三 a 条　信息保密义务

1. 根据本法规定的配合办公室执行任务的人员、可接触到保密信息的人员应根据信息保密的规则对信息保密。根据本法规定配合办公室执行任务的人员在雇佣关系或其他关系终止后,仍应继续履行信息保密义务。

2. 根据《个人数据保护法》中对“个人数据处理”一词的定义,本条第 1 款所述人员可为执行本法规定的任务而处理和收集个人信息的人。

3. 依据本法获得的信息仅用于本法规定的目的。

第十三 b 条　信息披露

1. 办公室可根据负责人或其授权人员提出实质性书面申请,向各行政机构、其他国家机关及公共授权持有人披露其信息,申请应明确说明目的,以便履行其法定职责。

2. 根据第 1/2003/EC 号条例诉讼程序规定办公室还应将信息披露给欧洲委员会及负责保护竞争的欧盟成员国有关机关；根据对斯洛文尼亚共和国有约束力的国际条约确定的外国主管机关。

3. 办公室应向主管机关披露为实施本法目的而需要的信息。

4. 尽管存在关于获取公共信息的法律规定，办公室应拒绝个人获取有关信息来源和构成企业商业秘密的请求。

第十四条　与办公室的合作

为执行本法规定的任务，国家主管机关、地方社区机关、公共权力机关及其他有权获取决策所需信息的个人和组织，应根据办公室要求，免费向办公室提供所需信息。

第五编　办公室内部的决策程序

第一章　关于办公室诉讼程序的一般规定

第十五条　诉讼程序规定的适用

1. 办公室应根据本法规定的程序，决定其职权范围内的事项。

2. 除本法另有规定外，一般行政程序的法律规定适用于办公室的决策程序。

3. 不得对办公室发布的法令提出上诉。

第十六条　诉讼程序当事人

1. 在办公室诉讼程序中，诉讼当事人为诉讼程序针对的企业和集中申报人。

2. 提交倡议、投诉、通信或其他文件的人不得作为诉讼程序当事人。

3. 声称有权作为诉讼程序当事人维护其合法权益的人，应在办公室网站发布启动诉讼程序的决定之日起 30 日内提出诉讼请求。

4. 前款所述申请应载明对参与诉讼具有法律权益的陈述和证据。

5. 参与诉讼的申请应由办公室决定，并发布命令。当事人未能证明其法律权益的，办公室应发布命令，否认其作为参与人的资格。

第十七条　机密来源的保护

1. 应投诉来源或办事处在执行其职权时使用的其他信息来源的人的请求，

办事处必须保护此人的身份,如果披露可能对此人造成重大伤害。

2. 要求保护其身份的人在提交文件时,必须出具一份无任何遗漏可能导致披露来源的信息的文件。

第十八条　当事人查阅案卷的权利

1. 当事人有权查阅并自费誊写或复印的文件。文件查阅、誊写和复印时,应有指定官员监督或通过主管机关信息系统接受申请、传送文件,提供文件通知服务需要其中一方使用合格的电子签名证实其身份。文件的查阅和抄录请求也可以口头形式提出。

2. 如果在诉讼期间使用来自计算机记录和其他形式的电子信息记录数据,应视为案卷中的文件。

3. 在有关限制竞争做法的程序中,当事人有权在提起诉讼程序令后查阅案卷文件,除非办公室主任认定此举会损害诉讼程序。在此种情况下,办公室主任应发布命令,延迟查阅文件的权利,但延迟时间不得超过抗辩的送达日期,且不得针对此种命令提供任何司法保护。

4. 为撰写专家报告和意见,还必须授予专家证人审阅案卷的权利。

5. 各方当事人不得查阅或复制下列内容:

办公室有关案卷的内部文件,包括办公室与欧洲委员会或欧盟其他成员国竞争保护当局之间的通信;保密信息;有关机密来源的信息;会议磋商和表决记录;以及决定草案。

6. 对于前款第(2)项中提到的有关商业秘密的信息,举证责任由相关企业承担。应办公室要求,该企业应出示一份省略前款第(2)项所述数据信息的文件。

7. 如果办公室认为由于防卫权披露信息的做法可能客观上凌驾于保护诸如商业秘密等信息的权利之上,则办公室可以将构成商业秘密的信息披露给诉讼程序针对的当事人。在此情况下,办公室可暂缓其对构成商业秘密信息的审查,但不得超过抗辩的送达日期。

第十九条　对抗原则

为确保辩护权,检察官办公室作出的决定不得以已提起诉讼的承诺所针对的事实和证据为依据,也不得以通知方未得到答复的可能性为依据。

第二十条　公告送达

1. 如果在法院登记簿上登记或被登记的人无法按照登记簿指定的地址收

到通知，应通过办公室公告栏及电子政务国家门户网站上的公告送达，但送达方式通知应送至个人地址。

2. 自公告栏及电子政务国家门户网站发布公告之日起 15 日后完成公告送达。

3. 必须通知收件人前款所述公告送达的后果。

第二十一条　口头审理

在诉讼程序中，除非执行程序的官员认为需要进行口头审理以澄清或确定重要事实，否则，办公室应不经口头审理而作出决定。

第二十二条　裁决和命令

1. 裁决必须说明理由。理由陈述还应包括对所发布命令的解释，可在依据本法第五十五条第 3 款所提供的司法保护诉讼的程序提出异议。

2. 根据本法发布的命令必须说明理由，除非不允许对决定提起司法保护程序，否则，还应包括相关法律救济措施。

3. 如果裁决的程序包含任何一方当事人的保密信息，则应向其他当事人送达该裁决或命令的精简版本，确保所有此类保密信息从陈述理由中删除。

4. 应办公室要求，一方当事人应在办公室指定期限内出示一份决定或命令，证明诉讼程序结束并标明了保密数据。

5. 诉讼程序结束后有关决定执行部分的内容应在办公室网站上公布。

6. 办公室应在其网站上公布通过行政诉讼程序和轻罪诉讼程序作出的最终决定以及结束诉讼程序所依据的最终命令，但不得包含保密信息。

第二章　有关限制性措施的诉讼程序

第一分章　总则

第二十三条　依职权提起诉讼

办公室在获悉有情况表明本法第六条或第九条或《欧共体条约》第八十一条或第八十二条规定被违反时，可依职权发布关于是否提起诉讼的决定。

第二十四条　关于提起诉讼的决定

1. 关于提起诉讼的决定应包括：对提起诉讼的理由作出说明；可能已违反本法的具体决定；以及对提起诉讼理由的说明。

2. 不得对此决定给予司法保护。

3. 关于提起诉讼程序决定的摘录应在办公室网站上予以公布。

4. 决定摘录应包括:决定所适用的各当事人的名称;提起诉讼的理由以及提起程序所依据的本法规定的简要说明;以及要求相关人员向办公室发送与该决定有关的任何信息。

5. 如果需要修改诉讼程序,包括其他违规行为或承诺,则办公室应发布关于修订程序开始的决定。

以上各款及其修正规定适用于程序开始的决定。

第二十五条　单一诉讼程序

1. 对于被指称违反《欧共体条约》第八十一条或第八十二条的诉讼程序,办公室还应就被指称违反本法第六条或第九条规定的诉讼程序(单一诉讼程序)进行诉讼。

2. 如在诉讼程序中由于欧盟成员国之间的贸易没有受到影响,因而认定没有理由根据《欧共体条约》第八十一条或第八十二条提起诉讼程序,办公室应发布终止该部分诉讼程序的决定,且不得对此命令提供任何司法保护。

第二分章　对各经济部门和各类协议的调查

第二十六条　对各经济部门和各类协议的调查

1. 如果价格刚性或其他情况表明在斯洛文尼亚共和国境内可能存在限制或扭曲竞争的情况,办公室可对某一经济部门或几个部门某些类型的协议实施调查(以下简称调查)。

2. 为获取调查数据,适用本法第二十七条至第三十四条及其修订的相关法律。

3. 除保密信息外,办公室可公布查询结果报告,并请有利害关系的第三方提交意见。

4. 办公室可根据本法规定的程序使用在调查过程中获得的信息。

第三分章　调查程序

第二十七条　索取信息

1. 在监督本法或《欧共体条约》第八十一条或第八十二条规定的实施情况的过程中,办公室可在发布提起诉讼程序的裁定前,向每一企业、合伙人、管理或监督委员会成员以及该企业雇用的人员提出获取信息要求。

2. 办公室可通过特别裁定要求企业提供信息,特别裁定应包括:法律依据,请求的目的,所需信息的具体说明,提供信息的适当时限,以及关于提供不正确、不完整或误导性信息或未在规定时限内提供信息的处罚通知。不得对此裁定提供任何司法保护。

3. 企业必须提交所有文件,但没有义务承认违反本法或《欧共体条约》第八十一条或第八十二条的规定。

4. 如果办公室以裁定形式向企业发出获取信息要求,而该企业提供了不正确、不完整或误导性的信息,或未在规定时限内提供信息,则办公室可发布对该企业处以最高 50000 欧元罚款的裁定。缴纳罚款的期限不得少于 15 日,但不得超过 1 个月。

5. 在发布前款所述裁定,办公室应发布裁定,规定新的信息提交期限。不得对该裁定提供司法保护。对于继续拒绝合作的企业,办公室应依照前款规定的方式处理,直至裁定规定的罚款总和达到该企业上一营业年度营业额的 1% 为止。对于该裁定,不得提供任何司法保护。

6. 本条第 4 款、第 5 款所述的命令应可执行。税务机关应当按照规定的纳税义务执行程序执行。

7. 在一方当事人逾期答复提交信息要求时,发布决定的期限应中止。

第二十八条　检查令

1. 办公室应对已被提起诉讼的企业发出检查令。决定应当载明下列事项:检查事项及目的;开始实施检查的日期;负责检查的人员;本法第二十九条所述的权力范围;对拒绝或阻挠检查可能予以处罚的通知。

2. 检查令应在检查开始时当面送达被检查的企业。

3. 如为进行检查而无法避免,经授权可在发出检查令时送达裁决。

4. 检查令不受司法保护。

第二十九条　检查

1. 检查由办公室工作人员实施,但在不违反公共利益和各方当事人利益的情况下,专业组织、机构或个人(以下简称被授权人)也可执行一些特定的任务。

2. 被授权人可以进入并检查企业注册办公场所、土地和运输工具(以下简称场所)以及企业本身所在的或其授权的另一家企业开展可能违反本法或《欧共体条约》第八十一条或第八十二条规定的活动和业务的其他地点；

查阅企业账簿、合同、文书、业务函电、业务记录和其他与其业务有关的其他信息，无论其存储介质如何（以下简称业务账簿和其他文件）；

使用企业或办公室的复印设备和计算机设备，以任何形式取得或获取业务账簿及其他文件的副本或摘录。如果由于技术原因无法使用企业或办公室的复印设备或计算机设备进行复印，则被授权人可在他处复印时间内没收业务账簿和其他文件，但应对此作出正式记录；

在检查期间和必要的范围内，对营业场所、业务账簿和其他文件进行密封；

扣押物品、业务账簿和其他文件，扣押期限不超过20个工作日；

要求企业代表或工作人员对与检查事项和目的有关的事实或文件作出口头或书面解释，并记录在案。被授权人要求书面解释时，还应当规定提交期限；

审查确认个人身份的文件；

根据检查目的执行其他行动。

3. 如果前款第(5)项所述物品，办公室应在检查报告中注明发现物品的位置，并说明情况，出具扣押证明。

4. 企业必须允许被授权人进入营业场所、查阅业务账簿和其他文件。被授权人也可违背企业意愿进行检查。

5. 检查时间一般为6:00至22:00。被授权人实施检查时，必须尽最大限度减少对企业经营活动的干扰。

6. 如在搜查房屋或采用任何其他方法期间，于刑事程序或其他程序中查获与办公室根据本法作出决定相关的业务账簿或其他文件，办公室可向法院或其他机关获取该文件的副本，但违反刑事程序或其他程序的除外。

第三十条　实施检查

1. 办公室聘用人员在进行检查时，应出示正式身份证证明其有权实施检查；专门组织、机构或个人应出示办公室主任书面授权书，授权书应明确授权范围。

2. 正式身份证由经济部部长签发。

3. 正式身份证的一般格式和发放程序由经济部部长规定。

第三十一条　妨碍检查

1. 如果企业拒绝或干扰被授权人进入营业场所，或拒绝其查阅业务账簿或其他文件，妨碍或以其他方式干扰检查，或在合理预期的情况下，被授权人有权在警察的协助下违背企业意愿进入该营业场所或查阅业务账簿和其他文件，因进入或查阅而产生的任何费用和损失应由企业承担。

2. 如果企业妨碍被授权人行使本法第二十九条第 2 款规定的权力，办公室可发布命令，对该企业处以不超过其上一营业年度营业额 1% 的款项。缴纳罚款的期限不得少于 15 日，也不得超过 1 个月。

3. 如果自然人妨碍被授权人行使本法第二十九条第 2 款规定的权力，且根据本条第 5 款将不会被认定为检查受到该企业的妨碍，但办公室可发布决定，对其处以最高不超过 50000 欧元的罚款。缴纳罚款的期限不得少于 15 日，也不得超过 1 个月。

4. 本条第 2 款、第 3 款所述的命令应可执行。税收机关应当按照确定的税收义务执行程序执行。

5. 如果企业管理机构、监督机构成员、员工或外部承包商妨碍检查，则应视为检查受到妨碍。

第三十二条　特许通信

1. 检查不包括被提起诉讼的企业与其律师之间进行的与所涉诉讼程序有关的通信、通知书和其他通信方式（以下简称特许通信）。

2. 如果企业或其代理人以特许通信为由拒绝检查人员查阅信息，被授权人应核实该理由是否明显不能成立。如果被授权人认为相关通信不属于特许通信，被授权人应将文件（或其副本）密封在企业及其代理人双方签字的信封之中。

3. 斯洛文尼亚共和国卢布尔雅那行政法院应在办公室提出请求之日起 15 日内就其主张的是否为特许通信的问题作出裁定。办公室应将密封信封附在请求书后。

4. 如果斯洛文尼亚共和国卢布尔雅那行政法院裁定所涉通信不构成特许通信，则该文件应被送交至办公室。如果裁定为特许通信，应将其发送给企业或其代理人。对此裁定不能有任何法律救济措施。

第三十三条　对其他场所的检查

1. 如有合理理由怀疑与检查事项有关的业务账簿和其他文件存放于未对其提起诉讼的企业场所内，或存放于被提起诉讼的企业管理机构、监督机构成员、企业工作人员或其他有关人员的住所内,办公室应获得一项由卢布尔雅那主审法院法官签发的搜查此类场所的法院裁定。

2. 第二十八条至第三十二条和第三十四条及其修订规定应适用于检查实施。

3. 检查住所期间,应有 2 名成年人作为见证人在场。

第三十四条　检查报告

1. 检查结束后,办公室应编写一份检查报告。

2. 检查报告应包括:报告编写地点和日期;编写报告的被授权人的姓名和职务;对检查过程的简要说明;被检查企业的代表或员工所作陈述的清单;以及办公室在检查中获取的文件及其他物品清单。

3. 检查报告应送达至被检查的企业处。

4. 被检查企业可以在送达之日起 15 日内对检查报告提出意见。

第三十五条　办公室配合其他人实施的检查

1. 被授权人可以:

应欧洲委员会或另一欧盟成员国的竞争主管机关要求,根据本法进行检查。在这种情况下,不得发布启动检查程序的裁定;

积极协助欧洲委员会授权的官员和其他人员根据第 1/2003/EC 号条例第二十条规定实施检查,该条例第二十条第 2 款还规定了被授权人的权力范围。

2. 办公室可允许另一个欧盟成员国或欧洲委员会的竞争主管机构的官员以及经该机构授权的其他人员根据第 1/2003/EC 号条例第二十二条配合办公室授权人员实施检查。

3. 在根据本条进行检查时,公安机关必须根据本法第三十一条第 1 款规定向本条第 1 款、第 2 款所述人员提供协助。

第三十六条　抗辩

1. 抗辩应当包括有关事实的调查结果和作出决定的依据。

2. 如果办公室欲作出决定,证实确实存在违反本法第六条或第九条或《欧共体条约》第八十一条或第八十二条的行为,则必须将抗辩通知给各方当事人。

3. 如果抗辩中涉及该当事人的保密信息,则应在送达其他当事人前,从抗辩中删除该信息。

4. 办公室应规定合理的期限,以便当事人在此期限内对抗辩提出意见。办公室无义务审议此期限届满后收到的关于抗辩的意见。

5. 前款所述期限不得超过45日。

第四分章　办公室的决定和命令

第三十七条　终止违法行为

1. 办公室可作出决定，确定是否存在违反本法第六条或第九条或《欧共体条约》第八十一条或第八十二条的行为，并要求有关企业终止此种违法行为。

2. 同一决定可规定企业有义务采取合理措施终止违法行为及其后果，特别是通过处置企业的业务或部分业务、分割企业、处置企业股份、转让工业产权和其他权利、签订许可合同及企业之间在经营过程中可能订立的其他合同，或确保有权使用基础设施等方式。

3. 如此类措施的执行取决于办公室的同意或其他行动，那么办公室应发布裁定。不得对此项决定提供司法保护。

4. 办公室必须在发布提起诉讼程序的命令后2年内作出本条第1款所述的决定。

第三十八条　临时措施

1. 如有可能违反本法第六条或第九条或《欧共体条约》第八十一条或第八十二条，并且出现市场竞争的有效性可能受到严重的或不可弥补的损害等紧急情况，办公室可发布临时裁定采取临时措施。

2. 在实施临时措施的裁定时，办公室应具体说明这些措施的期限。办公室可延长临时措施。

3. 针对临时措施决定提起的诉讼可由接受临时措施的一方在接受临时措施后3日内提出。法院应及时且不迟于受理此案之日起15日内对此诉状作出裁决。

第三十九条　承诺

1. 在发布关于提起诉讼程序的决定后，被提起诉讼的企业可作出承诺，以消除可能导致违反本法第六条或第九条或《欧共体条约》第八十一条或第八十二条规定的情形。提起诉讼的企业可以不迟于对抗辩提出意见的时限届满之前作出承诺。

2. 如提出的承诺不足以消除被指控违反《欧共体条约》第六条、第九条、第八十一条或第八十二条的情形,办公室应以书面形式通知提出此等承诺的企业。

3. 办公室可通过一项决定使提出的承诺具有约束力。办公室可设定具有约束力的时限承诺。

4. 如承诺的实施需经办公室的同意或采取其他行动,则办公室应通过裁定方式作出裁定。不得对此决定提供司法保护。

5. 在下列情况下,办公室可应请求或依职权撤销本条第 3 款所述决定,并重新提起诉讼程序:决定所依据的实际情况发生了重大变化;企业未履行承诺;决定基于当事人提供的不完整、不正确或误导性的信息作出。

6. 办公室必须在发布关于提起诉讼程序的命令后 2 年内通过本条第 3 款所述的决定。

第四十条　诉讼程序终止

1. 如果在诉讼程序过程中,办公室认为没有违反本法第六条或第九条或《欧共体条约》第八十一条或第八十二条的行为,或有具体情况表明诉讼没有正当理由,则办公室应作出终止诉讼程序的决定。

2. 如果欧洲委员会以违反《欧共体条约》第八十一条或第八十二条为由提起诉讼程序,或已就同一事项作出决定,则办公室可发布终止诉讼的命令。不得对此命令给予司法保护。

如另一欧盟成员国的竞争主管机关以违反《欧共体条约》第八十一条或第八十二条为由提起启动程序,或者已就同一事项作出决定,则办公室可发布终止诉讼的命令,并不得对此命令提供司法保护。

第四十一条　报告

办公室可通过要求提供信息的方式,要求对其作出决定的企业提供一份报告,说明履行决定所规定的承诺、义务和措施的情况。

第三章　集中程序

第四十二条　申报义务

1. 如出现下列情况,必须向办公室申报集中:

参与集中的企业连同参与集中的其他企业上一营业年度在斯洛文尼亚共和国市场上的营业额超过 3500 万欧元,且被收购的企业连同本集团中的其他企业上一营业年度在斯洛文尼亚共和国市场上的营业额超过 100 万欧元;或者在本法第十条第 1 款第(3)项所述的情况下,参与集中的至少 2 家企业与本集团中的其他企业上一营业年度的营业额超过 100 万欧元。

2. 即使企业集中达到前款门槛标准,但如一项集中由欧洲委员会根据第 139/2004/EC 号条例进行评估,则无须申报。

3. 即使企业集中未达到本条第 1 款所述的申报标准,但企业连同参与集中的其他企业占有斯洛文尼亚共和国 60% 以上市场份额的,办公室可在接到企业实施集中的通知后 15 日内要求企业进行企业集中申报。

第四十三条　集中的申报

1. 集中实施前应向办公室申报,但申报需在不迟于合同签订、公开发布招标公告或收购控股权后 30 日进行。该期限从上述任一行为发生之日起计算。

2. 欧洲委员会根据第 139/2004/EC 号条例第四条作出对集中不进行评估决定的,有申报义务的企业应在收到欧洲委员会决定 30 日内依本条第 5 款规定向办公室申报企业集中。

3. 欧洲委员会根据第 139/2004/EC 号条例第九条以决定方式通知对企业集中实施评估的,必须在不迟于向依照本条第 5 款有义务申报集中的企业向办公室送达决定之日起 30 日内将集中通知给办公室。

4. 在第四十二条第 3 款所述情况下,有申报义务的企业应在收到申报要求 30 日内依本条第 5 款规定向办公室申报企业集中。

5. 如企业集中包含企业合并或并购企业共同控制权的,应由参与合并的或取得共同控制权的企业共同申报集中。在所有其他情况下,若个人或企业收购 1 家或多家企业的全部或部分控制权,应向办公室集中申报。

6. 企业应当以特别方式向办公室申报,特殊方式内容由政府法令规定。

第四十四条　停止实施集中

1. 在申报企业集中未获得与竞争法相一致的决定前,企业不得行使因申报集中所产生的权利义务。

2. 办公室依照本法第四十二条第 3 款规定要求企业申报集中的,企业应自请求送达之日起停止实施集中。

3. 违反前两款规定的行为无效。

4. 特殊情况下经企业申请,办公室可在作出决定之前允许企业在特定范围和条件下实施集中,但需企业在申请中证明集中对于保持投资的全部价值或履行公共服务起重要作用。办公室应考虑停止集中对参与集中的一家或多家企业或第三方的影响,以及对有效竞争的威胁。

5. 办公室可在收到前款规定的提议之日起 15 个工作日内发布准予或拒绝实施集中的命令。

6. 本条第 1 款所述的停止实施集中不影响:收购人依收购法实施公开招标,但收购人不行使表决权或按照本条第 4 款行使表决权;证券交易的有效性,包括在有组织的市场上进行交易的其他可转换证券的交易,但买卖双方知道或应当知晓交易违反本条第 1 款规定的除外。

第四十五条　启动程序

1. 启动集中评估程序应在申报后实施。

2. 如果证明有可能实施了本法规定的集中,但企业没有给出通知,办公室应通过程序启动依职权评估程序。

3. 办公室应依职权启动消除集中影响的程序。

4. 本法第二十四条及其必要修改内容适用于本条第 2 款和第 3 款所述的命令。

5. 在本条第 1 款所述集中评估过程中,办公室可以依职权作出禁止企业、主管机关及公共权力机关行使与集中有关的表决、管理财产及其他权利和义务的决定,直至集中符合竞争规则的决定作出为止。在本条第 2 款所述集中评估过程中,办公室可依职权通过裁决确定集中属于本法规定范围及禁止企业、主管机关和公共权力机关行使与集中有关的表决、管理财产及其他权利和义务,直至集中符合竞争规则的裁决作出为止。

第四十六条　申报的审查

1. 办公室应立即审查申报。申报不符合本法第四十三条第 6 款规定以特殊形式提供要求信息的,办公室应要求申报人在一定期限内纠正缺陷。

申报人逾期未纠正的,则视为未申报集中。

2. 办公室认定申报的集中不在本法规定范围内的,应就此作出决定。

3. 办公室发现申报的集中在本法规定范围内,但未对其是否符合竞争规则提出严重质疑的,应作出不反对决定,并宣布集中符合竞争规则。

4. 办公室发现集中在本法规定范围内且未对其是否符合竞争规则提出严

重质疑的，则应发布提起程序的裁定。

5. 本法第二十四条及其必要修订适用于前款所述的裁定。

6. 办公室必须在完备申报之日起 25 个工作日发布本条第 2 款和第 3 款所述的决定或本条第 4 款所述的裁定。

7. 本条第 3 款所述的决定应视为包括对执行和实施集中的直接和必要的限制。

第四十七条　提供信息要求

1. 本法第二十七条及其必要修订适用于信息提供要求。

2. 一方当事人延迟提交要求信息的，应中止决定作出程序期限并暂停作出本法第四十六条及第五十条规定的裁定。

第四十八条　检查

1. 实施检查时，适用第二十八条至第三十四条及其必要修订。

2. 被授权人应积极协助欧洲委员会授权的官员及其他人员根据第 139/2004/EC 号条例第十三条进行检查，该条例第十三条第 2 款指定被授权人权限范围的情况除外。

3. 可基于检查令对参与集中或可能参与集中的企业实施检查。

第四十九条　抗辩

1. 办公室拟作出集中不符合竞争规则的决定时，应将抗辩内容告知申报人。

2. 抗辩适用于本法第三十六条及其必要修订。

第五十条　决定

1. 自发布程序启动命令之日起 60 个工作日内，办公室：

如认定集中未违反本法规定，应作出集中符合竞争规则的决定；

如认定竞争违反本法规定，作出集中违背竞争法规则，并禁止集中的决定。

2. 前述第 1 款所述决定应视为执行或实施对集中的直接和必要的限制。

第五十一条　救济措施

1. 申报人可提出救济措施，以消除对集中违反竞争规则的严重疑虑。

2. 办公室认为补救措施的性质、范围适当且可以及时有效地消除集中违反竞争规则严重疑虑的，应接受补救措施。

3. 办公室接受补救措施的，应明确以下本法第四十六条第 3 款及第五十条

第1款第(1)项所述的内容:

补救措施;

确保实施和监督义务;

实施期限。

4. 如果补救措施的实施需经办公室同意或采取其他行动,办公室应发布命令作出决定,并不得对该决定提供司法保护。

5. 申报人提出救济措施建议的,期限应延长15个工作日。

6. 办公室可提供信息,要求申报人提交实施裁定的补救措施。

第五十二条　撤销裁定的特殊情况

1. 办公室可撤销裁定,宣告集中符合竞争规则或本法第四十六条第2款决定,并在同一决定中宣告集中与竞争规则是否相符,例如,裁定是基于参与集中的企业提供不完整、不正确或误导性的信息而作出的;企业违反前条第3款第(2)项所述的义务。

2. 前款第(1)项所述决定可在宣布集中符合竞争规则或本法第四十六条第2款所述决定作出并送达之日起3年内作出;本条第1款第(2)项所述决定可在前款第(3)项规定的期限期满后2年内作出。

第五十三条　消除集中影响的措施

1. 办公室禁止的集中已经实施的,或者企业未实施集中申报决定中规定的补救措施,宣布集中符合竞争规则的,办公室可对参与集中的企业采取措施使之恢复到集中实施之前的状态,特别是通过拆分企业或处置股份等措施。

2. 无法恢复到集中实施之前状态的,办公室可采取其他合理措施,以尽可能恢复原状。

3. 当本条第1款和第2款所述措施的实施需得到办公室同意或采取其他行动时,办公室应作出同意或采取行动的裁定。不得对前述裁定提供任何司法保护。

4. 办公室可宣布集中违背竞争规则的裁定或另行裁定实施本条第1款和第2款所述的措施。

第四章　司法保护

第五十四条　司法保护

1. 针对办公室通过的裁定提起司法保护程序,应依据本法规定(以下简称司法保护程序）提供。

2. 对办公室的裁定提起司法保护程序的，除本法另有规定外，适用《行政争议法》及其必要修订适用。

第五十五条 对裁定及命令提供司法保护的权利

1. 可针对主管部门通过的裁定提起司法保护程序。

2. 除非有明确排除的情形，否则，可根据本法对办公室命令提起司法保护程序。

3. 尽管有前款规定，针对某项决定的司法保护程序仍可适用于对根据本法已被排除在司法保护程序之外的裁定提出异议，即要求企业提供信息的命令（本法第二十七条），检查令（本法第二十八条）。

4. 对于依照一般行政程序法规定可起诉的任何裁定，应允许适用司法保护程序。

5. 受司法保护的事项应视为本法规定的紧急案件，并由法院优先裁决。

第五十六条 法院的管辖权及结构

司法保护程序中的决定，由斯洛文尼亚共和国最高法院 3 名法官组成合议庭作出。

第五十七条 新的事实和证据

原告不得在司法保护程序中提出新的事实或证据。

第五十八条 案件审查范围

法院应在诉求和诉求依据的事实范围内对办公室的决定进行审查，并依职权审查是否存在严重违反《行政争议法》（斯洛文尼亚共和国第 105/06 号政府公报）第二十七条第 3 款规定的情形。

第五十九条 开庭

法庭一般不开庭审理即应作出裁决。

第六十条 案件卷宗审查

本法第十八条及其修正规定适用于法院对卷宗的审查。

第六十一条 法律救济

对于司法保护程序中作出的判决、裁定，不得上诉。

第六编　法院程序

第六十二条　赔偿

1. 因故意或者过失违反本法第六条、第九条或者《欧共体条约》第八十一条、第八十二条规定的,行为人应对违规造成的损失承担责任。

2. 违反本法第六条、第九条或者《欧共体条约》第八十一条、第八十二条规定而造成损失的,法院应受办公室最终决定约束,并由欧洲委员会确认存在违规。赔偿义务不得损害《欧共体条约》第二百三十四条规定的权利和义务。

3. 根据本条第1款提出的赔偿请求的期限,自办公室或欧洲委员会程序启动之日起,至程序终结之日止。

4. 法院对违反本法第六条或第九条或《欧共体条约》第八十一条或第八十二条规定的违法赔偿请求采取任何措施前,应及时通知办公室。

第六十三条　法院、欧洲委员会和办公室的合作

1. 法院必须将《欧共体条约》第八十一条或第八十二条适用的任何法院程序及时通知给办公室。

2. 欧洲委员会根据第1/2003/EC号条例第十五条第3款就适用《欧共体条约》第八十一条或第八十二条的问题提交书面审查报告时,法院必须及时向办公室和诉讼程序各方当事人提交书面审查报告副本。

3. 当根据第1/2003/EC号条例第十五条第3款提交《欧共体条约》第八十一条或第八十二条规定的书面审查报告时,法院应及时向欧洲委员会及诉讼程序各方当事人提交审查报告副本。

4. 欧洲委员会及办公室可以在作出决定前,提交本条第2款和第3款所述的书面审查报告。前述书面审查报告不具有约束力。

5. 法院要求欧洲委员会依据第1/2003/EC号条例第十五条第1款请求提交意见的,必须通知诉讼各方当事人,并在收到欧洲委员会建议后,及时向欧洲委员会及诉讼各方当事人提交意见。前述意见不具备约束力。

6. 法院应向办公室和欧洲委员会提交一份依照《欧共体条约》第八十一条和第八十二条规定作出裁决的副本送达主管机构及欧洲委员会,并将裁决送达诉讼各方。

7. 法院和欧洲委员会可以直接沟通或通过办公室沟通。

第七编 通过监管限制市场

第六十四条 禁止事项

1. 政府、国家机关、地方社区机关和公共权力机构不得限制企业在市场上自由经营。

2. 在本法中,限制企业在市场上违反宪法和法律进行自由经营,限制商品和服务的自由贸易、自由进入市场或自由经营,或以其他方式消除竞争。

第六十五条 对自由市场经营的监管限制

1. 限制企业自由经营情形中,企业的利益在行政争议中得不到保障的,应评估规章是否符合宪法和法律规定。

2. 基于本法目的,根据宪法保障人权和经济、社会关系的规章以下情况不应视为限制企业在市场上自由经营:

货物和服务贸易、指定商品或因卫生、兽医、植物病理学、环境保护、工作安全、技术和类似原因提供服务的方式;

特定法律规定的价格控制措施;

经营方式是依照特定法律保障客户的;

强制标准;

企业依法向公众提供服务的义务。

第六十六条 通过法律文件和行为限制市场自由经营

1. 对本法第六十四条第2款所述的限制自由经营的行为:

即便企业满足法定条件,也应禁止企业在特定地区经营或实施特定的经营活动;

无正当理由延迟发放企业某项活动的许可证或重要市场经营活动的许可证;

间接或直接不平等对待企业的注册办事处;

禁止在本地社区之外从事商品和服务贸易;

无正当理由赋予特定企业市场经营的特权地位。

2. 如果前款法律救济措施在行政诉讼法中未得到确认的,受影响的企业可以提起行政争议。

第六十七条 特别许可限制

尽管本法第六十五条和第六十六条有规定,政府可在下列情况下确定市场

限制:

发生或者可能发生自然灾害、流行性传染病、紧急状态等,市场及人口供应严重干扰,以及其他领域已经或可能受到干扰,威胁到人口安全及健康的;

由于缺少生产、加工或人口生活必需的商品,造成或者可能造成市场秩序严重干扰的;

需要满足对斯洛文尼亚共和国国防具有特殊或者战略意义的产品、原材料、繁殖材料需求的。

第六十八条　特别许可限制的适用条件

只有在实施限制的理由无法通过企业、进口或现行经济政策措施消除的情况下,政府才能够确定实施上一条所述的特别允许限制。

第六十九条　特别许可限制措施

1. 作为本法第六十七条所述的限制,政府可以规定:

禁止特定商品的贸易,限制特定商品的数量和质量,或者确定特定商品或特定种类商品的特定条件;

强制规定特定企业将特定数量或类型的商品投放到流通中,并按优先顺序向特定用户提供或交付;

强制规定特定企业对特定数量和类型的货物进行储备。

2. 对于服务,可规定相应的禁令或义务。

3. 在规定限制的原因已经消除或者可以采取其他措施使情况恢复正常的情况下,政府应当立即取消限制。

4. 如政府在采取措施后 6 个月内未取消该措施,必须将措施通知国民大会,并向国民大会报告采取这些措施的效果。

第七十条　减轻特别许可限制造成的损害

1. 如企业因采取上一条所述措施而遭受实质性损害,国家主管机关必须采取措施以减轻损害,以确保与消费者、其他企业、国家或当地社区在第六十七条所述情况下遭受的后果相比较,国家规定措施对企业产生的后果并没有严重不相称。

2. 如前条所述措施对某企业造成了重大且不相称的损害,且未采取前款所述措施的,该企业可向斯洛文尼亚共和国获取损害赔偿。

第七十一条　办公室的意见

1. 为确保在斯洛文尼亚共和国境内的有效竞争,在法律或其他法规规定限制了竞争或限制市场的正常运作，有损公共利益以及在本法第六十六条所述情况下，办公室应向主管机关发出一份关于采取适当措施以消除或防止限制竞争的意见。

2. 如果限制的性质和意义相适宜，办公室应当公布其提供意见的案件的信息。

第七十二条　咨询

1. 在认为有必要或经国家主管机关提出要求，办公室应就拟定法案或法令提出意见。

2. 总理或主管部长可要求办公室对具有下列直接产生影响的法案或法令提出意见，即在市场实施活动或市场准入方面引入数量限制；在特定经济领域引入专有权利；规定经营的一般条件。

第八编　罚则

第七十三条　对限制性行为的罚款

1. 法人实体、独资经营者或个人开展经营活动时有下列情形之一且属轻微违法的，将被最高处以上一营业年度总营业额10%的罚款：

其行为违反本法第六条或《欧共体条约》第八十一条的规定；

违反本法第九条或《欧共体条约》第八十二条，滥用市场支配地位；

其行为违反办公室根据本法第三十七条、第三十八条或第三十九条发布的可强制执行的决定。

2. 对前款所述轻微违法，应对法人的负责人或独资经营者的负责人处5000欧元以上10000欧元以下的罚款。

3. 根据损害数额、非法获利的金钱利益数额或者犯罪分子的犯罪意图或获取非法所得的意图认定，前款所述的轻微违法性质特别严重的，对法人的负责人或者独资企业的负责人处以15000欧元以上30000欧元以下的罚款。

第七十四条　集中经营的罚款

1. 法人或独资经营者犯有轻微违法行为，且有下列情况的，最高处以参与集中的企业以及该集团内其他企业上一营业年度年收入10%的罚款：

未向办公室申报本法规定的集中经营，或未在本法第四十三条规定的期限内向办公室申报；

违反本法第四十四条规定行使或履行集中经营产生的权利或义务的;

未履行宣布集中经营符合竞争规则的决定所要求的补救措施或义务的;

违反宣布集中经营不符合竞争规则决定的;

违反办公室根据本法第五十三条发布的可强制执行的决定的。

2. 对实施前款所述轻微违法行为的法人负责人或者独资经营者的负责人,处以5000欧元以上10000欧元以下的罚款。

3. 对本条第1款所述的轻微违法行为,控制至少1家企业的自然人的,处以3000欧元以上5000欧元以下的罚款。

4. 如果从遭受损害的数额、非法获取金钱利益数额或者犯罪分子的犯罪意图或获取非法所得的意图认定,前几款所述的轻微违法行为性质特别严重的,应对法人实体的负责人或独资经营者的负责人处以15000欧元以上30000欧元以下的罚款,并对至少已经控股1家企业的自然人处以10000欧元以上15000欧元以下的罚款。

第七十五条　诉讼时效

本法第七十三条、第七十四条所述的轻微违法行为,自轻微违法行为实施之日起满5年,不予提起诉讼,但是,法律规定轻微违法诉讼时效已过去2倍时间的,在任何情况下都不能提起诉讼。

第七十六条　罚款的减免

1. 违法者参与2个或2个以上竞争者之间的协议或一致行动有意通过固定购买或出售价格或其他交易条件,以限制生产、销售或分享市场的做法为目的,妨碍、限制或者扭曲斯洛文尼亚共和国境内竞争的(以下简称卡特尔),在满足以下全部条件的情况下,应当免除罚款:

违法者完全披露其涉嫌参与卡特尔行为的;

违法者首先提交信息和证据,且办公室认为这些信息和证据有助于涉嫌卡特尔开展调查或有助于认定涉嫌卡特尔行为违反本法第六条或《欧共体条约》第八十一条行为进行核查的;

违法者在整个过程中全力配合办公室的;

在违法者为免除罚款与办公室开始配合之后立即终止参与涉嫌卡特尔的,除非办公室认为终止不利用调查的开展;以及

违法者未曾强迫其他企业参与卡特尔或继续留在卡特尔的。

2. 违法者未满足前款规定之全部条件，未获免除罚款的，在满足下列全部条件的情况下，可以减轻罚款：

违法者提供了有关涉嫌参与卡特尔的证据，且与办公室已掌握的证据相比有重大突破的；

违法者在整个过程中全力配合办公室的；以及

在违法者为免除或减少罚款与办公室开始配合之后立即终止参与涉嫌卡特尔的，除非办公室认为终止不利用于调查的开展。

3. 违法者满足前款规定之所有条件，且是首个提供本条第 2 款第（1）项规定的证据的，应降低 30% 至 50% 的罚款。对于符合第 2 款规定的各项条件，以及本条第 2 款第（1）项规定的证据的，可以降低 20% 至 30% 的罚款。违法者符合本条第 2 款规定并提交本条第 2 款第（1）项规定的证据的，应降低最高为 20% 的罚款。

4. 数额区间标书的罚款不得降低到本法规定的最低数额以下。

5. 免除或降低前几款规定的罚款减免的程序，由政府以法令形式确定。

第七十七条　处以罚款

办公室可通过速裁程序对违法行为处以本法规定范围内的任何数额的罚款。

第七十八条　企业集团年度营业额的计算

企业集团的违法行为涉及其成员活动的，企业集团上一营业年度的年营业额应当包括涉嫌轻微违法的、在市场上活跃的每个成员的年营业额。

第九编　过渡条款和最终条款

第七十九条　已废止法规

1. 在本法生效之日，下列法规同时废止：

《防止限制竞争法》（斯洛文尼亚共和国第 56/99 号、第 37/04 号和第 40/07 号政府公报）；

《集体豁免法令》（斯洛文尼亚共和国第 69/02 号、第 109/02 号和第 6/03 号政府公报—勘误表）；

《明确企业集中申报表格内容和要素的命令》（斯洛文尼亚共和国第 4/00 号政府公报）；

《关于相关市场定义的程序和条件指令》(斯洛文尼亚共和国第83/00号政府公报)。

2. 前款第(3)项所述法规在新法规生效前应当继续适用。

第八十条　其他法规的修订

在本法生效之日,《媒体法》(斯洛文尼亚共和国第110/06号政府公报—正式合并文本和第69/06号—ZOIPub)第五十八条第5款修订,删除“以及主管保护竞争机构的意见”。

第八十一条　本法生效前启动程序的终结

1. 本法生效前已启动的企业集中评估程序应当按照现行法规终结。

2. 虽有前款规定,但本法生效前启动的集中经营评估程序的中止集中应当继续适用本法第四十四条、第四十五条第5款和第七十四条规定。在宣布集中符合竞争规则的决定作出前,参与评估的企业必须停止实施集中。针对《防止限制竞争法》第四十条(斯洛文尼亚共和国第56/99号、第37/04号和第40/07号政府公报)发布的司法保护程序应停止执行。

3. 本法生效前经办公室请求启动程序的人,应保持程序当事人资格。

4. 对于企业在本法生效前作出决定的司法保护程序,应依照现行适用法律终结。针对待本法生效后作出决定的司法保护程序,应根据本法规定继续执行。

第八十二条　实施条例发布期限

1. 政府应在本法生效后1年内发布本法第四十三条第6款所述的法令。

2. 本法生效后6个月内,经济部长应根据本法第三十条第3款所规定,以正式身份颁布一般形式的规则以及规则颁布程序。

第八十三条　检查过程中的身份证明

在签发本法第三十条第2款所述的正式身份签发前,办公室聘用人员在执行检查过程中,应经办公室主任书面授权,证明其身份。

第八十四条　生效

本法自斯洛文尼亚共和国政府公报网站公布后15日生效。

克罗地亚竞争法及修正案

克罗地亚竞争法*

一、总则

第一条　本法标的

本法规定了竞争规则，确立了竞争制度，规定了受托执行本法的主管部门的权力、职责、内部组织程序。

第二条　适用范围

本法适用于企业在克罗地亚共和国境内或境外实施的一切形式的妨碍、限制或扭曲竞争(以下简称扭曲竞争)的行为，但前提条件是此种行为在克罗地亚共和国境内开始发生。

第三条　企业的定义

1. 本法所称的“企业”是指从事商品生产和/或贸易或服务提供，并以此为基础参与经济活动的公司、个体工商户、商人、手工业者、其他法人和自然人。本法亦适用于直接或间接参与市场的国家机关和地方、地区自治政府机构，以及所有其他活跃于市场的自然人或法人，如协会、体育协会、机构、著作权人、相关权利人及类似组织。

2. 本条第1款所称“企业”的定义适用于直接或间接、永久、临时或单独参与市场活动的任何实体，无论其法律形式、所有权结构、融资形式和营利的意图或效果如何，也无论其在克罗地亚共和国境内或境外是否设立场经营所或住所。

---

* 2009年6月24日颁布。

3. 本法亦适用于根据单独法律受托提供公共事务、具有产生收入垄断特性的企业,或被授予从事某些经济活动的特殊权利或排他性权利的企业。但是,本法的适用性在法律上或事实上不得妨碍企业通过单独规则或措施分配的特定任务及已确定的任务。

第四条　其他企业控制的企业

1. 如果一家企业直接或间接实施以下行为,则该企业应被视为受另一家企业控制:

(1)持有半数以上的股本或半数以上的股份;或

(2)可行使半数以上的表决权;或

(3)有权任命半数以上的管理委员会、监督委员会或类似行政或管理机构成员;或

(4)以任何其他方式对企业的经营管理权产生决定性影响。

2. 本条第1款所称的企业应被视为一个单独的经济实体。

第五条　本法未涉及的法律关系和企业

本法不适用于雇主和雇员之间的劳动关系,也不适用于雇主和工会之间签订集体协议所涵盖的关系。

第六条　执行权限

克罗地亚竞争代理机构(以下简称代理机构)是执行本法规定竞争规则的主管部门。

第七条　相关市场

1. 本法意义上的“相关市场”是指特定的商品和/或服务市场,这些商品和/或服务是企业在特定地理区域从事活动的对象。

2. 相关商品市场包括消费者根据商品特性、价格和用途而认为具有可互换或可替代的所有商品和/或服务。

3. 相关地域市场包括相关企业参与商品和/或服务的需求或供应的区域。

4. 克罗地亚共和国政府应根据代理机构的建议发布界定相关市场的标准和方法,以适用本法。

二、企业间的协议

第八条　禁止协议

1. 应禁止2家或2家以上的独立企业之间签订其目的或效果为扭曲相关市

场竞争的一切协议,企业协会作出此等决定和采取此等一致行动,特别是下列行为:

(1)直接或间接地固定买卖价格或任何其他交易条件;

(2)限制或控制生产、市场、技术开发或投资;

(3)共享市场或供货来源;

(4)对与其他企业进行的同等交易适用不同的条件,从而使企业处于竞争劣势;

(5)订立就性质或商业惯例而言与合同标的无关的补充协议的其他当事人接受的合同。

2. 本条第1款所称协议特别是指企业之间的合同,其中的特定条款、企业之间默示或明示的协议以及由此产生的一致行动,企业或企业协会的决定、一般商业条款,以及构成或可能构成这些协议组成部分和类似部分企业的其他行为。无论这些协议是在生产链或分销链上同一层次的企业之间订立的(横向协议),还是不在生产链或分销链上同一层次上经营的企业之间订立的(纵向协议)。

3. 作为本条第1款的例外,该款规定的一般禁止豁免,如果它们在整个有效期内累计符合下列条件,则不予禁止:

(1)有助于改进商品和/或服务生产或销售,或者促进技术或经济进步;

(2)允许消费者公平分享由此产生的利益;

(3)这些协议为实现这些目标施加并非必不可少的限制;并且

(4)不向此等企业提供从所涉商品或服务的大部分市场上排除竞争的可能。

对于本条第1款所指的妨碍、限制或扭曲竞争的协议,不符合本条第3款所列条件的协议,以及不适用本法第十条的协议,依据法律规定是无效的。

4. 作为协议各方当事人的企业负有举证责任,负责证明本条第3款所述条件的适用性。

第九条　关于被禁止协议的决定

根据本法第八条第1款和第4款规定,代理机构应作出决定:

1. 列明被禁止协议、协议当事人、协议类别、涉及的商品和/或服务涉及的地域市场、协议期限、协议标的及其履行情况;

2. 确定包括消除被禁止协议影响的期限在内的条款及措施;

3. 对违反本法规定的行为处以罚款。

第十条　整体豁免

1. 整体豁免规定应具体指明本法第八条第1款所称可根据某些类型的协议豁免一般禁止行为的条件。

2. 克罗地亚共和国政府应根据代理机构建议,颁布整体豁免的标准,特别是:

(1)不在同一生产或者分销层次上经营的企业之间的协议(纵向协议),特别是独家分销协议、选择性分销协议、独家采购和特许经营协议;

(2)在同一生产或分销层次上经营的企业之间的协议(横向协议),特别是研发协议和专业化协议;

(3)技术转让协议;

(4)机动车经销和维修协议;

(5)保险协议;以及

(6)运输行业企业间的协议。

3. 本条第1款所称整体豁免法规应特别规定:

(1)此类协议必须包含的规定;以及

(2)此类协议不能包含的限制或条件。

4. 如果代理机构发现某一协议本身或由于与相关市场上其他类似协议的累积效应,不符合本法第八条第3款规定的条件,可依职权启动程序,评估该协议是否符合本法第八条第3款规定的条件。如果代理机构在程序进行过程中发现有关协议产生了某些违反本法第八条第3款规定的影响,应撤回有关整体豁免的申请。

第十一条　次要协议

1. 本法第八条第1款关于被禁止协议的规定不适用于次要协议。

2. 本条第1款所称的“次要协议”是指协议各方和受控制的企业在共同市场份额不大的协议,但是,此类协议不包含对竞争的核心限制,尽管协议各方市场份额不大,会导致对竞争的扭曲。

3. 克罗地亚共和国政府应根据代理机构建议,确定次要协议必须遵守的条件以及此类协议不得包含的限制或条件。

4. 如果代理机构确定有关协议和相关市场中的其他协议的影响严重扭曲竞争,则应启动程序,评估各项协议是否符合本条第 3 款规定的条件。

三、支配地位和限制性做法

第十二条　支配地位

如果企业由于市场力量原因能够在相当大程度上独立于其实际或潜在的竞争对手、消费者、买方或供应商而采取行动,则可推定其处于市场支配地位,尤其是在下列情况下:

(1)在相关市场上没有重要的竞争对手,和/或

(2)就其实际或潜在的竞争对手而言,拥有重要的市场力量,特别是在以下方面:其市场份额和其市场地位保持的时间;其财务实力;获得供货来源或进入市场本身;关联企业;其他企业进入该市场的法律或事实障碍;根据其供求情况决定市场条件的能力;通过将竞争对手转向其他企业而具有对其进行封锁的能力。

1. 本法所称的企业在相关市场上占有 40% 以上的市场份额的,则可具有市场支配地位。

2. 2 个或 2 个以上合法独立的经济实体在相当大程度上独立于相关市场上的竞争对手、消费者而采取行动的,可共同具有市场支配地位。

第十三条　滥用支配地位

禁止一家或多家企业滥用相关市场支配地位的行为,特别是下列行为:

(1)直接或者间接强制施加不公平的买卖价格或者其他不公平的交易条件;

(2)损害消费者利益,限制生产、市场或技术开发;

(3)在与其他企业的同类交易中采取不同的条件,使其处于不利的竞争地位;

(4)订立由承担就性质或商业惯例而言,与合同标的无关的补充协议的其他当事人接受的合同。

第十四条　滥用支配地位的决定

1. 根据本法第十二条和第十三条,代理机构应作出确立支配地位的决定,据此特别应:

(1)确定企业是否具有市场支配地位,以及企业滥用市场支配地位从而扭曲竞争的行为,包括有关滥用行为的持续时间;

(2)立即下令停止本款第(1)项所称企业的任何滥用行为;

(3)规定消除此类行为不利影响的措施、条件和期限;

(4)对违反本法规定的行为处以罚款。

2. 代理机构还可在本条第 1 款第(3)项的含义内实施结构性补救和/或行为补救。只有在没有同等有效的行为补救措施或与同种结构性补救措施相比,任何同等有效的行为补救措施对相关企业构成更大负担时,才应提出结构性补救措施。

四、集中

第十五条　集中的概念

1. 如果由于下列原因导致控制权的持续变更,则视为发生了企业集中:

(1)两家或多家独立企业或其部分合并;

(2)取得一家或多家企业对一家或多家其他企业,或者一家或多家企业或企业的一部分,或其他企业的一部分的控制权或决定性影响,特别是通过以下方式取得大多数股份或股本;或者取得多数表决权;或者符合《公司法》和其他规章的其他方式。

2. 根据本条第 1 款取得控制权可通过权利转让、合同或其他方式实现,通过该等方式,一家或多家企业在考虑所有法律和事实情况后,单独或共同获得对一家或多家其他企业持续施加决定性影响的可能性。

3. 2 家或 2 家以上独立企业持久地行使一个独立经济实体全部职能的合资企业的,构成本条第 1 款所指的集中。

4. 克罗地亚共和国政府应根据代理机构建议,规范申报规则,制定集中评估标准。

5. 符合下列情形之一的集中不被视为本条第 1 款至第 3 款所称的集中:

(1)信贷机构、投资基金或保险公司以及其他金融机构,其正常活动包括为自己或他人进行交易及证券买卖,临时(不超过 12 个月)持有在企业中收购的以转售为目的的证券,但前提条件是这些企业不对此等证券行使表决权,以确定该企业的竞争行为。该机构或公司能够证明在规定期限内不可能合理处置的，代理机构可应申请延期12个月。

(2)被控制或控制的企业发生内部结构变化(如合并、收购、法律产权转移等)取得股份或权益。

(3)控制权根据国家《破产法》和《公司法》，与破产、清算或清盘有关的官员或行政官员获得。

6. 2家或2家以上独立企业设立的以协调保持独立的企业的竞争行为、导致严重阻碍竞争的企业的竞争行为为目的或效果的合资企业不构成集中，而应视为本法第八条规定的协议。

第十六条　不符合的集中

严重阻碍市场有效竞争的企业集中，特别该集中构成或巩固参与集中的企业的市场支配地位的情况，将被视为不符合竞争规则，应予以禁止。

第十七条　集中的强制申报和营业额标准

1. 为评估集中的符合性，如果集中累计达到以下标准，集中各方有义务向代理机构申报集中：

(1)作为集中各方的所有企业于集中前一财务年度，全球市场上销售商品和/或服务所取得的合计营业额(合并年营业额)至少达到10亿克罗地亚库纳且符合财务报表要求，其中，至少集中一方在克罗地亚共和国拥有办事处和/或子公司；

(2)在集中各方中至少有2个在集中前一财务年度在克罗地亚共和国国内市场上取得的营业额合计达到100万克罗地亚库纳，且符合财务报表要求。

2. 集中各方在申报时未能提交财务报表的，以集中各方达成财务报表的上一年度作为评估程序的相关年度。

3. 集团内企业在销售商品和/或服务中取得的集团内营业额在计算本条第1款规定的合计营业额时不予计入。

4. 如果本法第十五条第1款所称集中包括收购一家或多家企业的部分，无论该企业是否构成法人，计算本条第1款所称营业额时，仅应包括与被集中部分相关的营业额。

5. 在2年内发生的2次或2次以上的本条第4款中的交易应被视为一次集中，自最后一次交易之日起产生。

6. 代理机构仅应评估本条第1款规定的需要进行强制申报集中的符合性。

第十八条　银行和其他金融机构的总营业额

1. 在评估参与集中的银行和其他金融机构（包括参与集中的保险公司和再保险组织等）的合法时，本法第十七条所称的总营业额应根据集中前一个财务年度正常经营活动的总营业额计算。

2. 对于银行和其他提供金融服务的机构，在扣除与其相关的直接税后，按下列收入计算总额：利息收入和类似收入；证券收入；从股票等可变收益证券中取得收入；从经济实体中分得的权益中取得收入；从关联经济实体取得股份收入；应收佣金；金融业务净利润；其他业务收入。

3. 保险公司和办理再保险业务的公司，其总保费包括支付和代收签发的保险合同的款项，以及分保费，扣除参照单笔保费或者按照保费总额收取的税款和附加保费。

第十九条　集中的事先申报

1. 对于本法第十五条所称的企业集中，集中各方应依照本法第十七条规定的标准事先向给代理机构申报。

2. 如果其他企业取得一家或多家企业的全部或部分控制权或者决定性影响，则实施控制的企业应事先提交集中申报书。在其他情况下，参与集中的所有企业应同意提交一份联合申报书。

3. 集中申报书应当在相关集中实施前，提交给代理机构评估，而后根据实施控制的企业是否取得控制权或决定性影响签订合同或发布招标通知。

4. 作为本条第 3 款的例外，如果集中各方本着善意的原则提供了拟签订合同的证据或者发出了招标通知，甚至可在签订合同或公布招标通知之前向代理机构事先提交集中申报书。

5. 只有在本法第二十二条第 1 款规定的期限届满后，即在收到代理机构根据本法第二十二条第 7 款第（1）项和第（2）项所述的关于符合性或条件兼容性的最终决定之后，方可实施已申报的集中。

6. 作为本条第 5 款的例外，在有特别正当理由的情况下，应集中一方要求，代理机构可允许在本条第 5 款所称期限届满前实施已申报的集中有关的具体行动。代理机构在决定集中要求时，应考虑案件的各种情况，特别是可能给集中各方或第三方造成损害的性质和程度，以及实施集中对竞争的影响。

第二十条　集中申报书的内容

1. 本法第十九条规定的集中申报书应补充以下内容：

(1)说明集中法律依据的文件原件、核准副本或核准译本(如果正文原件不是用克罗地亚文写成的);

(2)集中各方在集中前的财务年度的财务报表;

(3)本法第十五条第4款要求的其他文件和资料。

2. 在特别正当理由的情况下,如果代理机构认为有关信息对评估集中没有必要,应集中各方要求,代理机构可撤销本条第1款第(3)项的义务。

3. 申报人如向克罗地亚共和国境外其他负责集中评估的主管部门提出集中评估请求,应在申报书中说明。申报人已提出注册登记申请的,还应当向代理机构提交相关机构的决定。

4. 作为本条第1款的例外,可使用企业集中的简易申报书,以根据简易程序处理方式申报集中。特别是符合下列条件之一的,可使用此种简易通知或所谓的简易程序:

(1)集中各方没有在同一相关产品和地域市场从事经营活动(不存在横向协议),也没有在另一方参与集中市场的上游或下游市场从事经营活动(不存在纵向协议);

(2)2个或2个以上集中当事人在同一相关产品和地域市场(横向协议)上从事经营活动,但其合计市场份额小于15%和/或一个以上集中当事人在参与集中一方参与的产品市场的上游或下游相关产品市场(纵向协议)中任何一个层次的市场份额均不超过25%;

(3)集中一方当事人取得对已实施共同控制权企业的单独控制权;

(4)2家或2家以上企业取得合资企业的控制权,而该合营企业在克罗地亚共和国境内没有实施实际的或可预见的活动,或实施的此等活动可忽略不计。

5. 作为本条第4款的例外情况,如果代理机构发现有明显迹象表明集中严重阻碍了有效竞争而不适用简易程序处理的,可要求提交本条第1款所称的全面集中申报。

6. 代理机构收到本条第1款及第3款规定的全部资料和文件之日为收到全部集中申报书的日期。同时,代理机构应向申报人出具回执。在本条第2款所述情况下,还应出具所述回执。

第二十一条　集中合理性评估

1. 代理机构在收到本法第二十条第6款所称的全部申报书后,应立即启动合理性评估程序。

2. 在评估集中合理性时,代理机构应考虑集中对竞争的影响以及可能对市场准入构成的限制,特别是当拟参与集中或巩固企业的市场支配地位时。

3. 在评估本条第 2 款所称集中时,代理机构应当特别关注下列方面:

(1)相关市场结构,克罗地亚共和国境内和境外相关市场上实际和潜在竞争者,相关市场供求结构及其变化趋势、成本、风险以及进入或退出该市场的经济障碍、法律障碍和其他障碍;

(2)企业在市场上的地位和市场份额、在相关市场的财务能力、企业的竞争水平、集中各方经营的变化情况、集中实施后买方的替代供应来源;

(3)集中对其他企业的影响,特别是与消费者利益有关的影响,例如,降低商品和/或服务价格,缩短分销过程,降低运输、分销成本和其他成本;

(4)专门从事生产、技术创新和其他直接从集中获得的利益。

4. 在第四十一条中,代理机构有权获取其可能认为为确立本条第 3 款所述事实所需的任何资料和文件。申报人或者参与集中的企业应当承担举证责任。申报人或者参与集中的企业可以向代理机构提供与集中评估有关的任何资料和文件。

5. 代理机构在收到第二十六条第 6 款所称的全部集中申报书后,按照本法第三十二条第 1 款第(1)项和第(2)项的规定,应在其网站上公布面向所有利害关系方的信息要求,这些利害关系方可以对此作出书面答复,提出意见并提交其所掌握的与集中有关的资料,以便代理机构更好地了解参与者和相关市场。

6. 本条第 5 款所述的信息要求应特别包括:

(1)集中各方在克罗地亚共和国境内从事的经营活动;

(2)实施集中可能影响到的克罗地亚共和国境内的市场;

(3)邀请在受影响市场内从事经营活动的所有企业、在集中可能对竞争产生影响的其他市场(上游、下游、邻近市场)上从事活动的企业、企业协会、雇主协会、消费者协会等虽未参与程序的当事人或者有合理理由认定相关市场情况的竞争企业,就此项集中对其经营产生的重大影响、集中对相关市场有效竞争可能产生的显著影响以及对相关市场有效竞争可能产生的显著影响发表意见和观点;

(4)征求意见的截止期限不得少于 8 日,也不得超过 15 日。

7. 在审查过程中，如果同一家企业收到一份或多份新的集中申报书，并且该企业集中被原提交申报书的同一家企业取得了控制权或决定性影响，如果认定联合评估程序是合理的和有效的，则可以决定进行联合评估并作出评估决定。在此情形下，第二十二条第1款、第3款规定的集中评估期限自申报人按本法第二十条第6款规定收到其确认并最后一次向派出机构提交的全部集中申报回执之日起开始计算。

第二十二条　集中决定

1. 代理机构根据依照本法第十九条提交的有效资料和文件及集中申报书或者其他可获得的信息和结论确认集中不属于本法第十六条所称被禁止的集中实施是合理的，除非其依据本法第三十九条规定在收到完整的集中申报书后30日内决定启动评估程序，代理机构可以认为该集中是符合要求的。

2. 在本条第1款规定的情形下，代理机构应根据参与集中的企业提出的特别书面要求，就集中是否符合要求作出特别告知。

3. 代理机构根据依本法第十九条提交的证据及集中申报书或者其他可获得的信息和结论，认定集中实施可能会对相关市场的有效竞争造成显著阻碍，特别是由于企业根据本法第十六条设立或巩固其市场支配地位，代理机构可决定启动本法第三十九条所称的集中合理性评估程序。

4. 代理机构在评估程序中发现只有履行了必要的义务和条件才能申报集中的，应当按照本法第四十八条规定及时告知申报人。申报人应自收到通知之日起30日内提出消除集中不利影响的充分承诺（无论是行为措施还是结构性措施）及其他条件。

5. 本条第4款中的承诺最早可由申报人在企业集中申报时提出。

6. 在本条第4款所述情形下，如果集中双方提出的措施足以恢复有效竞争，代理机构可接受集中各方提出的全部或部分条件、义务和期限。代理机构不接受或部分接受集中双方提出的上述救济措施的，有权明确和附加恢复市场有效竞争的其他行为措施和结构性措施、条件、义务和期限。

7. 在启动程序后3个月内，代理机构应作出下列决定：

（1）使集中具有合理性；

（2）在代理机构规定的期限内和满足条件的情况下，宣布集中符合条件；或者

(3)相关集中被评估为不合理且被禁止。

8. 在本条第 7 款第(2)项情形下,集中各方通常可自收到申报集中的代理机构决定之日起继续实施与集中有关的活动。集中各方在规定期限内未能履行代理机构决定中规定的条件和义务的,代理机构应当在本法第二十三条规定的范围内,考虑其未遵守条件和义务的理由,撤销或修改集中所依据的决定。

9. 本条第 7 款所称的期限自代理机构收到本法第四十八条所称通知之日起,至代理机构收到本条第 4 款所建议的承诺之日止。

第二十三条　集中决定的撤回和修改

1. 代理机构有下列情形之一的,可依据职权或者根据集中各方的请求撤销本法第二十二条规定的决定:

(1)决策依据错误或者虚假的信息作出,而该信息对决策至关重要的;

(2)集中各方中有任何一方未履行代理机构的决定中规定的条件和义务的。

2. 撤销第 1 款所依据的有条件符合集中决定的应使集中不具有合理性而属于本法第十六条所禁止的集中,同时应当规定恢复有效竞争的条件、义务和期限,并对违法行为处以罚款。

3. 集中各方由于不可预见的情况而不能满足建议的条件或不能完成规定期限的,代理机构可依职权或者根据集中一方的请求,修正其依照本法第二十二条所作的决定。代理机构该修正决定可包含执行旨在恢复有效竞争的条件和期限。

第二十四条　集中中止

代理机构应当依职权单独作出决定,提出恢复相关市场有效竞争的一切必要措施,无论是行为措施还是结构性措施,并规定采取这些措施的期限:

(1)违反代理机构关于将集中评估为不符合而实施的集中、本法第二十二条第 7 款第(3)项所指禁止而实施集中的;或者

(2)未履行本法第十九条规定的申报义务而实施集中的。

根据本条第 1 款所述的决定,代理机构可以,特别是:

(1)转让或剥离取得的股份或权益的顺序;

(2)禁止或限制与参与集中的企业的股份或权益有关的表决权,责令取消合资企业或本法第十五条所指的其他形式的被禁止集中的控制。

本条第1款所称决定还可包括对实施的违法行为处以罚款。

五、竞争管理局的专家意见

第二十五条　专家意见

1. 应克罗地亚议会、克罗地亚共和国政府、中央行政机关、单独规章规定的公共行为管理机关以及地方和地区自治机构的要求，竞争管理局就法律和其他立法提案草案是否符合本法以及引起竞争问题的其他相关问题，出具专家意见。

2. 如发现中央行政机关或其他国家主管部门可能引起竞争问题，可要求其将法律和其他立法提案草案送交竞争管理局，以便进行评估，并就其是否符合本法出具专家意见。

3. 竞争管理局应向本条第1款所指的机关出具专家意见，评估现行法律和其他法律行为是否符合本法，提出促进竞争文化和加强对竞争法和竞争政策的宣传和提高对竞争法和竞争政策的认识的意见和说明。

六、竞争管理局

第二十六条　竞争管理局的法律地位和组织机构

1. 竞争管理局是拥有公共权力的法人，作为独立实体，在本法和《国家援助法》规定的范围和权限内自主地开展活动。竞争管理局对克罗地亚议会负责。

2. 禁止任何影响竞争管理局工作、妨碍其独立性和自主性的方法和形式。

3. 竞争管理局的工作是公开的。

4. 竞争管理局的所在地设在萨格勒布。

5. 竞争管理局的内部结构和业务活动、其一般法令和其他重要的业务问题应由克罗地亚议会批准的竞争管理局规章详细规定。

6. 有关劳动的一般规定适用于竞争管理局雇员和竞争委员会成员。

7. 竞争管理局的活动经费由克罗地亚共和国预算提供。

8. 竞争管理局收缴的管理费和罚款应纳入克罗地亚共和国预算。

第二十七条　竞争委员会

1. 竞争委员会（以下简称委员会）是竞争管理局的管理机构。委员会由5名委员组成，其中1名为主席。

2. 竞争委员会主席代表管理局为其发言,并管理管理局的活动。

3. 在管理管理局方面,竞争委员会主席组织和管理管理局的业务活动,监督并对其专家执行情况负责。

4. 主席和其他委员由克罗地亚议会根据克罗地亚政府建议任免。

5. 由主席提议,由委员会以过半数选举产生副主席。

6. 主席和其他成员是管理局的雇员。

第二十八条　任期

1. 主席和委员可从任何具有法律或经济专业大学本科学历,并在本专业领域有 10 年工作经验的克罗地亚共和国公民中任命。

2. 除本条第 1 款规定的委任条件外,主席和委员还应:

(1)通过律师资格考试(如果相关人士是律师);或

(2)通过资格考试或获得理学硕士、博士学位(如为经济师)。

3. 主席和委员任期 5 年,可连选连任。

4. 主席和委员应当专业履行职责。

5. 主席和委员不可能导致利益冲突的国家官员以及在任何政党、任何行政机构执行职务的人员、监督委员会和企业执行机构成员,也不得是任何类型的利益团体的成员。

6. 主席和委员可撰写和发表研究论文,参加专家会议、学术研讨会和项目。

7. 主席和委员有义务保护管理局声誉,不挑战其决策的独立性和自主权。

第二十九条　免职

1. 根据克罗地亚共和国政府建议,克罗地亚议会可在任期结束前解除主席或委员职务:

(1)应其自身要求的;

(2)如其被判处有刑事犯罪,导致他们不配履行主席或委员职责的;

(3)终身丧失履行职责能力的;

(4)在其任期内承担本条第二十八条第 5 款所述的任何职责;

(5)在履行职责时,违反本法第二十八条规定的。

2. 如有任何理由在任期结束前解除主席或委员职务的,委员会应通知克罗地亚共和国政府。

3. 在作出免职决定之前,主席或委员有权就免职问题发表书面意见,该意见可提交给克罗地亚议会。

第三十条　委员会的活动

委员会在开展管理活动时，尤其应：

1. 建议克罗地亚共和国政府根据本法通过附属法律；

2. 作出决定，管理局据此启动和执行合理性评估程序和关于违反本法竞争规则的罚款程序、结束程序，并决定采取恢复有效竞争和罚款所必需的措施（义务、条件和期限），以及相应的执行罚款的期限；

3. 指导专家组对相关市场进行初步调查；

4. 管理局据此向克罗地亚共和国行政法院发出授权令，授权管理局在黎明时分突击检查营业场所、土地和交通工具，检查与业务有关的所有记录和物品，封存任何营业场所或记录，扣押接受第四十二条第1款和第四十四条所称突击检查的物品和文件；

5. 促进与倡导竞争和对竞争利益有关的活动，提高对竞争法和竞争政策的作用和重要性的认识；

6. 就拟议的法律草案和其他立法是否符合本法提出意见；

7. 确定竞争研究和市场调查的方法原则；

8. 在克罗地亚共和国境内确定公平竞争规则，消除竞争障碍的措施，以及其他旨在加强竞争法和竞争政策的活动；

9. 就竞争法和竞争政策领域的比较实践发展出具专家意见和说明；

10. 应克罗地亚议会的要求，克罗地亚共和国政府、中央行政机关、符合单独规定的公共机关以及地方和地区自治机构就竞争问题出具专家意见；

11. 促进国际合作，即实现克罗地亚共和国所承担的和给予管理局权力的国际承诺，经营国际和欧洲经济一体化项目，以及与国际竞争主管机构、国际组织和机构展开合作；

12. 通过向克罗地亚议会提交的上一年度管理局的工作报告。

第三十一条　决策

1. 委员会在会议上作出所有一般和个别的决定，须经至少3票的多数票通过，任何委员不得弃权。

2. 委员会成员由3人组成，会议法定人数为3人，主席必须出席会议。主席缺席时，由副主席出席。

第三十二条　管理局专家组

管理局专家组负责与竞争问题有关的管理和专业活动,特别是:

1. 对相关市场实施初步调查以界定其提起诉讼所依据的可能存在的竞争问题,并为此:

(1)从可能对市场调查、认定市场地位有一定了解的法人、自然人、行业协会或者经济利益团体、企业协会、消费者协会、公共管理部门以及地方和地区自治机构收集资料和信息,而无论管理局承办的具体案件如何;

(2)从可能对特定市场中的市场地位有一定了解的法人和自然人、行业协会或者经济利益团体、企业协会、消费者协会、公共管理部门以及地方或者地区自治机构收集资料和信息,在就特定案件提起诉讼前,如符合公共利益并且涉及严重扭曲竞争,努力恢复相关市场的有效竞争;

2. 建议委员会作出本法第三十九条规定的启动诉讼的决定;

3. 关于委员会依据事实和情况作出的决定,管理局向克罗地亚共和国行政法院发出命令,授权管理局根据第四十二条第 1 款和第四十四条规定在黎明突击检查营业场所、土地和交通工具,检查与业务有关的所有记录和物品,封存任何营业场所或记录,并扣押相关物品和文件;

4. 执行证明扭曲竞争的个别案件和有关罚款的程序,但在查明所有相关事实和情况后,向委员会提出报告,再由委员会在本法规定该具体案件作出决定;

5. 草拟结束管理局执行程序的决定草案,这些决定可包括认定违反本法规定,对所犯违法行为处以罚款、罚款执行期限或采取必要措施(义务、条件和期限)恢复有效竞争;

6. 草拟法律草案和其他立法是否符合本法的意见草案;

7. 草拟为实施本法所必需的条例和其他法规草案;

8. 草拟文件,提高对竞争法和竞争政策的认识和理解,宣传竞争文化和冠军竞争;

9. 识别和分析市场状况,进一步开展有效竞争;

10. 促进与克罗地亚共和国承担的国际义务和给予管理局权力的国际合作,以及与国际竞争主管部门、国际组织和机构合作,开展国际和欧洲经济一体化项目;

11. 草拟管理局活动年度报告。

第三十三条　利益冲突

1. 管理局不得雇佣管理层、监事会、企业委员会或其他可能对其公正性产生怀疑的任何相关成员。

2. 作为本条第1款的例外,只要不影响程序执行的公正性,允许其作为科学协会、项目成员及参加科学协会和项目。

第三十四条　年度报告

管理局应每年向克罗地亚议会提交一次关于上一年度管理局活动的年度报告。

七、管理局实施的诉讼程序

第三十五条　关于管理局实施诉讼程序的规定的适用

1. 除本法另有规定外,管理局实施的诉讼程序,适用《一般行政诉讼法》和《轻罪法》的规定。

2. 管理局通过律师资格考试的已毕业律师在本条第1款的管理局实施的诉讼中担任办案人员,而有关案件的决定应在本法第三十条第2款意义上由委员会通过。

3. 本法第五十二条、第六十条至第六十五条中涉及的罚款程序,应由管理局通过律师资格考试并具有4年以上专业服务经验的人员执行。

第三十六条　诉讼当事人

1. 管理局提起诉讼的企业和参与集中的企业均为诉讼当事人。

2. 根据本法第三十七条的规定,主动提起诉讼者不具有诉讼当事人的资格。

3. 不具有诉讼当事人资格但发现其权利或法律利益是由管理局作出的诉讼决定的人,可以以书面形式提出要求与本法第三十七条所指的诉讼人享有相同的诉讼权利。

4. 管理局应给出结论,在收到第3款中所称的请求后30日内对该请求作出决定。不得针对管理局的结论提起上诉,但受害方可向克罗地亚共和国行政法院提起诉讼。

第三十七条　合理性评估程序的提起

1. 启动属于管理局职权范围内的提议——请求、建议、通知或投诉——可由任何法人或自然人、专业协会、经济利益团体或企业协会、消费者协会、克罗地亚共和国政府、中央管理机关和地方及地区自治机构提起。

2. 本条第 1 款所称的提议应包括:

(1)相关法人的名称、所在地或者主动提起诉讼的自然人的姓名、姓氏和地址;

(2)可以清楚、毫无疑问地提出所依据的相关资料;

(3)主动提出的案件事实、惯例;

(4)主动提出掌握的能够证明本款第(3)项指控的有关资料和文件及其他证据。

3. 如果本条第 1 款所称的提议包含主动提起人(投诉人)认为保密的数据,主动提起人(投诉人)应明确说明保密资料并指明其法律依据。

4. 主动提起人可以书面申请要求管理局向其递交本法第四十八条所称的简易异议书,并要求其作为诉讼证人出席听证会。主动提出投诉的,管理局应当按照投诉人的要求办理。

5. 主动提起人可要求管理局为其提供身份保护,管理局有正当理由的,应当予以办理。在这种情况下,投诉人不能提交本条第 4 款所指的简易异议书。

第三十八条　诉讼程序的启动

1. 管理局在提起有关本法第八条被禁止协议的诉讼、本法第十条第 4 款和第十一条第 4 款所称的协议的评估,以及有关确立本法第十四条所称滥用市场支配地位的诉讼程序时,管理局应依职权行事。

2. 本法第十九条规定的集中评估程序,一般应在集中各方申报后启动。作为例外情况,如果集中各方未按本法第十七条规定申报集中,管理局根据本法第二十三条撤回或修正集中决定,并在实施本法第二十四条所称的被禁止集中后决定采取必要的措施,则管理局可主动采取行动。

3. 本条第 1 款和第 2 款所指的程序应自作出关于启动本法第三十九条所述的诉讼程序当日起启动。

4. 如果管理局发现根据第三十七条提起诉讼的倡议书中所述的行为没有严重扭曲相关市场的竞争,管理局应作出结论,说明采取任何措施不符合公共利益,并应将此情况通知提起人。

5. 如果在对本法第三十二条第 1 款第(1)项和第(2)项所称的相关市场实

施初步调查时,根据本法第三十七条所收到的提议,管理局发现启动程序不存在依据,最迟应在收到启动程序的提议之日起 10 个月内作出启动程序不存在依据的结论,并通知本法第三十七条所称的提起人。

6. 不得对本条第 4 款和第 5 款所称的结论提起上诉,但提起人可在克罗地亚共和国行政法院提起诉讼。

7. 根据第 4 款和第 5 款作出的决定必须毫无疑问地说明启动程序所依据的理由,即使事实上管理局无义务对收到的每一申诉提供评估或作出解释。

第三十九条　关于提起程序的程序令

1. 根据本法规定提起诉讼的程序令应特别包括:

(1)提交有关案件;

(2)据以启动程序所依据的本法规定;

(3)提起诉讼的案件事实、惯例或情况;

(4)请求提交本法第四十一条所称的有关资料和文件。

2. 不得针对本条第 1 款所称的程序令提起上诉,也不得向克罗地亚共和国行政法院提起诉讼。

第四十条

1. 管理局应将本法第三十九条所称的提起程序的命令副本送交被起诉方或集中申报人,但本法第五十三条所称属于商业保密义务范围内的资料除外。

2. 被起诉方可在管理局对每一具体案件规定的期限内作出答复,该期限不得少于 8 日,也不得超过 30 日。

3. 被起诉方应在规定的期限内答复管理局。该当事人的陈述书应同时包含有关案件的资料和文件。

4. 作为本条第 2 款和第 3 款的例外,被起诉方可基于正当理由要求延长规定的答复期限。管理局可批准延长规定期限,但最长不得超过 30 日。

5. 如果被起诉方未按照管理局要求和在规定的期限内行事,或如果宣布不能按照有关请求行事,管理局应根据其调查结果、可获得的数据和文件主动确定案件的事实和情况,并及时通知被起诉方第四十八条所称的反对声明,开始口头审理。

6. 如果程序是在本法第三十八条基础上启动的,则提起人不应提交第三十九条所称的结论。然而,在程序的启动时应书面通知提起人。

第四十一条　数据收集

1. 管理局有权:

(1)书面要求争议各方、其他法人或自然人、专业协会或经济利益团体、企业协会、消费者协会、公共行政主管部门和地方、地区自治政府机构以书面形式提交所有需要的信息,或对所有相关数据和文件作出口头声明;

(2)书面要求争议各方确保直接检查所有营业场所、所有不动产、动产、业务账簿、数据库和其他文件;

(3)书面要求争议各方进行机构认为对确定案件事实必要的其他活动。

2. 本条第1款所称的书面请求包括请求的法律依据、请求的主体和目的、执行请求的期限以及争议各方或第1款所称的其他法人或自然人违反请求时的处罚条款。

3. 第1款和第2款所称的一方当事人或任何法人或自然人,未按管理局要求行事的,管理局应执行诉讼程序,并对有关违法行为作出设定罚款的决定。对管理局的决定不允许上诉,但受害方可向克罗地亚共和国行政法院提起诉讼。

4. 如果对本条第1款所称的数据和文件负有保密义务,则本条第1款提及的向管理局提交这些资料和文件的企业和其他法人或自然人应以书面方式标明被认为是保密的信息,并提供必要的论证。

5. 在本条第4款所述情况下,本条第1款所称的企业和法人或自然人还应向管理局提交不包含商业秘密的商业文件副本。如果第1款所称的企业和法人或自然人仅指明其是有商业保密义务的资料,而不能提供不包含商业秘密的综合文本或业务单据的,管理局应督促当事人提交不涉及商业秘密的相关证明材料。如果诉讼当事人或本条第1款所称的法人或自然人不遵守管理局提醒,则视为相关书面和/或业务单据中不包含商业秘密义务所涵盖的数据。

6. 如果企业或本条第1款所称法人或自然人未提交本条第1款所称的资料和文件,管理局在评估案件事实时应考虑不遵守其请求的重大影响,并据此确认有关事实。

第四十二条　突击检查营业场所、其他场所、土地和交通工具的封存和暂扣物品

1. 在对营业场所、土地和交通工具进行突击检查之前,管理局应按照非诉讼程序的相关证据收集规则，向克罗地亚共和国行政法院申请签发搜查令，授权管理局搜查营业场所、土地和交通工具，检查与业务有关的所有记录和物品，封存任何营业场所或记录，并扣押在这些场所发现的物品和文件，特别是当有合理理由认为证据可能被销毁或隐藏时。

2. 如果合理怀疑与检查标的有关的证据可能被诉讼当事人替换或更改，管理局授权人员可单独或在犯罪执法机构协助下（以下简称被授权人员）进行本条第 1 款所指的突击检查。在进行突击检查时，应当场通知当事人或场所和物品所有人。

3. 授权人员在向诉讼当事人或场所和物品所有人出示身份证和克罗地亚共和国行政法院发出的进行突击检查后，行使本条第 2 款所称的突击检查的权力。被授权人员使用的身份证的格式和内容，按照管理局身份证管理条例规定。如果本条第 2 款所称的其他被授权人员也进行检查，那么他们应向诉讼当事人或场所所有人出示经管理局认证的参加检查的书面授权书。

4. 本条第 2 款所指的突击检查授权人员有权：

（1）进入和检查企业办理有关手续的场所、土地和运输工具（以下简称场所）及企业从事经营场所的其他地点；

（2）检查与业务有关的账簿和其他记录，无论其保存在何种介质上；

（3）以任何形式从该等账簿或记录中取得副本或节录，无论其存储在何种介质上；

（4）扣押并保留必要的文件，前提是因技术原因不能复印。被授权人员应对此制作行政记录；

（5）在检查期限内，根据检查范围，封存任何场所和/或账簿或记录；

（6）要求企业的任何代表或职员对与检查标的和目的有关的事实或文件作出解释，并将答复记录在案；

（7）要求企业的任何代表或员工，就与检查标的和目的有关的事实或文件提交书面说明，并规定必须提交该说明的最后期限；

（8）根据检查目的采取任何其他行动。

5. 在本条第 2 款规定的突击检查中暂扣物品、账簿或其他文件的，经办机构应当制作行政记录，具体写明检查地点并附上物品说明。管理局授权人员应及时出具物品及文件扣押证明。对于被扣押的物品、账簿、文件，只要有关证据事实及情况属实,应当继续保存。但在管理局对所涉案件诉讼终结后,该期限不得延长。

第四十三条

如被授权人员发现企业反对根据本法下令进行的检查,妨碍对业务账簿和其他文件的检查,或以任何其他方式妨碍或抵制对场所进行突击检查,被授权人员可不顾反对,在执法主管部门协助下进入营业场所,对账簿和其他文件进行检查。

第四十四条

1. 如有合理理由怀疑与管理局进行的诉讼有关的账簿和/或其他记录保存在当事方的任何其他场所、土地上和交通工具中,或在被提起诉讼的企业的董事、经理和其他员工或其他人的家中时,突击检查应在2名成年证人在场的情况下实施。

2. 本法第四十二条、第四十三条、第四十五条和第四十六条的规定相应地适用于本条第1款所述的突击检查。

第四十五条

1. 只要被提起诉讼的企业与其正式授权的律师之间的任何信函、通知和其他通信不构成机密信息或特权信息,应被排除在突击检查范围之外。

2. 如企业或其律师拒绝查阅包含本条第1款所述的机密信息或保密信息的档案和文件,管理局授权人员有权查阅相关档案。如果管理局授权人员认为有关信息不是本条第1款所指的机密信息或特权信息,那么应在企业及其正式授权的律师在场的情况下,将有关文件或其复印件装在另一个信封中,注明日期,加盖管理局印章,并由各方当事人和律师签字。

3. 在本条第2款所述的完成初步审查的情况下,应相应地适用一般行政程序法的规定。

第四十六条

1. 被授权人员在实施本法第四十二条、第四十四条规定的突击检查后在且不超过15日内,应写出检查报告。

2. 本法第1款所称检查报告应特别包括:

(1)检查报告日期、地点;

(2)案件登记类别号和实施突击检查的法律依据;

(3)突击检查的地点和时间；

(4)授权实施检查的人员、参与检查的当事人及其律师、第三方姓名；

(5)对检查过程、内容的描述以及在检查过程中作出陈述的清单；

(6)突击检查使用和/或暂扣文件和其他物品清单。

3. 本条第1款所称的检查报告应送交诉讼当事人和被检查人员处。

4. 诉讼各方当事人和被检查人员在收到检查报告之日起15日内，可对本条第1款所称的检查报告提出书面意见。

第四十七条　案卷查阅权

1. 诉讼各方当事人在收到本法第四十八条所称的抗辩后，有权查阅案卷。管理局应当复印案卷或者单独文件，费用由诉讼当事人承担。

2. 查阅本条第1款所称案卷的请求应以书面形式向管理局提出。

3. 管理局应在收到第2款所称请求后15日内确定案卷检查时间。

4. 作为本条第1款和第2款的例外，管理局的决定草案，委员会会议的正式声明、协议和打印稿、关于案件的内部指示和说明，管理局和欧洲委员会之间、管理局和其他国际竞争局之间交换的信函和信息以及本法第五十三条所指的受商业保密义务保护的其他文件，均不得予以查阅或复制。

5. 在收到管理局关于声明启动本法第三十八条第4款所称的程序不具有公共利益、第三十八条第5款所称的程序没有依据，或本法第五十八条第1款第(13)项所称的违反竞争规则的行为决定后，提起人有权查阅管理局作出决定所依据的案卷。本条第2款、第3款、第4款还涉及查阅主动申请人案卷的权利。

6. 作为本条第5款的例外，本法第三十六条第2款和第3款提及的人员不得行使案卷查阅权利，但前提条件是管理局执行诉讼程序。但是，如果要求提交，也可以提交本法第四十八条所指的简易形式的抗辩。

7. 对拒绝查阅案卷或部分内容的决定，不得提起上诉，受害方也不能采取行动。

第四十八条　陈述异议

1. 对于本法第三十六条第1款所指诉讼各方，管理局应将异议陈述中的初步认定的事实以书面形式通知当事人，以保证当事人在口头审理前针对所有相关事实和情况表达自己的意见。

2. 诉讼各方可在收到异议书后1个月内，提交与本条第1款所称的抗辩相关的书面答复。

3. 诉讼当事人还在本条第 2 款所称的书面答复中建议管理局听取其他证人意见并提供补充证据。

本条第 1 款所称简易的答辩说明副本不包含商业秘密义务的资料,可根据要求提交。

4. 本法第三十七条第 1 款所称的提议的当事人。管理局应规定 1 个月的期限,自收到简易的答辩说明算起,在此期限内提出提议的人可以书面形式通知管理局。

5. 本条第 1 款所称不包含商业秘密义务涵盖资料的简易答辩说明副本,也可提交给任何认为权利或法律利益是由管理局执行的程序决定的人。管理局在收到简易的答辩说明后限定在 1 个月时限内,当事人可将自己的意见以书面形式通知管理局。

6. 如果管理局在通知本条第 1 款所称的答辩说明后进行新的分析,发现新的事实或审查证据,且该证据明显改变原先认定的案件事实,管理局有权作出与第 1 款所称答辩说明所确立的意见不同的决定。在此情况下,管理局应在作出最终决定之前,通知诉讼各方一份新的答辩说明,该答辩说明应包含新的确定的事实和情况或得出的结论。诉讼各方再次获得授权在管理局规定的期限内对新的答辩说明提出书面意见。管理局还应对本条第 4 款和第 5 款所称的人员采取相应的行动,相关人员将获得新的简易答辩说明。

7. 管理局不得以未授予程序各方抗辩权的事实和情况为依据作出决定。

第四十九条　承诺

1. 在根据本法第三十九条提起诉讼程序后,诉讼程序当事人最迟可在接到本法第四十八条所称的答辩说明通知前,向管理局提出承诺。作出承诺是指在一定的期限内满足一定的条件和义务,以消除其作为或不作为对竞争产生的不利影响。

2. 如果管理局认为在本条第 1 款所称规定期限内所指条件和义务对消除竞争问题和恢复有效竞争是符合要求的,则管理局应通过决定使该承诺对企业具有约束力。

3. 管理局在本条第 2 款所称的决定应确定一个特定期限,在此期限内,有关企业必须遵守本条第 2 款所称的承诺。决定还应责成有关企业提供证据,证明其遵守了既定的承诺，且在此基础上，管理局可证明对有关企业采取行动的理由已不复存在。

4. 在违法期限较短时，如果有关企业愿意配合管理局，并承诺在程序执行的前6个月内满足某些条件和义务要求，管理局的行动涉及大量当事人，以及在其他特殊情况下，管理局认为接受本条第1款所称的建议的承诺是合理、适当的，管理局可接受本条第1款所称的建议的承诺。

5. 管理局应发出接受承诺的意向通知，并为此在其网站上公布案件摘要和本条第1款所称的承诺的主要内容。利害关系方应在该信息请求发布之日起20日内以评论、意见、陈述等方式提交书面回复。

6. 作为本条第3款的例外，管理局可对本条第2款所称的企业重新启动诉讼程序：

（1）代理申办机构根据当事人提供的不正确或者误导性的信息作出决定的；

（2）作出决定所依据的事实发生重大变化的。

7. 如果在为实施本条第1款所称的承诺的监督程序中，有关企业违反其在本条第3款所称的承诺，该行为构成违反，管理局应作出单独决定，恢复到禁止状态，并根据本法的规定对相关违法行为处以罚款。

第五十条　口头审理

1. 作为规则，在管理局实施的确定扭曲竞争的程序中，一般只进行口头审理。为保护商业秘密和其他保密信息的合法利益，口头审理不应公开。

2. 除诉讼各方外，本法第三十七条所称的主动提案人也可以被传唤参加口头审理。主动提案人提出书面审理要求的，管理局有义务传唤其作为证人。

3. 第一次口头审理时，如果当事人或者其律师不能出庭参加，管理局通常应推迟口头审理时间，重新开庭。

4. 如果任何被传唤的当事人或其律师在根据本条第3款的口头审理中未出庭，管理局不再举行口头审理，而应与诉讼各方举行口头审理，并根据自己的调查结果和可获得的数据和信息作出决定。

第五十一条　临时措施

1. 在对竞争造成严重、可能造成不可弥补的损害的紧急情况下，管理局可在初步认定违反本法规定的基础上对企业提起诉讼并作出采取临时措施的决定。

2. 在关于本条第 1 款所称的临时措施决定中,管理局应当中止企业的所有行动,坚持要求满足特殊条件或者采取其他合理、必要的措施以消除风险和对竞争的损害,以及确定有关措施的期限(一般不超过 6 个月),并建议企业如不按照规定的行动,将对其违法行为按照本法规定处以罚款。

3. 作为本条第 2 款的例外,如果管理局认为有必要,在特定情况下,临时措施期限可予以延长。

4. 对于本条第 1 款所称的采取临时措施的决定,不得上诉,但受害方可向克罗地亚共和国行政法院提起诉讼。

第五十二条　罚款程序——对违反本法规定的行为处以罚款

1. 在委员会依本法第三十条所称的职权认定案件诉讼一方当事人扭曲竞争,或者违反本法规定的行为成立后,管理局应向当事人送交一份本案中确立的事实陈述,并将委员会有关决定的内容通知当事人。

2. 除应依照本条第 1 款规定提出的事实陈述外,管理局还应向当事人发出举行听证的通知。在主审程序中,当事人有申辩权。在罚款时,应出示证据并考虑所有相关情节,如侵权情节的减轻、情节的加重等,以及其他根据本法确定罚款方法所需的条件。

3. 本条第 2 款所述的审理通知应特别包括:

(1)相关企业的名称和地址,以及代表或经有关企业委任的律师的姓名和地址;

(2)对与导致扭曲竞争及违反本法规定的作为或不作为有关事实的说明;

(3)举行主审的日期;

(4)审理地点为管理局举行主审的场所;

(5)指明被召唤参加审理的当事人或有关人员的身份;

(6)对当事人在第一次通知后仍不参加主审的说明,在这种情况,应重新举行主审,而不参加以后的主审,这意味着管理局可采取强制措施或在当事人或人员不在场的情况下举行主审;

(7)管理局的印章及被授权办理罚款手续负责人的签名。

4. 本条第 1 款所指的答辩陈述应特别包括:

(1)企业的名称和地址或者违反竞争规则的自然人的姓名和地址;

(2)相关商品市场和相关地域市场的界定;

(3)违反本法的时间、地点;

(4)详细描述与企业的行为或不作为相关而导致违反本法规定的情况;

(5)本法对相关违法行为规定罚款的条款;

(6)要求当事人提供任何其他证据和证人(如有);

(7)要求当事人在15日至30日内提交书面答辩。

5. 本条第2款所称的主审结束后,委员会应根据本法第三十条所称的权限,决定罚款的征收和数额、期限和执行罚款的方法。

6. 管理局应按照委员会关于扭曲竞争所依据的决定,并考虑征收有关罚款的所有标准,包括确定罚款的数额,以整体决定结束诉讼。

7. 除本法另有规定外,《轻罪法》规定适用于审理通知的形式和内容、过程、诉讼当事人、传唤第三人和审理协议的保存。

第五十三条　保密义务

1. 委员和管理局雇员应保守且不得披露被列为商业秘密的信息,无论通过何种方式获悉。据此,商业秘密的义务在管理局雇佣服务期满后5年内继续有效。

2. 对于本条第1款所称的商业秘密时,应特别考虑以下情况:

(1)所有被法律或其他法规界定为商业秘密的;

(2)经管理局受理后被企业界定为商业秘密的;

(3)管理局与欧洲委员会之间以及管理局与其他国际竞争局及其网络之间的所有信函。

3. 本条第1款所称的商业秘密,特别指具有现实或者潜在经济价值、市场价值,且披露或者使用能为其他企业带来经济利益的商业信息。

4. 管理局在确定信息是否可认定为商业秘密时特别适用以下非详尽的标准:

(1)企业以外知悉该信息的范围;

(2)企业为信息保护采取措施的程度,如对雇员设定竞业限制条款、签订保密协议等;

(3)该信息对企业及其竞争对手的价值。

5. 原则上,管理局认为下列信息通常不在本法规定的商业秘密义务范

围内:

(1)可公开获得的信息,包括专门的信息服务机构提供的信息或该领域专家提供的信息;

(2)历史信息,特别是至少5年前的信息,无论其是否被视为商业秘密;

(3)年度和统计信息。营业额通常不被认为是一种商业保密信息,因为它是在年度账目中公布的数字或以其他方式为市场所知的信息;以及

(4)管理局作出决定所依据的资料和文件。

6. 作为本条第1款和第2款的例外,根据本法第四十一条第5款规定,如果企业向管理局提交了机密文件和数据但未提供不含机密信息的有关文件和/或数据的副本,管理局应在向有关企业发出提醒后,最终假定此类书面资料和/或文件不包含商业秘密。

第五十四条　保存案卷和文档

管理局在诉讼过程中收到的或管理局为诉讼目的收集和处理的案卷和文件,应按有关案卷材料保管规则保存在管理局档案中。

第五十五条　管理局授权人员的豁免

1. 在特定情况下,管理局办案人员经授权办理有关案件的,应免予办理案件:

(1)各方当事人、证人或专家证人的;

(2)与当事人、代理人、律师有直系血亲及以上亲属关系或者姻亲、配偶或者婚外恋关系的,在婚姻关系已经消灭的情况下仍有直系血亲关系的;

(3)与养父母、养子女、监护人、被监护人有利害关系的。

2. 本条第1款所称人员的豁免请求也可以由诉讼程序的一方当事人提出。请求应以书面形式提出。

3. 本条规定应相应地适用于委员。

第五十六条

1. 经授权执行与案件有关的管理局办案人员有下列情形之一的,应免予办理案件:

(1)本人或其近亲属在一方当事人的企业拥有3%以上的股份或股本的;

(2)以独立专家身份对案件的某些问题发表过陈述和书面意见的;

(3)如有其他正当理由,无法预期该程序的客观进行以及无法就该案件提

出客观的决策建议的。

2. 本条第1款所称人员应及时地将本条第1款所称的任何原因的存在以书面形式通知委员会。

3. 本条第1款所指的豁免请求可由一方当事人提出。请求应以书面形式提出。

4. 本条规定应适用于理事会委员。

5. 理事会应就本法第五十五条和第五十六条所称的豁免请求作出决定。

第五十七条　决策的时限

1. 本法第九条所称的被禁止协议的决定和第十四条所称的滥用市场支配地位的决定,应在其查明案件的全部事实后4个月内或者在罚款程序中进行的主审结束之日起4个月内作出。

2. 本法第二十二条第7款所指的集中评估决定应由管理局在依据本法第三十九条规定通过程序令之日起3个月内作出。

3. 撤销本法第十条第4款所指某些类别协定所给予的整体豁免利益的决定、本法第十一条第4款所称次要协议的评估决定以及修正本法第二十三条第3款所指的集中决定的决定,最迟应在案件的有关事实查明之日起4个月内或者在口头审理终结之日起4个月内作出。

4. 本法第二十三条第1款和第2款以及第二十四条所称撤回集中决定的决定,以及本法第二十四条第1款所称不符合的集中决定应由管理局在案件有关事实查明之日起4个月内,最迟在罚款诉讼程序的主审终结之日起4个月内作出。

5. 关于本法第四十九条第3款所称的企业承诺的决定以及关于不符合本法第四十九条第7款所称既定条件、义务和时限的决定应在与通过决定有关的全部事实查明之日起3个月内作出。

6. 作为本条第2款的例外,如果管理局认为有必要补充专业知识或分析说明事实状况和审查证据,可将通过本法第二十二条第7款所述的集中评估决定期限延长3个月,并在规定期限届满前通知诉讼各方。

第五十八条　管理局的决定

1. 在本法第三十条所指的范围内,管理局特别采取以下决定:

(1)关于被禁止的协议和采取本法第九条的决定,以及对违反有关规定的行为处以罚款的决定；

(2)撤回本法第十条第4款意义上的某一类协议所给予的整体豁免利益的决定；

(3)本法第十一条第4款规定的次要协议的评估决定；

(4)本法第十四条所称的滥用市场支配地位的措施的决定,以及对违反有关规定处以罚款的决定；

(5)本法第二十二条规定的集中合理性及实施措施评估决定；

(6)撤销本法第二十三条第2款和第3款所称的管理局决定并对违反相关规定处以罚款的单独决定；

(7)本法第二十三条第3款所称的对管理局决定进行修正的决定；

(8)根据本法第二十四条,规定在不符合的集中情况下为恢复有效竞争而采取的具体措施,以及对违反有关规定处以罚款的决定；

(9)根据本法第四十五条第3款,接受承诺并规定履行承诺期限的决定；

(10)本法第五十一条所称的实施临时措施的决定；

(11)关于不遵守本法第四十九条第7款所称的条件、义务和期限的决定；

(12)其根据本法处以罚款所依据的决定；

(13)为遵守本法规定的竞争规则而作出的决定。

2. 根据本法第三十条规定,管理局采取特别程序命令和结论,据此:

(1)提起本法第三十九条所称的诉讼程序；

(2)在2家或2家以上独立企业的权利和/或义务基于相同或相似的案件事实和同一法律依据的情况下,决定对2家或2家以上独立企业提起的单独诉讼程序；

(3)依本法第三十九条规定,共同提起诉讼的2起或2起以上的单独案件,基于相同或者相似的事实和同一法律的案件(共同案件)；

(4)请求克罗地亚共和国行政法院发出命令,授权管理局在黎明时分搜查营业场所、土地和交通工具,检查与业务有关的一切记录和物品,查封任何营业场所或记录,扣押接受第四十二条第1款和第四十四条所称突击检查的物品和文件；

(5)提出本法第三十八条所指的诉讼程序缺乏法律依据；

(6)根据本法第三十六条规定,决定诉讼当事人的身份,以便享有诉讼提起人所享有的相同的权利。

第五十九条 决定的提交和公布

1. 管理局的决定应在通过本法第五十七条所称决定的期限届满之日起 30 日内送交诉讼各方。依投诉人主动提起诉讼的，裁决亦应在上述期限内送达投诉人。如果管理局的决定含有本法第五十三条所指的商业保密义务范围内的资料，各方当事人和投诉人均应提交一份不包含机密内容的决定副本。

2. 本法第五十八条第 1 款第（1）项至第（11）项的简易决定应刊登在《政府公报》上。

3. 本条第 1 款所称的决定、克罗地亚共和国行政法院针对管理局的决定和管理局通过的其他决定提出的索赔作出的决定应公布在管理局网站上。

4. 本法第五十三条所指的商业保密义务所涵盖的资料不依据本条第 3 款的规定公布。

八、惩罚条款

第六十条 罚款的征收

就本法而言，管理局征收罚款的目的是确保有效竞争，处罚违法行为，消除反竞争行为，并阻止其他企业从事此类行为。

第六十一条 对严重侵权行为的罚款

企业有下列情形之一的，处以不超过该企业最近一年会计报表完成的总营业额 10% 的罚款：

1. 订立本法第八条所称被禁止的协议或以其他方式参与协议造成不正当的竞争扭曲的；

2. 本法第十三条所称的滥用市场支配地位的行为；

3. 参与实施本法第十六条所称被禁止的集中的；

4. 不遵守第五十八条第 1 款第（1）项至第（10）项所称的决定。

第六十二条 对违法行为的罚款

诉讼各方有下列行为之一的，处以不超过最近一年会计报表总额 1% 的罚款：

1. 未向管理局提交第二十四条第 1 款第（2）项规定的企业集中事先通知的；

2. 在第二十条所指的集中评估程序中,向管理局提供了不正确或具有误导性的信息的;

3. 未按第四十一条第 1 款和第 3 款所称的管理局要求的行事的;

4. 妨碍第四十二条至第四十六条所称的克罗地亚共和国行政法院禁令执行的。

第六十三条　对其他违法行为的罚款

对于作为非管理局实施诉讼程序当事人的企业,如不符合第三十二条第 1 款第(1)项和第(2)项、第四十一条第 1 款第(1)项和第(2)项以及第四十一条第 2 款及第 3 款要求,将被处以 1 万克罗地亚库纳以上、10 万克罗地亚库纳以下的罚款。

第六十四条　罚款设定方法

1. 根据本法可处的最终罚款数额,无论如何不得超过该企业根据本法第六十一条完成财务报表的最近一年财务报表实现的总营业额的 10% 。

2. 在确定罚款时,管理局应充分考虑所有减轻和加重处罚的情况,如违法的严重程度、违法持续时间以及对竞争企业和消费者造成的损害。管理局在确定罚款时将采用以下两步方法:第一,确定每项业务的基本数额;第二,根据每一具体案件中的减轻处罚和/或加重处罚的情节上调或下调该基本数额。

3. 罚款的基本数额为企业在侵权行为发生地的相关市场上进行的活动所产生的营业额的 30% 。根据营业额确定的金额将乘以参与违反本法的年数。然后,管理局将考虑加重或减轻的情况,这些情况分别导致先前确定的基本金额增加或减少。

4. 在下列情况,应特别考虑本条第 2 款所称的减轻处罚的情形:

(1)有关企业在提起诉讼后立即提供证据,证明其已紧急停止违法行为的。作为例外,这一规定不适用于卡特尔协议;

(2)企业有证据证明违法行为是因过失而实施的;

(3)企业有证据证明其违法行为受到实质性限制,能够证明其作为违约协议一方通过采取市场竞争行为实际上避免了适用该行为;

(4)企业在符合下列条件的罚款减免标准外,根据本法第六十五条所称的规则与管理局进行有效合作的。

5. 本条第 2 款所述的加重处罚情形应特别考虑:

(1)管理局认定其违反本法规定后,继续从事相同的行为或重复本法规定范围内相同或相似的违法行为。在这种情况下,每认定一项违法行为,基本数额最高增加一倍;

(2)拒绝、阻碍管理局进行调查的;

(3)为胁迫其他企业参与违法行为而采取的所有其他措施担任领导者或煽动者角色的。

6. 在可估计的情况下,管理局还可以加收罚款,以超过因违反本法而不正当获得的罚款。

7. 作为本条第4款的例外,应有关企业请求和提供的证据,管理局可准许进一步减少罚款。鉴于管理局对违反竞争规则的行为处以罚款之前考虑到其不利的财务状况,按本法规定处以罚款将不可避免危及有关企业的经济生存能力并使其资产失去所有价值,可根据客观证据决定减少罚款。

8. 在本条第7款所指情况下以及在不构成严重妨碍竞争或违法行为未对竞争产生不利影响的类似情况下,管理局可处以象征性罚款。然而,应在其决定中说明处以此种罚款的理由。

9. 根据管理局的建议,克罗地亚共和国政府将根据本法第七十四条规定的竞争规则在共同体实施的标准,进一步制定本条第2款至第8款所指的罚款设定标准。

第六十五条 罚款的减免

1. 为披露最严重的违反本法规定的行为,管理局可向首先提出并向其通报卡特尔存在的成员提供罚款豁免,并提供相关证据。促使管理局启动与被指控卡特尔有关的程序,或在管理局没有充分证据支持决定(检查是否存在卡特尔)时提供信息和证据使管理局在此之前已启动的程序中找到与被管理局指控为涉嫌卡特尔相关的信息和证据的第一个卡特尔成员提供罚款豁免。

2. 不向作为卡特尔发起人(领导人)或煽动者的企业提供本条第1款所规定的罚款豁免。

3. 对于披露满足免于符合本条第1款规定的参与卡特尔的企业,如果这些企业向管理局提供的证据对其已掌握的证据有明显证明价值,并对结束有关诉讼程序有实质性贡献,可享受减少罚款的好处。

4. 根据管理局建议,克罗地亚共和国政府将按欧盟共同体适用竞争规则时产生的标准制定本条第 1 款和第 2 款所指罚款的减免标准。

5. 根据本法处以罚款,不影响依据受罚人员的刑事责任。

九、管理局与其他主管部门的合作及法院复审

第六十六条　与司法和其他主管部门的合作

1. 管理局应与主管司法、管理部门和其他主管部门合作,解决在克罗地亚共和国境内不正当扭曲竞争的案件。

2. 经管理局书面要求,主管内政部应免费协助授权人员进行突击检查和/或暂时扣押本法第四十二条至第四十六条所指的物品和/或文件。

3. 根据本法第四十一条所称的管理局的书面请求,所有中央行政机关、符合单独规定的公共管理部门以及地方和地区自治机构应免费向管理局提供其所要求的任何资料和文件,包括承担商业秘密义务的资料和文件,而无论保密的具体规定如何。管理局应根据本法第五十三条处理这些资料和文件。

第六十七条　法院复审

1. 对于管理局认定违反本法并处以罚款的决定,以及由于处理初步问题而终止诉讼的决定,不允许上诉。但是,受害方可在收到裁决 30 日内向克罗地亚共和国行政法院提出申诉。申诉中,应由 3 名法官组成的合议庭就有关裁决的下列问题作出裁决:

(1)误用或错误适用实体竞争法规定的;

(2)适用程序条款出现明显错误的;

(3)案件事实不正确或不完整的;

(4)管理局决定中所载的不适当罚款和其他问题。

2. 对于管理局在诉讼程序中通过的程序命令,不得上诉,但受害方可向克罗地亚共和国行政法院提出申诉。

3. 作为本条第 2 款的例外,在违反提起诉讼所依据的程序令(第三十九条),以及在权利和/或义务基于相同或类似案件事实和相同法律依据的情况下,管理局决定对 2 家或 2 家以上独立企业启动单一程序的程序令,拒绝查阅案卷或部分案卷的请求所依据的程序令(第四十七条),以及管理局加入一家相同企业先前申报的两份或多份新的集中申报并进行联合评估程序的程序(第二十一条第 7 款)不得向克罗地亚共和国行政法院提出上诉和主张。

4. 本条第 1 款所称的主张会延迟管理局决定的执行。

5. 对于管理局认定违反本法和对本条第 1 款所称的违法行为处以罚款的决定，受害方可在诉讼程序中提出索赔；对于管理局作出的其认定为没有违反本法所称的竞争规则的决定，索赔人和被授予与第三十六条第 3 款和第 4 款所称的提起人享有的相同权利的人也可提出索赔。

第六十八条

1. 克罗地亚共和国行政法院合议庭应根据诉讼程序中的证据事实进行讨论并作出决定。

2. 原告不得提出新的证据事实，但可对诉讼中已提出的证据事实提出新的证据。

3. 只有在原告提供证据证明其在诉讼过程中不了解或不可能了解这些事实的情况下，才可以提出新的事实。

第六十九条

1. 根据本法向克罗地亚共和国行政法院提起的所有诉讼都属于紧急诉讼。

2. 与违反本法有关的损害赔偿请求应受有商事权的法院管辖。

十、罚款的执行、时效和程序费用

第七十条　罚款的执行

1. 管理局对违反本法规定的行为处以罚款的决定还应指明付款的最后期限和付款方法。

2. 在没有提出索赔的情况下，应在管理局决定成为最终的决定时，或在管理局的司法裁决可执行时，尽快支付与罚款有关的款项。除应缴罚款之外，还应包括自管理局收到罚款决定书之日起至实际缴清罚没款之日为止的利息和罚款。依据本法第六十四条所定的罚款标准，管理局可分期缴纳罚款。

3. 被罚款的企业逾期不缴款的，管理局应将被罚款人的地址通知财政部税务机关、地方税务局，税务机关强制催收符合税收强制执行的规定。管理局提请税务机关强制执行的罚款，应直接上缴克罗地亚共和国国库。

第七十一条　罚款的时效

1. 调查违反本法的行为和处以罚款程序的期限为 5 年，自违反本法行为之日起计算。

2. 对于连续或多次违反本法的情况,应从违法行为停止之日计算时间。

3. 管理局为调查违反本法的行为或对侵权行为处以罚款而采取的任何行动,应中断本条第 1 款所称的时效。如管理局对多家企业或企业协会提起诉讼程序,时效应自通知至少 1 名具有诉讼当事人地位的企业或企业协会之日起中断。

4. 每次中断时间重新计算。但是,时效最晚应在相当于本条第 1 款所称时效的 2 倍的期限届满之日起到期。

第七十二条　执行罚款的时效

1. 因违反本法而征收罚款的执行时效为 5 年。时效应从企业正式收到法院可强制执行的判决之日起开始计算,或在受害方未就有关决定采取行动的情况下,从管理局的决定成为最终决定之日起开始计算。

2. 第 1 款所称的时效应因主管当局为执行罚款而采取的任何行动而中断。每次中断后,应重新开始时间,但执行罚款的时效最晚到本条第 1 款所称时效届满之日止。

3. 作为例外,如管理局准许分期支付罚款,时效应自付款到期而有关企业未结清之日开始计算。

第七十三条　程序费用

根据本法所进行的违法诉讼程序和对有关违法行为处以罚款的一切费用,均按《行政性收费法行政运费表》规定。

十一、过渡条款和最终条款

第七十四条　本法的适用和正在进行的程序的结束

根据《克罗地亚共和国与欧盟共同体及其成员国之间的稳定与结盟协定》(《政府公报》第 14/01 号国际协定),特别是在法律空白和与解释竞争规则有关的不确定性方面,本法应适用欧盟共同体的竞争规则而产生的标准。

第七十五条

2003 年《竞争法》(第 112/03 号《政府公报》)的规定适用于 2010 年 9 月 30 日之前收到的投诉和启动诉讼程序的请求,以及 2010 年 9 月 30 日之前已启动诉讼程序的案件。

第七十六条　附属法律

1. 克罗地亚共和国政府最迟应在本法生效后 3 个月内,按照管理局建议,通过本法第七条第4款、第十条第2款、第十一条第3款、第十五条第4款、第六十四条第9款和第六十五条第4款所指的有关附属法律。

2. 在本条第1款所指的有关规则生效之前,根据2003年《竞争法》通过的规则(第122/03号《政府公报》)仍适用。

3. 管理局最迟应在本法生效之日起6个月内修改现行法律,并通过需要符合本法的管理局的其他立法法规。

第七十七条

1. 在本法生效之前被任命担任理事会委员的成员应继续工作,直至其任期届满为止。

2. 解职后,除本法第二十九条第1款第(2)项、第(4)项及第(5)项所称之解职外,委员会主席及委员开始其他工作或有资格领取退休金的,仍可享有与其解职时相同的薪酬,但解职后1年内不得超过解职后1年。

第七十八条　2003年《竞争法》的效力终止

2003年《竞争法》(第122/03号《政府公报》)自本法生效之日起生效。

第七十九条　生效

本法应在《政府公报》上公布,并于2010年10月1日起生效。

克罗地亚竞争法(修正案)

第一条

在《竞争法》(第79/09号官方公报)第二条后新增标题和第二a条,内容如下:

第二a条　“欧盟法律的适用”

本法还规定了《欧盟运行条约》(以下简称条约)第一百零一条和第一百零二条对2002年12月16日关于第OJ L 1, 4. 1. 2003号条约第八十一条和第八十二条规定的竞争实施规则的第1/2003号理事会条例(以下简称第1/2003号理事会条例)和2004年1月20日关于企业集中控制的第139/2004号理事会条例(以下简称第139/2004号理事会条例)规定,对克罗地亚共和国和欧盟成员国间的贸易产生影响的各种形式的扭曲竞争的适用性。

第二条

在第九条导言句的“第4款”之后增加“或条约第一百零一条”。

第三条

在第十条后增加第十 a 条如下:

“第十 a 条

1. 整体豁免还适用于克罗地亚共和国与欧盟成员国之间达成的对贸易产生影响的协定,这些协定符合条约第一百零一条第 3 款及欧洲委员会或欧盟委员会相关规定下的条件,即第一百零一条第 1 款所称协定的一般禁令向某些类别的协定提供整体豁免。

2. 按照第 1/2003 号委员会(欧共体)规定,管理局可通过决定撤销本条第 1 款所称的整体豁免利益,或根据欧洲委员会或欧盟理事会整体豁免规定作出决定,根据这些规定,特定类型的协定可给予条约第一百零一条第 1 款一般禁令提供的许可,这些规定不适用于在克罗地亚共和国领土内生效的,或构成一个独立地域市场的协定。如果该协定不符合条约第一百零一条第 3 款规定,则该协定不适用于在克罗地亚共和国领土内产生效力的特定协定。

3. 在本条第 2 款所指情况下,管理局关于撤销集体豁免利益的决定的,不应处以罚款,但应规定该协议的期限符合条约第一百零一条第 3 款规定的条件,否则,该协议无效。”

第四条

在第十四条第 1 款“第十三条”之后增加“或条约第一百零二条”。

第五条

在第十五条第 5 款第(3)项“《公司法》”后增加“或其他有效法律”。

将第 6 款修订如下:

“6. 2 家或 2 家以上独立企业持久履行一个独立经济实体所有职能的,如果该合资企业以协调保持独立的企业的竞争行为为目的,则构成集中,但这种协调应按照本法第八条第 1 款和第 3 款所指的标准进行评估。”

第六条

将第十七条第 2 款中“集中各方在申报时未能提交财务报表的”替换为“集中各方在申报时未能提交集中前一个会计年度财务报表的”。

将第 3 款修订如下:

“3. 本条第 1 款中的年度总营业额应按以下方法计算:

(1)将下列各项营业额相加:

参与集中的企业；

相关企业直接或间接拥有半数以上股份、资本或业务资产，有权行使半数以上表决权，或有权任命监事会、行政委员会或合法代表企业的机构半数以上的成员，或有权管理企业事务的企业；

在参与集中的企业（收购或控制企业）中拥有前述权利或权力的企业；以及

本项第（3）目所称的企业享有本项第（2）目所列权利或权力的企业。

（2）在下列情况下不考虑营业额：

源于集团内各公司之间销售产品或提供服务的结果（集团内营业额）。”

在第6款中的“集中”之后增加：“以及本法另有规定必须向管理局申报的集中”。

在第6款后增加一款，作为第7款：

“7. 例外情况下，即使已累计达到本条第1款规定的标准，集中各方无须向管理局申报拟实施的集中，只要已按第139/2004号理事会条例规定对集中进行强制申报即可。”

第七条

在第十九条第6款后增加新的第7款：

“7. 委员会根据第139/2004号理事会条例决定不评估同时满足本法第十七条规定的集中对欧盟成员国间贸易产生的影响，且将对相关集中评估工作转交给管理局的，则集中各方应在收到委员会有关决定之日起30日内将拟实施的集中向管理局申报。”

第八条

将第二十条第1款第（2）项修改为：

“（2）集中各方在集中前一个会计年度的年度财务报表。”

第九条

将第二十二条第2款修改为：

“2. 在本条第1款情况下，管理局应及时向提议实施集中的申报人发出集中符合性通知。该通知还应在管理局网站上公布。”

第十条

将第二十三条的标题修改为“撤回或部分撤回集中决定”。

将第二十三条第3款的“修正”改为“通过颁布新决定部分撤回”，而“该修正决定”改为“该决定”。

第十一条

将第二十六条第1款修改为:

“1. 管理局是具有公共权力的法人,作为独立实体在本法与条约第一百零一条和第一百零二条适用相关的第1/2003号理事会条例和第139/2004号理事会条例规定的范围和权力范围内自主开展活动。”

在第1款后增加两款,作为第2款和第3款,如下:

“2. 在开展本条第1款所述活动时,管理局应与欧洲委员会和欧盟成员国的国家竞争主管机构合作。

3. 为开展活动,管理局对克罗地亚议会负责。”

将原来的第2款、第3款、第4款、第5款、第6款和第7款将改为第4款、第5款、第6款、第7款、第8款和第9款。

将原来的第8款中“收缴的”改为第10款中的“确定的”。

第十二条

将第三十条第2款修改为:

“2. 作出管理局据以启动和实施扭曲竞争认定程序和确定对违反本法和条约第一百零一条和第一百零二条规定的竞争规则的行为处以罚款的必要条件的程序决定,同时作出管理局据以解决有关行政问题,决定采取相关措施,即恢复有效竞争和处以罚款所必需的义务、条件和期限、相应期限和执行罚款方式的决定。”

在第2款后增加第3款,内容为:

“3. 作出管理局据以中止欧洲委员会或欧盟成员国竞争主管机构正处理或已处理同一案件的程序。”

将原有第3款改为第4款。

将原有第4款的“行政法院”改为第5款中的“高级行政法院”。

将原有第5款、第6款、第7款、第8款、第9款和第10款改为第6款、第7款、第8款、第9款、第10款和第11款。将原有第11款改为第12款,修订如下:

“12. 确保实施与履行克罗地亚共和国作出并赋予管理局权力的国际承诺有关的国际合作,特别涉及在欧洲竞争网络内与欧洲委员会和欧盟成员国竞争主管机构密切合作的义务，以及第 1/2003 号理事会条例和第 139/2004 号理事会条例规定的承诺，并在竞争领域与其他国际组织和机构开展合作。”

将原有第 12 款改为第 13 款。

第十三条

将第三十二条第 3 款中的“行政法院”改为“高级行政法院”。

在第 3 款后增加新的第 4 款，如下：

“4. 向委员会通报收到的根据第 1/2003 号理事会条例提交的关于管理局在克罗地亚共和国领土内进行突击检查的要求，以确定根据条约第一百零一条或第一百零二条规定的违法行为的请求，或欧洲委员会关于管理局在开展这些检查方面提供必要协助的请求，以及欧盟成员国竞争主管机构代表其在克罗地亚共和国开展突击检查或采取任何其他调查措施，以搜集证据，确定违反条约第一百零一条或第一百零二条的行为的请求。”

将原有第 4 款改为第 5 款，在“决定”后增加“起草决定草案”，删除逗号，但在“法案”后增加“或条约第一百零一条或第一百零二条”。

将原有第 5 款改为第 6 款，并修改为：

“6. 起草管理局中止欧洲委员会或欧盟成员国竞争主管机构据以处理或已处理同一案件的决定草案。”

将原有第 6 款、第 7 款、第 8 款和第 9 款改为第 7 款、第 8 款、第 9 款和第 10 款。

将原有第 10 款改为第 11 款，并修改为：

“11. 确保与履行克罗地亚共和国赋予管理局权力作出的有关的国际合作，特别包括欧洲竞争网络内与欧洲委员会和欧盟成员国竞争主管机构展开密切合作，依据第 1/2003 号理事会条例和第 139/2004 号理事会条例进行承诺，并在竞争领域与其他国际组织和机构开展合作。”

将原有第 11 款改为第 12 款。

第十四条

将第三十五条第 1 款修正为：

“1. 在属于管理局范围的诉讼程序中，适用一般行政诉讼法。”

在第 1 款后增加第 2 款如下：

“2. 除本法另有规定外，审理通知的形式和内容、主要口头审理的开始时间、当事人和第三方出席主审及主审记录的形式和内容相应地适用《轻罪法》的规定。”

将原有第2款和第3款改为第3款和第4款。

第十五条

将第三十六条第4款中出现的“结论”改为“决定”,将“行政”改为“高级行政”。

第十六条

第三十七条第5款的“提交本条第4款所指的简易异议书”改为“享有本条第4款规定的权利”。

第十七条

将第三十八条第1款修改为:

“6. 当管理局启动本法第八条所称的被禁止协议的诉讼程序和条约第一百零一条所称的被禁止协议的诉讼程序,本法第十条第4款、第十a条和第十一条第4款所称的协议评估诉讼,本法第十三条所称滥用市场支配地位的诉讼程序以及协议第一百零二条所称的滥用市场支配地位的诉讼程序的情况下,应依职权行使。”

将第2款中的“修正”替换为“部分撤回”。

将第4款中的“结论”替换为“决定”。

将第5款中的数字“10”替换为数字“6”,将“结论”替换为“决定”。

在第5款之后,新增第6款和第7款,如下:

“6. 在管理局根据本法第三十七条的提议,在对本法第三十二条第1款第(1)项和第(2)项所称的相关市场进行初步调查的过程,为确定充分的间接证据证明根据条约第一百零一条或第一百零二条启动与扭曲竞争有关的诉讼程序且没有对欧盟成员国之间的贸易产生影响的,应证明在收到启动诉讼不超过6个月的期限内启动诉讼,并就此通知提出诉讼的人。

7. 如果欧洲委员会或欧盟成员国的国家竞争主管机构对同一案件中实施管辖,或者欧洲委员会或欧盟成员国的国家竞争主管机构已在同一案件中终结了诉讼程序,则管理局应作出决定并说明不启动诉讼的理由。”

将原有第6款改为第8款,并修改为:

“8. 本条第4款、第5款、第6款和第7款决定不得上诉,但是当事人可向克罗地亚共和国高级行政法院提起诉讼。”

将原有第7款改为第9款，将“根据第4款和第5款作出的决定”改为“根据第4款、第5款、第6款和第7款作出的决定”。

第十八条

在第三十九条第1款引言中“本法”后增加“和条约第一百零一条或第一百零二条”。

在第(2)项中，在“本法规定”后增加“条约第一百零一条或第一百零二条”。

将第2款中的“行政”改为“高级行政”。

第十九条

第四十条增加一款，作为第7款：

“7. 如果根据条约第一百零一条或第一百零二条提起诉讼，管理局应根据第1/2003号理事会条例通知欧洲委员会，必要时及时通知该欧盟成员国的国家竞争局。”

第二十条

在第四十一条第1款的“管理局”之后插入逗号，增加“为适用本法和条约第一百零一条或第一百零二条”。

将第3款修改为：

“如果诉讼程序一方当事人或本条第1款提到的任何其他法人或自然人未按照管理局的要求行事，管理局应以结论的形式启动诉讼程序，确定罚款依据，向有关当事人提交答辩说明和审理通知，然后以决定方式确定是否构成违反本法的行为，如构成违反，依照本法对有关违法行为处以罚款。本决定不得上诉，但可通过克罗地亚共和国高级行政法院提起诉讼。”

第二十一条

将第四十二条第1款修改为：

“1. 在对营业场所、土地和交通工具进行突击检查之前，管理局应向克罗地亚共和国高级行政法院申请签发搜查令，授权管理局对营业场所、土地和交通工具进行突击检查，检查这些场所发现的所有文件、记录和物品，封存任何营业场所或记录和物品并扣押物品，特别是当合理怀疑构成本法第八条或第十三条或协议第一百零一条或第一百零二条所称的扭曲竞争所必需的证据在这些场所或为某人所拥有,但据合理怀疑这些证据可能被销毁或隐藏时。根据第 1/2003 号理事会条例,管理局应在收到欧洲委员会或欧盟成员国竞争局要求后,向克罗地亚共和国高级行政法院提出此类请求。”

在第 1 款之后,新增第 2 款和第 3 款如下:

“2. 克罗地亚共和国高级行政法院:

(1)在收到本条第 1 款所述的管理局请求后 2 日内,决定发出突击检查命令;而

(2)突击检查命令必须包括:

本条第 1 款和本法第四十四条中提及的突击检查对象;

进行突击检查的法律依据;

管理局的授权人员和其他随行的被授权人员;

进行突击检查的时限。

3. 根据第 1/2003 号委员会条例的规定,管理局应就在克罗地亚共和国境内准备和实施突击检查并向欧洲委员会提供必要的协助。管理局可授权其他欧盟成员国竞争局的其他官员参加在克罗地亚共和国境内实施的突击检查,也可以代表有关当局进行突击检查。”

将原有的第 2 款改为第 4 款,并修改为:

“4. 管理局单独授权人员或在执法主管部门协助下的授权人员(以下简称被授权人员)和本条第 3 款中提及的被授权人员可实施本条第 1 款的突击检查,但在实施突击检查时应当场通知当事人或场地、物品所有人。在实施本条第 1 款所称的突击检查时,如果预期会遭到人身抵抗或威胁并将实施强制措施,或者如果可寻求证人或其他专家协助,执法主管部门授权人员应向执行突击检查的被授权人员、欧洲委员会或欧盟成员国竞争局授权人员提供充分的协助。”

将原有第 3 款中的“行政”改为第 5 款中的“高级行政”。

将原有第 4 款第(2)项改为第 6 款,删除分号,添加逗号、括号以及以下文字“(如计算机、服务器、电话)”。

将原有第 5 款改为第 7 款,而后增加新的第 8 款,内容如下:

“8. 本法第四十二条至第四十六条相应地适用于应欧洲委员会请求,根据其关于执行影响欧盟成员国间贸易的第 139/2004 号委员会条例的权力,有义务对在克罗地亚共和国境内的企业或企业协会进行突击检查。”

第二十二条

在第四十二条后增加第四十二 a 条，如下：

“第四十二 a 条

实施本法第四十二条、第四十四条规定的突击检查，发现有异议并依职权追诉的，由执法机关授权人员另行报案，暂予扣留，并当场发给扣留凭证。被授权人应当立即向公诉人报告。”

第二十三条

在第四十三条中，加入“第 1 款的编号”。

在第 1 款后增加第 2 款和第 3 款，如下：

“2. 企业代表或者企业雇员应当配合本法第四十二条第 3 款、第 4 款的被授权人员进行本法第四十二条、第四十四条规定的突击检查。

3. 凡使用计算机或者可接触计算机或者其他数据存储或介质的，应保证可自由使用该计算机或者数据存储或介质，并提供与其不受干扰而使用的一切相关必要信息。”

第二十四条

在第四十四条第 1 款中，在“与管理局”之后增加以下字样：“根据本法第八条、第十三条，以及条约第一百零一条和第一百零二条规定”。

第二十五条

将第四十五条第 1 款修改为：

“1. 突击检查行为不适用于被执行诉讼程序的企业与其获得合法授权的律师之间的通信，这些律师有义务根据特别规则对保密义务所涉的通信信息保密。”

第二十六条

将第四十七条第 5 款修改为：

“5. 提起人和根据管理局单独决定被赋予与主动请求人同等程序权利的人，在收到本法第三十八条所指的说明其没有公共利益或提起诉讼程序的理由的决定、收到管理局确定的不违反本法项下竞争规则的决定[第五十八条第 1 款第(13)项]，或收到诉讼程序终止的决定后有权查阅作出决定所依据的文件。

在这种情况下，本条第 2 款和第 4 款的规定也指其查阅案卷的权利。管理局应及时确定查阅案卷的时间，但不得迟于收到书面请求后的 8 日。”

第 7 款修改为：

“7. 管理局应通过决定拒绝查阅案卷。”

第二十七条

将第四十八条第 5 款修改为：

“5. 本条第 1 款所称的不包含商业保密义务所涵盖的数据的简易异议书副本应按请求,由管理局递送通过其他决定承认其权利或合法权益的任何实体。换言之,保证此人在程序中享有与提出提议的实体享有相同的权利,指示有关实体有权在收到答辩说明之日起 1 个月内,以书面答复的方式将其意见通知管理局。”

第 6 款中的“最终决定”用“对行政事项的决定”取代。

第二十八条

在第四十九条第 7 款“违反本法”后增加“或违反条约第一百零一条或第一百零二条”。

第二十九条

在第五十一条第 1 款“本法”后增加“或条约第一百零一条或第一百零二条”。

在第 4 款中,“行政”改为“高级行政”。

第三十条

在第五十二条第 1 款“本法”后增加“或条约第一百零一条或第一百零二条”。

在第 3 款第(2)项“本法”后增加“或条约第一百零一条或第一百零二条”。

在第 4 款第(3)项“本法”后增加“或条约第一百零一条或第一百零二条”。

在第(4)项“本法”后增加“或条约第一百零一条或第一百零二条”。

删除第 7 款。

第三十一条

在第五十三条第 6 款后增加一款,作为第 7 款：

“7. 根据第 1/2003 号理事会条例和第 139/2004 号理事会条例的规定,作为本条规定的管理局保护商业秘密义务的例外,管理局可向欧洲委员会或欧盟成员国竞争局披露、使用或交换带有商业保密义务的信息,且仅在根据条约第一百零一条或第一百零二条关于认定扭曲竞争的程序中使用这些信息作为证据。”

第三十二条

在第五十七条第3款中的“第十条第4款”后增加“和第十a条”，而将“修正”改为“部分撤回”。

第三十三条

在第五十八条第1款第(2)项的“第十条第4款”之后增加“和第十a条”。

第(7)项中的“修正”改为“部分撤回”。

第(9)项中的数字“四十五”改为数字“四十九”。

在第(13)项的“本法”后增加“或条约第一百零一条或第一百零二条”。

在第(13)项后插入分号代替句号，增加新的第(14)项、第(15)项、第(16)项、第(17)项：

“(14)当根据本法第三十条第2款和第1/2003号理事会条例规定，同一案件正在或已经由欧洲委员会或欧盟成员国竞争主管机构处理或处理完毕时作出的终止程序的决定；

(15)其根据本法第三十八条认定提起诉讼的理由或公共利益不存在的决定；

(16)据以承认无诉讼当事人资格的实体权利或法律利益的决定，保证该实体在诉讼中与提出提议的实体享有相同的权利；

(17)据以拒绝访问案卷的决定。”

第2款第(4)项中的“行政”改为“高级行政”。

删除第(5)项、第(6)项。

第三十四条

第五十九条第2款改为：

“管理局根据本法第五十八条第1款第(1)项至第(11)项所作的决定应在官方公报上公布。”

第3款的“行政”改为“高级行政”。

在第4款后增加第5款：

“5. 按照第1/2003号理事会条例规定，管理局应在基于确定条约第一百零一条或第一百零二条项下的扭曲竞争，基于就违反条约第一百零一条或第一百零二条根据本法第四十九条提起的诉讼中接受第四十九条项下的承诺，或基于本法第十 a 条第 2 款规定的撤回特定协议的整体豁免利益作出相关决定后 30 日内告知欧洲委员会,且如有必要,还要告知欧盟成员国竞争局,并提供案件摘要及设想的决定。”

第三十五条

在第六十条中的“处罚违法行为”后增加“条约第一百零一条或第一百零二条”。

第三十六条

在第六十一条第 1 款“第八条”后增加“和条约第一百零一条或第一百零二条”。

在第 2 款的“第十三条”后增加“和条约第一百零二条”。

第 4 款的数字“10”改为数字“11”。

第三十七条

第六十二条第 1 款中的“第二十四条第 1 款第(2)项”改为“第十九条第 1 款”。

第 4 款中的“行政”改为“高级行政”。

第 4 款后的句号改为“分号”,增加第 5 款:

“5. 违反本法第十九条第 5 款规定实施集中。”

第三十八条

在第六十四条第 3 款的“违反本法”后增加“或条约第一百零一条或第一百零二条”。

在第 4 款第(2)项的“违法行为”后增加“条约第一百零一条或第一百零二条”。

在第 5 款第(1)项的“本法”后增加“或条约第一百零一条或第一百零二条”。

在第(3)项中的“违法行为”后增加“本法或条约第一百零一条或第一百零二条”。删去“参与违法行为”后的文字。

在第 6 款的“本法”后增加“或条约第一百零一条或第一百零二条”。

在第 7 款“进一步减少罚款”后增加“违反本法或条约第一百零一条或第一百零二条”。

第三十九条

在第六十五条第 1 款的“最严重的违反本法规定的行为”后增加“和条约第

一百零一条”。

将第 4 款的“在欧共体中”一词替换为“在欧盟中”。

删除第 5 款“根据本法”一词。

第四十条

在第六十六条之后增加一个新标题和第六十六 a 条，标题如下：“法院、欧洲委员会和管理局之间的合作”

第六十六 a 条

1. 根据第 1/2003 号理事会条例规定，条约第一百零一条和第一百零二条的适用应属于商事法院范围，商事法院应及时通知该机构根据条约第一百零一条或第一百零二条进行任何法院诉讼程序。

2. 根据第 1/2003 号理事会条例规定，就条约第一百零一条或第一百零二条的适用向本法第 1 款所指的主管法院提交书面意见或意见时，该法院应及时地将欧洲委员会的书面意见或意见副本转交管理局和诉讼各方。

3. 根据第 1/2003 号理事会条例规定，就条约第一百零一条或第一百零二条的适用向本条第 1 款所指的主管法院提交书面意见或意见，该法院应及时将管理局的书面意见或意见的副本转交诉讼各方。

4. 在诉讼过程中直至最终判决作出之前的任何时候，管理局和欧洲委员会可向本条第 1 款所指的主管法院转交不具有约束力的相关书面意见。经法庭许可，有关机构也可向法庭提出口头意见。

5. 根据第 1/2003 号理事会条例规定，本条第 1 款所指的主管法院要求欧洲委员会转交意见书时，应及时通知各方，并在收到欧洲委员会不具有约束力的意见书后，将意见书副本转交管理局和诉讼各方。

6. 根据第 1/2003 号理事会条例统一适用欧盟竞争法的规定，当本条第 1 款所指的管辖法院对已经成为欧洲委员会决定的条约第一百零一条或第一百零二条规定的协定或做法进行裁决时，不得作出与欧洲委员会决定相违背的决定。如果欧洲委员会根据条约第一百零一条或第一百零二条启动的程序中正在考虑对侵权行为作出裁决，有管辖权的法院可评估是否有必要继续其程序或中止程序，直至欧洲委员会作出最终裁决。该义务不影响条约第二百六十七条规定的权利和义务。

7. 本条第 1 款所指的主管法院应将依据条约第一百零一条或第一百零二条

作出的任何判决的副本,在将该判决通知诉讼各方的同时转交管理局。

第四十一条

第六十七条修改如下:

“1. 对管理局的裁决不允许上诉,但受损方可在收到裁决 30 日内通过向克罗地亚共和国高级行政法院提起行政争议诉讼的方式提起诉讼。仲裁请求应由 3 名法官组成的合议庭围绕裁决的以下几点作出裁决:

(1)错误适用或错误适用竞争法实质性规定的;

(2)适用程序条款明显错误的;

(3)案件事实不准确或不完整的;

(4)不当罚款等代理申办机构决定的事项。

2. 对管理局处理程序问题决定的索赔不应中止诉讼。

3. 对于管理局通过的程序令(结论)以及解决程序问题,不得上诉,也不得提出行政争议,但可通过对解决相关行政事项的决定向克罗地亚共和国高级行政法院提起行政争议诉讼来对其裁决提出异议。

4. 本条第 1 款所指的请求不应推迟决定的执行,但决定中处以罚款的部分除外。

5. 对于管理局认定违反本法或条约第一百零一条或第一百零二条并对本法所指违法行为处以罚款的决定,受害方诉讼可提出索赔;对于管理局认定不存在本法或条约第一百零一条或第一百零二条所指的竞争规则的行为以及诉讼终止的决定,主动申请人以及具有相同程序权利的实体也可提出主动申请的实体提出索赔。

6. 对于本法第四十二条和第四十四条所指的突击检查命令,不得上诉。”

第四十二条

第六十八条第 1 款中的“行政”改为“高级行政”。

第四十三条

第六十九条第 1 款应予以删除。

删除第 2 款。

第四十四条

在第六十九条之后加入标题,增加第六十九 a 条如下:

“损害赔偿

第六十九a条

1. 有管辖权的商业法院应根据违反本法或条约第一百零一条或第一百零二条的行为对损害赔偿请求作出裁决。

2. 企业违反本法或条约第一百零一条和第一百零二条规定的，应对违法行为造成的损害承担赔偿责任。

3. 主管商业法院在决定本条第1款所指的损害赔偿额时，应特别考虑据以认定违反本法或条约第一百零一条或第一百零二条的管理局的已生效的决定，或在欧洲委员会认定违反条约第一百零一条或第一百零二条的情况下欧洲委员会的最终决定。这并不影响条约第二百六十七条项下的权利和义务。

4. 若认定违反条约第一百零一条或第一百零二条的违法案件由管理局或欧洲委员会处理，有管辖权的商业法院可评估是否有必要在管理局发生法律效力的决定或欧洲委员会的最终决定作出前，继续进行诉讼或中止诉讼。

5. 有管辖权的商业法院应及时通知管理局因违反本法或条约第一百零一条或第一百零二条规定而提出的损害赔偿请求。

6. 就本条第1款所指的损害赔偿请求权提出的损害赔偿请求时效应从管理局或欧洲委员会提起诉讼之日起，直至有关诉讼程序结束之日中止。”

第四十五条

在第七十条第1款“违反本法”后，增加“或条约第一百零一条或第一百零二条”。

在第2款中，“最终的”应替换为“可强制执行的”。

第四十六条

在第七十一条第1款中，在“违反本法”后增加“或条约第一百零一条或第一百零二条”。删除“违反本法的行为”一段末尾措辞中的“本法”字样。

在第2款“本法”之后增加“或条约第一百零一条或第一百零二条”。

在第3款“本法”之后增加“或条约第一百零一条或第一百零二条”。

第四十七条

在第七十二条第1款“本法”之后增加“或条约第一百零一条或第一百零二条”。凡出现“最终的”一词时，应替换为“可强制执行的”。

第四十八条

在第七十三条中，在“所有”一词之前，增加表示第1款的数字(1)。在第1

款之后,增加第 2 款如下:

“2. 属于管理局范围内的诉讼当事人无权要求有关程序的费用补偿。”

第四十九条

第七十四条应修改如下:

“1. 根据关于克罗地亚共和国加入欧盟共同体的条约(《官方公报》第 2/12 号国际协定)第 1 条规定,在适用本法时,特别是在法律无效或规则解释方面存在不确定性的情况下,应适用适用于欧盟的竞争规则的适用标准。

2. 在克罗地亚共和国加入欧盟之日,管理局应成为适用条约第一百零一条和第一百零二条的主管部门。”

第五十条　过渡条款和最终条款

1. 在克罗地亚共和国加入欧盟之日后,领土主管行政法院收到的对管理局决定的索赔,由克罗地亚共和国高级行政法院处理。

2. 领土主管行政法院应将所有与执行竞争法有关的案件,即在本法生效之日正在处理的针对管理局决定提出的索赔的所有正在进行中的案件移交克罗地亚共和国高级行政法院。

3. 在本法生效之日,克罗地亚国家银行应将所有正在进行中的涉及银行业竞争问题和信贷机构提供的金融服务的案件移交给竞争管理局,竞争管理局将继续进行有关程序。

第五十一条

本法应在《官方公报》上公布,并自克罗地亚共和国加入欧洲联盟之日起生效。

塞尔维亚竞争保护法*

一、总则

第一条　主体

该法应对塞尔维亚共和国市场上的竞争保护作出规定，以实现经济繁荣和社会福祉，特别是获取消费者利益，并完成保护竞争委员会（以下简称委员会）的设立、地位、组织和职能。

第二条　适用领域

本法适用于在塞尔维亚共和国境内从事的行为，以及在塞尔维亚共和国境外从事的影响或可能影响塞尔维亚共和国境内竞争的行为。

第三条　适用范围

本法的规定适用于所有直接或间接、永久、临时或一次性地参与货物和服务贸易的自然人和法人，无论其法律地位、所有权、公民身份或国家隶属关系（以下简称经营者），包括：

（1）国内外公司和企业；

（2）国家权力机构、领土自治机构和地方政府；

（3）其他自然人、法人及经营者协会；

（4）公用企业、公司、企业和其他从事公共利益活动的经营者或者被国家主管机关赋予财政垄断的企业，但实施本法会妨碍其执行这些活动或委托任务的企业除外。

第四条　劳动就业

用人单位与劳动者之间的劳动关系，以及用人单位与工会协会签订集体合同范围内的劳动关系，不适用本法规定。

---

* 《塞尔维亚共和国官方公报》第 51/2009 号和第 95/2013 号法令。

第五条　联营经营者

本法所称联营经营者，是指 1 个或者 1 个以上经营者控制另一个或者其他经营者，形成相关联的 2 个或者 2 个以上的经营者(以下简称联营经营者)。

根据本法，一个经营者的控制权具有对另一个经营者或者其他经营者的活动行为产生决定性影响的可能性，特别是：

(1)控制参与人具有控股(母公司)公司的作用，即在管理公司地位的法律意义下，根据联营公司的规章，单独或者共同行动的控股成员或者股东；

(2)基于另一经营者的全部资产或者部分资产的所有权或者其他财产权利；

(3)基于源于合同、协议或者证券而产生的权利；

(4)基于债权或者担保，或基于由控制参与人决定的商业惯例条款。

本法所称联营经营者，应被视为一个单独的经营者。

根据管理公司地位的法律规定，对关联各方或关联公司的管理规章适用于联营经营者，但此类规章与本法规定有抵触的除外。

第六条　相关市场

本法所称相关市场，是指包括相关地域市场中的相关商品市场。

相关商品市场代表了消费者与其他用户就其特性、通常用途及价格等方面认为可以互换的一组商品或者服务。

相关地域市场代表了经营者参与供求关系的地域，适用相同或者类似竞争条件，与其相邻地域的竞争条件有实质性不同。

政府应更加严格地规定相关市场的界定标准。

第七条　年度利润表

根据本法，经营者的年度收入应按照经营者启动程序的上一财务年度税前总收入确定。

本条前款所指的金融服务经营者、保险公司和再保险公司的年度总收入按照下列方法计算：

1. 对金融服务经营者，扣除与其直接相关的税金后，使用下列收入的总额：

(1)利息收入及类似收入；

(2)证券收入(股票及其他具有可变回报的证券收入、经营者股票的收入、联营经营者股票的收入)；

(3)服务费和佣金收入;

(4)财政收入与财政支出的正差额;

(5)其他营运收入。

2. 对于保险公司和再保险公司,由此类公司或以其名义订立的保险合同和再保险合同的基于保费的收入,按单项合同保费金额或保费总额扣除应缴税金。

本条第1款所称年度总收入,如以经营者协会形式来看,则应是协会的年度总收入。

第八条　外币条款

本法以及根据本法制定的法案中以欧元(EUR)表示的金额,应当在年营业额账户日或由强制措施确定的支付日或收款日,按塞尔维亚国家英航汇率中间价换算成等值的第纳尔(RSD)货币。

二、竞争侵权

第九条　定义

根据本法,竞争侵权行为是指经营者的行为和行动,其具有或可能具有重大限制、歪曲或阻止竞争的后果。

(一)限制性协议

第十条　限制性协议的定义和禁止

限制性协议,是指经营者之间达成的协议,其对塞尔维亚共和国境内的竞争造成重大限制、歪曲或妨碍。

限制性协议包括合同、某些合同条款、明示或默示的协议以及经营者协会的决定,特别指:

(1)直接或者间接地规定买卖价格或者其他交易条件;

(2)限制和控制生产、市场、技术开发或投资;

(3)将不同的商业条件适用于与各种经营者有关的同等交易,从而使经营者相较竞争者处于不利地位;

(4)在接受附加义务的条件下订立合同或协议,这些附加义务的性质、交易习惯和惯例与协议标的无关;

(5)分享市场或者供应来源。

限制性协议被禁止并无效化,但根据本法予以豁免的除外。

第十一条　豁免禁止的条件

如果限制性协议有助于促进生产和贸易,或者推动技术、经济进步,并能为消费者提供公平的利益份额,则限制性协议可以免予禁止,但前提是不得限制并非实现协议目的所必需的经营者,即不得排除相关市场或者其实质部分的竞争。

第十二条　个人豁免禁止

应限制性协议参与者的请求,委员会可以对某些限制性协议予以豁免(以下简称个人豁免)。

个人豁免申请人对其符合本法第十一条规定的条件负有举证责任。

本条第1款所指的个人豁免期限最长不能超过8年。

政府应当更严格地规定本条第1款所指要求的内容。

第十三条　按照协议类别豁免禁止

豁免禁止的限制性协议可以是某些类别的协议,只要符合本法第十一条的要求,且符合与协议类型、内容或者协议期限相关的其他特殊条件。

符合本条第1款规定条件的限制性协议不得提交委员会申请豁免。

政府应当确定本条第1款所指的协议的类别并更严格地规定特殊条件。

第十四条　次要协议

次要协议,是指经营者之间的协议,该经营者在塞尔维亚共和国境内产品和服务的相关市场上的总市场份额不超过下列内容:

(1)如果各方运营相同层次的生产和分销链,则不得超过10%的市场份额(横向协议);

(2)如果交易双方在运营不同层次的生产和分销链,则不得超过15%的市场份额(纵向协议);

(3)如果协议同时具有横向和纵向协议特征,或者难以确定协议是纵向还是横向的,则不得超过10%的市场份额;

(4)如果各参与方之间达成的协议对市场影响相似,且各参与方在产生影响的各个市场中的市场份额不超过5%的门槛,则不得超过30%的市场份额。

应准许次要协议,除非横向协议的目的是定价、限制生产或销售、分割采购市场,以及纵向协议的目的是定价或分割市场。

(二)滥用市场支配地位行为

第十五条　市场支配地位

市场支配地位,是指经营者相对于实际或者潜在的竞争者、客户、供应商或者消费者,具有在相关市场上的绝对优势。

经营者的市场优势,要根据相关经济指标和其他指标确定,特别是:

(1)相关市场的构成;

(2)相关市场上的市场份额超过40%被认定具有市场支配地位;

(3)实际的和潜在的竞争者;

(4)经济实力、财力;

(5)纵向一体化程度;

(6)进入采购、分销市场的优势;

(7)成为参与方进入市场的法律或者事实障碍;

(8)购买力;

(9)技术优势、知识产权。

2个或者2个以上依法独立的经营者,如果其经济上以某种方式关联,即在相关市场上共同运作或者作为一个参与者,则具有市场支配地位(集体支配)。

委员会应承担查明相关市场支配地位的责任。

第十六条　滥用市场支配地位行为

禁止滥用市场支配地位行为。

滥用市场支配地位行为是指下列行为:

(1)直接或者间接施加不公平的购买或销售价格或者其他不公平的商业条件;

(2)限制生产、营销或技术开发;

(3)对不同经营者从事的相同业务设立不同的条件,使某些经营者相对于竞争者处于不利的地位;

(4)在由对方承担附加义务的条件下订立协议,其性质或交易习惯与协议标的无关。

三、经营者集中

第十七条　集中的界定

经营者集中包括下列情形:

(1)在管理公司地位的法律意义上,经营者合并或者其他存在经营者合并的法定变更;

(2)根据本法第五条第2款,一个或一个以上经营者对另一个或多个经营者,或者对其他经营者部分股份进行收购,并取得直接或间接的控制权;

(3)由2个或者2个以上经营者组成合营公司,以成立新的经营者,或者根据第五条第2款对一个长期经营并具有独立经营者全部功能的经营者取得联合控制权。

相同经营者之间在不超过两年的时间内进行两次或两次以上的交易,应当被视为一项集中,视其最后一次交易成交日为交易发生时间。

第十八条　例外

如存在下列情形之一的,可以不认定为经营者集中:

(1)银行等金融机构、保险公司在正常经营活动中临时取得股票或者用于再行销售的股份,如自取得之日起1年内卖出,且未用此影响经营者在市场行为方面的商业决策;

(2)投资基金管理公司或投资基金获得经营者的股权,如行使这些股权的目的仅限于维持其投资价值,且不影响该经营者的竞争行为;

(3)合营企业旨在协调2个或2个以上独立经营者之间的市场活动,同时会根据本法第十条和第十一条的规定评估此类合营公司;

(4)破产管理人取得对经营者的控制权。

应股票或股份收购者的请求,委员会可以延长本条第1款第(1)项所述的期限,如果收购人证明在此期限内出售股票或股份是不可能的,但延长期不得超过6个月。

第十九条　集中许可

允许经营者集中,除非经营者集中严重限制、歪曲或阻止塞尔维亚共和国的市场或其部分市场的竞争,特别是当此种限制、歪曲或阻止是由建立或加强市场支配地位而导致的。

经营者集中的许可确定,应当考虑下列因素:

(1)相关市场的结构;

(2)实际的和潜在的竞争者;

(3)集中参与者的市场地位及其经济实力;

(4)供货商和客户选择的可能性;

(5)进入相关市场的法律壁垒或其他壁垒;

(6)集中参与方的竞争水平;

(7)相关商品或服务的供求趋势;

(8)技术和经济发展趋势;

(9)消费者的利益。

四、保护竞争委员会

第二十条　委员会的地位

委员会是独立、自治的组织,依照本法履行公共职权。

委员会具有法人资格。

委员会向国民议会负责其工作,并于当年 2 月底前向国民议会提交上一年度的报告。

第二十一条　委员会的权限

委员会有权:

(1)依照本法决定经营者的权利和义务;

(2)依照本法规定强制采取行政措施;

(3)参与制定有关保护竞争领域法规的准备工作;

(4)向政府提出起草实施本法的建议;

(5)发布适用本法的原则;

(6)监督和分析某个市场和某个部门的竞争状况;

(7)对法规草案以及影响市场竞争的法规向主管部门提出建议;

(8)就保护竞争领域的法规提出实施意见;

(9)为履行该领域的国际义务,建立保护竞争领域的国际合作关系,并收集其他国家保护竞争的信息;

(10)与国家机关、领土自治机构和地方自治机构合作,以确保实施本法和保护竞争的其他规定法规;

(11)开展活动以提高对保护竞争的意识;

(12)依照本法规定进行经营者集中申报;

(13)组织、承担并监督实施保护竞争的措施;

(14)依照本法规定履行其他职责。

对于本条第1款第(1)项至第(13)项所指的活动时,委员会应按照委托的活动执行。

第二十二条　委员会的主体

委员会的主体是委员会理事会(以下简称理事会)和委员会主席。

除非本法和委员会章程另有规定,理事会应就委员会职权范围内的事项作出决定,并采取行动。

理事会由委员会主席和4名成员组成。

委员会主席应根据本法和委员会章程规定,代表委员会并代其行事,制定决议,以及开展其他工作。

第二十三条　委员会各主体的选举

委员会主席和理事会成员应从在法律和经济领域具有10年以上相关专业经验的杰出专家中选取,且此类人员需在相关领域,特别是在保护竞争和欧洲法领域作出过杰出贡献,并以客观公正著称。

理事会的组成,包括委员会主席,必须包括本条第1款所指两个相关领域的专家,至少应有2名代表。

委员会主席和理事会成员应由国民议会根据负责贸易的主管委员会提议进行选举和罢免。

委员会主席的选举,即理事会成员的选举,应根据2份单独的候选人名单进行, 候选人名单应包含相同的候选人,但不多于应选人数的2倍。

委员会主席,即理事会成员,应从各个候选名单中选取,即多名列入理事会成员名单中具有适当专业知识的候选人,直至本条第2款所指的条件得到满足为止。

同一人可同时成为2个候选名单中的候选人,如从委员会主席名单中当选,则对另一名单中该人的投票结果不予考虑。

委员会各主体的选举,应在国民议会议长邀请的公开竞选中进行,不迟于委员会主席和理事会成员任期届满前3个月,或在第二十四条所指的终止或罢免后立即进行。

第二十四条　任期

委员会主席和理事任期5年,可以连选连任。

委员会主席和理事会成员的任期会因下列情况终止：

(1)当选期限届满；

(2)根据本法规定的原因被辞退；

(3)不能履行职责的法律或事实理由(辞职、达到法定退休年龄、丧失行为能力、健康状况严重妨碍履行职责等)。

根据本条第1款第(1)项、第(3)项规定的终止任期原因，应由国民议会主管委员会决定。

有下列情况之一的，国民议会应根据理事会或国民议会主管委员会的提议，罢免委员会主席或理事会成员：

(1)合理确定候选人资格中所述的信息不准确或不完整，即某种意义上遗漏了可大大降低当选可能性的信息；

(2)出现本法第二十七条所指情形；

(3)存在严重违反本法或者道德规范的行为。

第二十五条　委员会的活动

理事会作出决议，须经全体成员过半数投票通过。

在调查侵害竞争行为的程序中，理事会成员中应确定1名特派调查员，他会同负责调查程序的官方团队拟定决定草案，并向理事会报告案件的原因及所有有关事实和情况。

委员会主席应在制定程序的同时确定1名特派调查员。

委员会主席应主持和指导理事会的工作，签署各项决定和其他行动，并确保其执行。

委员会须根据委员会章程规定的方式，在其成员中选出1人，在委员会主席不能工作或被罢免时，行使本条第4款所指权力。

第二十六条　技术服务

委员会的技术服务机构(以下简称技术服务机构)依照本法、委员会章程和委员会的其他法规，在委员会管辖范围内开展专业工作。

技术服务机构人员的权利和义务适用一般劳动法规。

在合法性、专业性、公正性、官方语言文字的使用、职业教育以及员工培训、办公运营方面，应适用公共行政的规定。

技术服务机构应由秘书长管理。秘书长由理事会以多数票任命。具有经济学或法律专业大学学位,并在竞争领域具有至少 10 年专业经验和知识的人,可被任命为秘书长。秘书长在其工作中应向理事会负责。

第二十七条　职能和运作的不相容性

委员会主席和理事会成员在委员会任职期间,不能履行其他公共职能或从事专业活动,即不能从事任何有报酬的公共或私人业务,包括提供咨询和顾问服务。

从事科学活动、高等教育机构的教学活动,以及与专业发展有关的活动,不受本条第 1 款规定的禁止。

委员会主席和理事会成员不得是某个政党团体成员,不得公开宣传其政党的纲领或立场。

第二十八条　利益冲突

在执行公共职能时,委员会主席和理事会成员在法律规定的利益冲突方面应保持公职人员的立场。

根据本法,资格已终止的委员会主席和理事会成员,至少在其成员资格终止(雇佣关系终止)的两年后,不得在委员会程序中作为代表方。

委员会主席和理事会成员就职时,需就不存在本条第 1 款所指的选举障碍作出书面声明。

据此,技术服务机构雇员应适用法律规定的利益竞争条款,该条款依据法律规定的公职人员的权利和义务制定。

第二十八 a 条　道德准则

委员会须制定道德守则,包括委员会各主体成员和委员会雇员的行为标准和行事标准,以维护组织尊严、独立性和公正性提高成员和雇员对工作的责任意识和职业操守。

第二十九条　工作报酬

委员会主席和理事会成员有权获得工资,即在委员会工作的报酬。

第三十条　委员会章程

委员会章程应更严格地规范委员会的内部组织、运作方式和执行程序执行,以及颁布相关法令的权力。

委员会章程须经政府事先批准后由理事会制定。

委员会章程应在《塞尔维亚共和国官方公报》上公布。

第三十一条　委员会的经费筹措

委员会的运作资金应来自委员会活动的收入，特别是来自下列收入：

(1)依照本法应缴纳的税额；

(2)捐赠，但不包括适用本法经营者的捐赠；

(3)委员会出版物的销售收入；

(4)根据本法规定的其他来源。

本条第1款第(1)项所指税额由委员会经政府批准制定的税则确定。

本条第2款所指的税则应在《塞尔维亚共和国官方公报》上公布。

第三十二条　财务计划

委员会运作经费的筹措应根据委员会每年制订的财务计划进行，并在不迟于当年11月1日前提交政府批准下一年的经费预算方案。

如在有关财政年度开始前，未能以本条第1款所述方式通过资金计划，委员会筹措的资金应不超过上一年发生的支出。

财务预算应说明委员会的收入和支出总额，包括应急基金拨款以及工资支出。

列入财务预算的委员会支出总额不得超过为成功履行委员会职责所需的费用。

如根据年度收支表，确定委员会的收入总额超过支出总额，在拨付应急基金款项后，差额部分上缴国库。

如委员会收入不足以支付正常开支，委员会应向政府报告，并提出建议措施实现收支平衡，包括从国家财政预算中获得资助的。

委员会由国家审计机关对其进行审计。

委员会应在每一财政年度结束后3个月内公布财务报表。

五、委员会的程序

(一)委员会程序的一般规定

第三十三条　程序中的当事人

在委员会程序中的当事人应当是提交集中申报或个别豁免申请的经营者，即被启动调查程序的经营者。

根据本法，提起调查竞争侵害行为当事人、信息和数据的提供者、在程序中聘用的专家和组织,以及在程序中与委员会合作的其他政府机构和组织,不被视为程序的当事人。

第三十四条　一般行政程序规则的适用

在委员会的程序中,除本法另有规定外,适用一般行政程序规则。

第三十五条　依职权提起程序

委员会根据主动调查和其他方式获取的数据合理假设存在竞争侵害,以及在调查符合本法第六十二条定义集中的情况下,应依职权启动竞争侵害调查程序。

委员会主席应发布启动程序的结论,该结论应特别包括对可能构成竞争侵害的做法或行为的描述、启动程序的法律依据和理由,以及要求相关人向委员会提供的数据、文件或其他有关信息。

对启动程序的结论不允许提出特别申诉。

委员会有义务在收到启动竞争侵害调查请求之日起 15 日内,通知每个申请人结果。

第三十六条　基于应当事人请求的诉讼程序

除非本法另有规定,应根据当事人的请求制定和实施集中申报程序以及个别豁免程序。

第三十七条　简易程序

如果在对集中申报启动的程序中,根据提交的证据和委员会已知的其他事实,能够合理推断集中符合本法第十九条规定,委员会可以不实施调查程序,直接作出决定,除非依职权启动集中程序的情形。

简易程序决定需由委员会主席作出。

第三十八条　委员会作出的裁定

委员会应作出关于竞争侵害、个别豁免及许可或禁止集中的裁定。

委员会在作出竞争侵害诉讼决定前,应当告知当事人作出裁定所依据的有关事实、证据和其他要素,并要求当事人在指定期限内陈述意见。

委员会裁定竞争侵害行为的一个主要部分是对竞争保护措施的裁定,即委员会依据本法确定的其他行政措施。

向法院提起的行政诉讼不能改变委员会的决定。

作出的裁定应涉及程序性问题、临时措施和举证。

在需要送达给当事人或者第三人的情况下，以书面形式作出决定并公示。

举证后果由实施程序的官员作出裁定，但本法另有规定的除外。

对本条第 5 款中作出的裁定，不得提出特别上诉，但本法另有规定的除外。

对裁定的上诉不能影响执行。

第三十九条　送达

书面文件（传票、决定、结论等）的送达，适用一般行政程序规则。

特别情况是在重复送达的情况下，即以公告的形式送达的情况下，书面文件的内容应在委员会网站上公布，并应在公布之日起满 15 日后视为送达，但委员会决定延长的除外。

当事人不得提出不适当的送达，如果该送达的地址是诉讼当事人在商业注册机构保存的地址。

在对本法第五条规定的联营经营者提起诉讼时，向其中一个经营者送达即视为向所有联合经营者送达。

第四十条　法案的公布

明确说明竞争侵害行为的决定，以及依职权提起诉讼的决定，应当在《塞尔维亚共和国官方公报》和委员会网站上公布。

如果委员会主席评估，关于程序上的裁定可能损害诉讼的进行，则不予公布。

第四十一条　调查程序

在调查程序中，应当采取必要的证明活动，旨在正确决定既定事实，特别指听取当事人、证人、鉴定人的陈述，收集资料、文件和财物进行检查以及暂时扣押财物。

在每一案件中，调查程序应由委员会主席委派 1 名技术服务机构的人员执行。

实施调查程序和专家鉴定的结论由委员会主席作出。

由理事会决定在委员会程序中可被指定为鉴定人的专家和机构名单。

第四十二条　官方身份证件

委员会官员在调查程序中实施行动，应当持有官方身份证件。

本条第 1 款所称的官方身份证件由委员会主席签发。

政府应当对本条第 1 款所述的官方身份证件的形式和内容作出更为严格的

规定。

第四十三条　案卷查阅权和对程序的知情权

当事人有权查阅案卷材料,并自费复制案卷材料的个别部分。

审议和表决情况的记录、官方报告和决定草案被视为保密资料或者被保护的资料,不得查阅或者复制。

竞争侵害行为调查倡议的申请人、信息提供者和其他在监督过程中可能有合法利益的当事人,在程序中享有知情权。

理事会应当制定法案,更严格地规定本条第3款涉及的申报的内容和方式。

第四十四条　提交和检查文件的义务

当事人应当按要求提交或者提供以书面、电子或者其他形式保存的检查相关资料、文件、记载信息的物品以及其他在诉讼中可作为举证对象的事物,这些被认为是当事人必须具备的,或者可以合理推定其具备的。

如果当事人送达失败或直到程序结束才将所要求的文件、数据或者证据提交的,由于缺乏上述证据而存疑,委员会作出的决定可能对未延迟提交材料的当事人不利。

第四十五条　受保护信息

应当事人、竞争侵权调查请求人或者在程序中提交或者提供被请求的信息的第三方的请求,可以确定保护信息来源或者特定数据(受保护数据)的措施,就请求的主题而言,经评估该申请人的利益是合理的,并且实质上比公共利益更重要。

本条第1款所指的申请人在该请求中有义务提出由于披露请求中所指明的信息的来源而导致实质损害的可能性。

委员会主席应就本条第1款所指的请求作出决定,而对于拒绝或驳回请求的申请人,可以裁定进行特别申诉。

根据关于自由获取公众重要性信息的法律,受保护的信息不属于该种信息。

(二)特殊程序

第四十六条　程序的重新启动

在违反附条件批准集中或个别豁免的情况下,如符合一般行政程序规定,委员会可以重新启动程序。

第四十七条　行业分析

在价格流动或其他情况表明可能限制或扭曲竞争的情况下，委员会可以对经济中的某一领域或不同行业中协议的某类竞争状况进行分析。

根据本条第 1 款实施行业分析，委员会可以要求经营者提交所需的信息或文件，并进行必要的研究。

委员会可以特别要求经营者提交关于一致行为的所有协议、决定或通知。

委员会有义务以适当的方式，特别指在其网站上公布行业分析的报告，以及可以邀请经营者对报告提出意见。

第四十八条　提供所需信息的义务

如果合理假定所需信息、财产或文件为第三方掌握，委员会应当要求其提交这些信息、财产或文件。

本条第 1 款所述第三方有义务提交请求所涉及的信息、文件或财物，或使其被监督，但法律另有规定的除外。

委员会除警告隐瞒信息并告知提供虚假信息的后果之外，还应告知对象、期限。

应上述第三方要求，委员会可以在其所在地监督和收集信息。

第四十九条　国家机关和组织的合作

委员会可以要求其他政府部门和组织提供信息。

国家机关和组织有义务与委员会合作，并在适当的时候根据本条第 1 款所述要求采取行动，即提供信息、文件或所要求的其他证据，或者就请求的主题作出合理的声明。

本条第 2 款所述的义务，特别是指统计机关、税务机构、地方自治政府、商会和其他行使公共权力的组织。

如果本条第 1 款所述的机构或组织不及时或不完整采取措施，委员会可以将有关情况通知负责监督机构，要求有关机构或组织提供所需信息。

如果在按照本条第 4 款行动后相关国家机构或组织仍不合作，或者委员会多次同相关国家机构或组织协商未果，则委员会可以公布该事项。

第五十条　与警察机关合作

应委员会的要求，警察机关将为执行程序中的某些行动方面提供协助，特别是指根据警察职权进行调查和暂时扣押财物。

第四十九条第4款和第5款的规定也涉及与警察机关的合作。

第五十一条　特权通信

被执行程序的一方与其律师进行与程序直接有关的信函、通知及其他一切形式的通信,应视为特权通信。本法中有关受保护信息的条款适用于特权通信。

在涉嫌滥用特权通信的情况下,委员会主席可以审查通信的内容,即决定废止某些特权通信形式的滥用。

(三)委员会的权力

第五十二条　调查权

调查官员可以:

(1)进入并检查当事人所在地的经营场所、交通工具、土地和其他设施,以及当事人或第三方从事经营或其他活动的其他场所;

(2)检查业务和其他文件,无论这些文件以何种方式保存;

(3)收缴、复制或扫描业务文件,如由于技术原因无法收缴、复制、扫描业务文件,被授权人可以收缴业务文件,并在需要时进行复制,对其予以保存;

(4)调查时封存所有经营场所和业务文件;

(5)从当事人代表或其雇员方面获取口头和书面陈述,同时获取关于调查对象的文件,如果有必要出具书面陈述,被授权人必须确定提交陈述的日期;

(6)根据调查程序的目标履行其他职责。

如当事一方提出要求,必须向其出示调查现场的可能性,除非提出要求的目的是延长或阻碍调查程序。

第五十三条　突袭检查

如果合理怀疑存在转移或改变当事人或第三人持有证据的风险,则可下令进行黎明突袭。

黎明突袭应通过突然控制现场的方式实施,即突袭文件、资料和财物所在现场,并在调查到场时通知当事人或持有者。

第五十四条　进入现场

如果调查有必要在当事人或第三方的所在地进行,进行调查的委员会官员有义务向该处所的所有者或持有者出示官方身份证件,并提交在该处所进行调查的结论,即要求进入该处所进行调查。

如果处所的所有者或持有者无正当理由反对调查执行，可以在警方的协助下强行进入。

如果有必要在公寓或其他所在地进行具有相同、类似或有关目的的调查，而该处所的所有者或持有者反对，委员会主席应立即请求适当的法院命令。

法院有权根据有关保全证据的民事诉讼程序规则，对委员会决定提出的申诉作出裁决。

公寓和其他处所的所有权人在调查过程中保留自行或委托他人协同2 名成年证人到场的权利。

如果处所所有权人或其代表不在场，可在 2 名成年证人在场的情况下接受调查。

第五十五条　暂扣文件、财物

如果在调查过程中发现的文件或财物载有与程序中作出决定有关的数据或其他物品，可以决定暂扣，直至这些文件所载的有关数据和事实得到查实，或者至少直到程序结束。

暂扣文件或者财物及返还的决定由执行调查的人员作出，即执行程序。向被暂扣文件或财物的人当场出具专用凭证。

扣押和保管文件、财物的费用以及可能因文件、财物损坏而产生的赔偿金，都包括在调查程序的费用中。

第五十六条　临时措施

如果存在危害，对作为程序主体的行动或行为直接涉及的当事人造成不可弥补的损害，委员会可以通过包含暂停执行具体行动或行为命令的结论，即命令执行旨在防止或消除其有害影响的强制性行动。

对本条第 1 款的决定可以提出特别申诉，该决定由委员会主席作出，而理事会应就申诉作出决定。

本条第 1 款所指的临时措施可持续到按该程序作出决定为止。

第五十七条　证监会实施的行政措施

如果委员会认定构成竞争侵害行为或其他违反本法的行为，则应实施用以消除竞争侵害的竞争保护措施，亦即本法规定的其他行政措施。

根据保护竞争措施，即程序性处罚确定赔偿数额时，应当考虑竞争侵害行为的意图、严重性、持续的时间及后果等因素。

行政措施所确定的款项的收取,应纳入塞尔维亚共和国国库。

竞争保护措施的强制执行,即程序性处罚以及法院判决减少或废止时的返还款,由税务机关依照税收征收的有关规定执行。

对某些形式的经营者协会所采取的措施,所有参与者应当承担连带责任,在该联盟所有参与者承担费用或没有自有资金的情况下,可由其共同或个别承担。

政府应更严格地根据竞争保护措施和程序性处罚的程度确定支付数额的标准,以及支付的方式和期限,并更严格地规定确定本条第 1 款所指措施的条件。

第五十八条　诉讼中止

如果一方当事人根据诉讼结果,即在诉讼中确定的事实,提交一份自愿承担的义务的提议,以消除可能的竞争侵害行为,委员会可以作出对竞争侵害行为中止调查的决定,并根据本法第五十九条规定采取措施的条款和条件。

当事人可在不迟于接到本法第三十八条第 2 款所指的通知后提出本条第 1 款所指的提议。

委员会应在其网站上发布本条第 1 款所述的当事人提交提议的公告,该通知包括提案的简要情况和案件的要素,邀请所有利害关系方在本公告发布之日起 20 日内提交书面意见、立场和观点。

如果委员会基于对市场状况的分析,确定拟议的承诺将确保本法第五十九条采取措施的目标得以实现,委员会应根据给定的提议作出采取何种措施的决定。

委员会无义务接受本条第 1 款所指的提议。

诉讼中止的决定规定了当事人履行义务和提交符合措施要求的证据期限。

如果出现下列情况,诉讼应在从作出本条第 1 款中的决定之日起不超过 3 年的期限内继续进行:

(1)作出诉讼中止决定所依据的客观情况发生重大变化;

(2)当事人未在规定的期限内履行措施规定的义务,即未能就此事件提供充分证据;

(3)委员会发现关于诉讼中止的决定是基于当事人提供的不准确、虚假、不完整或具有误导性的信息而作出的。

诉讼中止的决定对当事人的处理由委员会依职权监督。

诉讼中止的决定,即延期审理,由理事会制定。

第五十九条 消除竞争行为的措施

委员会在决定竞争侵害行为时,可以制定旨在消除竞争侵害行为的措施,即通过命令实施某种行为或禁止某种行为(行为性措施),防止可能发生相同或类似的侵权行为。

本条第 1 款所指的措施必须与竞争侵害行为的严重程度相当,并与造成这种侵害行为的行为或做法有直接关联。

如果根据经营者的结构确定存在再次发生相同或类似侵害行为的重大风险,委员会可以制定以改变结构为目的的措施,以消除这种风险,即建立在侵害行为之前已经存在的结构(结构性措施)。

在不可能设定相同或类似有效的行为性措施,或者该行为性措施对经营者造成的负担大于结构性措施,即针对同一侵害行为先前采取的行为性措施未得到充分实施的情况下,应制定结构性措施。

结构性措施可能要求分解已经设立的经营者结构,特别是通过将某部分或资产出售给不相关的他方。

政府应当规定设立本条第 1 款和第 3 款所指的保护措施。

(四)限制性协议程序中个别豁免的特别规定

第六十条 对个人豁免请求的处理

对限制性协议请求个人豁免的决定应当自请求提交之日起 60 日内作出。

个人豁免决定除豁免条件外,还应当具体包括个人豁免期限。

当事人可以在不迟于该期限届满前 2 个月提出特别请求,以请求延长个人豁免期限。

应本条第 3 款所指的请求,可以确定个人豁免的相同或不同的条件和期限。

如果给予豁免的条件发生实质性变化,委员会可以在本法第四十六条规定的依职权重复程序中,在其颁布后 1 年内,撤销本条第 1 款所指的决定,即如果豁免决定基于不正确或虚假的信息,或者如果豁免被滥用,则可以撤销该决定。

申请人发出本条第 1 款和第 3 款所提交的请求书的决定时,应当按照第三十一条第 2 款税则确定的数额缴纳费用。

(五)集中调查程序中的特别规定

第六十一条　集中申报义务

在下列情况下,集中必须向委员会申报:

(1)所有集中参与者在上一财政年度在国际市场上的年营业额合计超过1亿欧元,但至少1名集中参与者在塞尔维亚共和国市场上的营业额超过1000万欧元;

(2)至少2个集中参与者上一财政年度在塞尔维亚共和国市场上的年度收入合计超过2000万欧元,但同期至少2个集中参与者在塞尔维亚共和国市场上的营业额分别超过100万欧元;

经营者通过互惠交易取得的收入不计入本条第1款规定的年度收入总额。

根据股份公司收购条例规定,以出价收购方式实施的集中,即使未达到本条第1款规定的条件,也应进行申报。

第六十二条　依职权调查集中

委员会获悉已经实施的集中后,如果发现集中参与者在塞尔维亚共和国市场上的份额合计超过40%,即有合理理由推定该集中未满足本法第十九条规定的许可条件以及如有其他未依照本法规定批准的集中,可以进行集中调查。

在申报的集中调查程序中,确定符合本条第1款规定的依职权启动调查程序的条件,则根据委员会主席作出的决定,该程序仍应依职权继续实施。

委员会应承担证明存在本条第1款规定的超过的市场份额和条件的责任。

委员会有义务自依职权启动之日起4个月内就集中程序作出决定。

第六十三条　集中申报

集中申报应当在下列第(1)项行为实施之日起15日内报送委员会:

(1)订立协议或合同;

(2)发出公开要约,即提供或关闭公共要约;

(3)获得控制权。

经营者在本条第1款所述行为之前通过签署意向书、宣布邀约意向或任何其他方式表明对协议有重大意向的,也可以递交本条第1款所述的公开要约。

当一个或几个经营者的全部或部分控制权被其他经营者收购时,由取得控制权的经营者申报,合营企业则由各方经营者共同申报。

政府应更严格地规定集中申报的内容和方式。

第六十四条　集中中断

在委员会作出决定之前,集中参与人应当暂停集中实施。

属于本法第六十二条规定情形的,集中参与人自收到关于集中批准程序的决定之日起,停止实施集中。

本条第1款、第2款中规定的中断集中交易义务不得妨碍收购实施,此收购依照有关股份公司收购的法律,即有关私有化的法律已向有权机关申报,只要集中申报及时,控制权取得人不得基于所获得的权利行使管理权,或仅为维持投资的全部价值并在委员会特别批准基础上行使。

委员会主席应分布决定,对本条第3款所指的批准请求作出决定。

第六十五条　集中程序的决定

委员会应当自收到完整的集中申报通知之日起1个月内,根据本法第六十三条第4款、第三十七条第2款、第六十二条第2款规定的调查程序结论,对集中申报作出决定。

如果委员会未在本条第1款规定的期限内对申报作出决定,即未在本法第六十二条第4款规定的期限内,在依职权进行集中调查的程序中作出决定,则应认为集中获得批准。

在制定决定时,委员会应当批准符合本法第十九条所指的许可条件的集中,否则禁止集中。

如果确定申报不符合本法第六十一条规定的条件,或者申请人未按照委员会的要求补充不完整的申报,则由委员会主席作出决定驳回申报。

申请人发布集中申报决定,应当按照本法第三十一条第2款税则确定的金额缴纳费用。

如集中申报因不符合本法第六十一条规定而被拒绝,则不再缴纳本条第5款规定的费用,即将费用退还申请人。

第六十六条　有条件的集中批准

如委员会认为不符合批准集中条件,应当将决定所依据的相关事实、证据和其他要素告知申请人,并邀请当事人适时作出声明。

在该声明中,申请人可以提出为了实现批准集中实施的条件愿意接受的特殊条件。

考虑到所建议的特殊条件,委员会应评估是否适合实现本法第十九条规定的条件,并制定批准集中的决定,规定实施的特殊条件和条款,以及规定的条件实施进行控制的方式(有条件批准)。

第六十七条　解除集中措施

如果委员会确定了不予批准的集中行为,或者未履行有条件批准集中的条件和义务,则可以制定对集中参与人实施为建立或维护相关市场竞争所必需的措施(解除集中措施)的决定,并命令参与者分立公司、变卖股权或股份、终止合同或采取其他行动,以设定集中前的条件。

本条第 1 款所称决定应包括实现既定命令的期限和特殊条件。

(六)竞争保护措施和程序性处罚

第六十八条　竞争保护措施

如符合下列条件,应确定给经营者施以竞争保护措施,该措施的形式是有义务支付不超过在塞尔维亚共和国境内产生的年度收入总额 10% 的金额,且该金额根据本法第七条计算:

(1)本法第十六条所述的滥用相关市场支配地位的行为;

(2)订立或实施本法第十条规定的限制性协议,或签订或实施本法第六十条规定的不予豁免的限制性协议;

(3)不履行或者未实施本法第五十九条规定的消除竞争侵害行为的措施,或第六十七条规定的解除集中的措施;

(4)违反本法第六十四条规定的中断义务进行集中,或者按第六十五条规定的实施集中未被批准。

缴纳竞争保护措施款项的期限,应由设立该措施的同一决定确定,且不得少于自收到决定之日起 3 个月内,或超过自收到决定之日起 1 年。

自活动发生或未履行义务之日起满 5 年,即自本条第 1 款所指关于执行活动时间周期的最后一天起满 5 年,则不得设立竞争保护措施。

委员会为确立本条第 1 款规定的行动和制定竞争保护措施而采取的任一行动,可终止本条第 3 款规定的时效。当委员会对几个或多个经营者或经营者协会提起诉讼时,时效应于任何一位持有诉讼当事人身份的上述经营者收到委员会提交的文件之日起被终止。

每次中断后,应重新计算时效,但本条第 3 款规定的期限届满后,不再进行调查竞争行为的程序。

竞争保护措施自委员会决定生效之日起满 5 年后不得采用，如提起行政诉讼，则自司法判决生效之日起不得采用。

法定时效可以被主管机构为采取竞争保护措施而进行的每一行动中断，时效应重新开始执行，但在本条第 6 款规定的双期限届满后，不得进行采用程序。

第六十九条　竞争保护措施的免除

本法第十条所指的协议参与方，如第一个向委员会报告存在协议或提交证据，委员会据此作出本法第十条第 1 款所指的竞争侵害行为决定，则可以免除通过竞争保护措施支付金额的承诺。

免除本条第 1 款所指的支付金额的承诺的条件是，在提交证据时，委员会尚不知道存在本法第十条第 1 款所指的协议，或者委员会知道但没有足够的证据来作出决定。

对本法第十条第 1 款所指的协议参与方未能满足免除支付金额承诺的条件，可以减免竞争保护措施的金额，但条件是，在程序中向委员会提交当时尚不能获得的证据，且诉讼终止，并对本法第十条第 1 款所指的竞争侵害行为作出决定。

本条第 1 款至第 3 款的条款不适用于发起本法第十条第 1 款所指协议的协议参与方。

政府应更严格地规定免除本条第 1 款至第 4 款所指的支付金额的承诺条件。

第七十条　程序性处罚措施

对违反委员会在各自诉讼中发布命令的经营者，或未能按照本法第五十七条的规定遵守这些命令的经营者，如有下列情况，应对其处以每天 500 欧元至 5000 欧元的处罚：

（1）未能遵守委员会的要求，提交、披露、提供或提供渠道接触所要求的数据，禁止进入处所，或以其他方式阻碍调查，即传递或提供不正确、不完整或虚假的信息，包括本法第四十四条、第四十七条和第四十八条所指的信息；

（2）未能遵守本法第五十六条所指的临时措施；

（3）未在本法第六十三条第 1 款规定的期限内提交经营者集中申报。

程序性处罚，最高不得超过根据第七条计算的年度收入总额的 10%。

程序性罚款的缴纳期限由制定该措施的同一决定指定，不得少于自收到决定书之日起 1 个月内,或超过收到决定书之日起 3 个月以上。

自本条第 1 款规定的未能执行之日起届满一年,可以不强制执行或者不征收罚款。

六、司法审查

第七十一条　对委员会决定的司法审查

对委员会的最终决定,申诉可以在决定书送达当事人之日起 30 日内向法院提出,申诉应由上诉法院的行政法院管辖。

申诉不停止裁决的执行。

如果决定的执行会给公诉人造成不可弥补的损害,特别是如果它可能导致公诉人破产或其商业运营停止,委员会可以应申请人的请求推迟执行决定,直至司法决定生效,只要这种推迟不违反公共利益。

请求延期的,应当提交现场断言的证明。

理事会应就延期执行作出决定,应不迟于决定规定的最后付款期限。

第七十二条　司法程序

对委员会决定的合法性进行司法程序审查,适用行政诉讼法的条款,但本法另有规定的除外。

委员会决定的合法性,部分涉及某项行政措施的款项,应参照本法和相关规定的实施条件进行审查。

如果法院判定,委员会的部分决定仅涉及某些行政措施的款项部分不合法,该裁决应根据惯例,按行政诉讼法规定下,推翻部分决定。

向委员会提出反诉的申诉及其附件,提交期限为法院收到申诉之日起 15 日,而作出答复的期限为收到反诉申诉之日起 30 日。

法院应在不迟于收到反诉之日起 3 个月内对申诉作出裁决。

向委员会提交对于反诉的特别法律补救办法及其附件的最后期限为法院收到之日起 15 日,而作出答复的期限为收到反诉的特别法律补救办法之日起 30 日。

最高上诉法院应在收到关于特别法律规定的补救办法,即反诉之日起不迟于 3 个月内就特别法律补救办法作出裁决,即答复期届满时。

第七十三条　损害赔偿

对构成本法所指的竞争侵害的行为和做法造成损害的赔偿,由委员会决定,应通过有合法管辖权法院的民事诉讼程序获得。

本条第 1 款所述的委员会的决定不应推定发生了损害,而是此事项必须在司法程序中予以证明。

七、过渡性条款和最后条款

第七十四条

本法施行之日前已启动的程序,依照启动程序时的规定办理。

第七十五条

自本法开始施行之日起,根据《竞争保护法》(《官方公报》第 79/05 号)设立的竞争保护委员会,应依照本法的条款继续开展活动。

第七十六条

在委员会各主体根据本法举办选举之前,竞争保护委员会的理事会主席和成员根据本法分别履行委员会主席和理事的职责。

第七十七条

在行政法院根据管辖法院的法律开始运作之前,高等商事法院是针对委员会的决定提出上诉的主管法院。

在最高上诉法院院长和法官选举之前,委员会主席和理事会成员的薪金应分别按最高法院院长和法官的薪金水平决定。

第七十八条

自本法生效之日起,《竞争保护法》(《官方公报》第 79/05 号)将停止适用。

第七十九条

根据本法条款制定的规章制度,应当在本法施行之日前制定。

第八十条

根据本法制定的规章制度颁布前,按在本法施行之日前制定的规章制度执行,与本法相抵触的除外。

第八十一条

本法自《官方公报》发表之日起第 8 日生效,自 2009 年 11 月 1 日起施行。

关于修改《竞争保护法》的单独条款

(《官方公报》第95/13号)

第二十二条

本法生效之日前委员会尚未完成的程序,应根据本法条款继续进行。

本条第1款存在例外,即本法生效之日前实行的规章适用于市场支配地位的认定和保护竞争措施时效的确定。

国民议会主席应当自本法生效之日起1个月内公布委员会各主体选举的公开内容。

在本条第3款规定的新机构选举之前,应停止对本法生效时在任的委员会主席和理事会成员的委任。

第二十三条

本法自《官方公报》发表之日起第8日生效。

罗马尼亚竞争法*

第一章　总则

第一条

本法的范围是保护、维持和激励竞争以及维护正常的竞争环境，以促进消费者利益。

第二条

1. 本法规定适用于限制、防止或扭曲竞争的行为，由下列实体实施：

（1）企业或企业集团、个人或法律实体；拥有罗马尼亚国籍或外国国籍的实体（以下简称企业）；

（2）中央或地方公共行政机关根据所发布的决定或通过的条例，直接或间接地干预市场运作，影响竞争，但为执行其他法律或保护重大公共利益而采取这种措施的除外。

2. 本法所述的企业，是指在特定市场上参与商品或服务提供活动的任何经济企业，而无论其法律地位和融资情况如何，参见欧盟判例法中的定义。

3. 如果第 1 款第（1）项所述的企业通过协议、谅解、契约、合同等成为公开或隐蔽和秘密设立的集团的一部分，但不具有法人资格，无论其形式如何，也无论其形式是协约、联盟、集团，如果第 1 款规定的行为是在参加此类企业时作出的，考虑到相称原则，本法的规定将适用于每项承诺。

4. 本法规定的行为适用于第 1 款规定的、在罗马尼亚境内和境外实施的对罗马尼亚产生影响的行为。

第三条

2002 年 12 月 16 日，第 1/2003 号理事会条例关于强制执行条约第八十一条

---

* 1996 年 4 月 10 日第 21 号法律。

和第八十二条规定的竞争规则的规定及其进一步的修订和补充条款(以下简称第1/2003号理事会条例)中的规定。此时,企业或企业协会的行为可能影响欧盟成员国之间的贸易。

第四条

1. 产品价格以及服务和工程费率以供求为基础,通过竞争方式自主确定。自然垄断或法定垄断行为的价格和费率标准在财政部提出咨询意见后制定和调整,但法律有特别规定的除外。

2. 在法律或因垄断地位而限制或实质上限制垄断地位的经济部门或市场上,政府可自行决定采取适当的价格管制形式,管制期限不超过3年;如证明政府决定有正当理由的情况一直存在,则可连续延长,但最长不超过1年。

3. 对于特定经济部门和特殊情况,如出现危机情况、供求严重失衡、市场明显失灵等,政府可采取临时措施,防止甚至阻碍价格的过快上涨。这些措施可由政府通过决定采取,期限为6个月。只要有正当理由的情况持续,可连续延长,但最长不超过3个月。

4. 对于第2款和第3款所述的情况,政府将根据竞争理事会的咨询意见进行干预。

第二章　反竞争行为

第五条

1. 禁止企业或企业协会之间签订任何明示或默示的协议,企业协会作出任何决定及实施任何一致行动,其目的或可能造成的影响是限制、阻碍或扭曲罗马尼亚市场或部分市场上的竞争,特别是旨在实现下列目的:

(1)共同直接或间接地固定买卖价格以及任何其他交易条款;

(2)限制或控制生产、贸易、技术开发或投资;

(3)分配经销市场或投入来源;

(4)在同等服务中对交易相对人规定不平等的交易条款,使其中部分交易相对人处于不利的竞争地位;

(5)通过强行要求合伙人接受某些性质或商业惯例规定的与合同范围无关的附加服务条款,并以此作为订立合同的条件;

(6)以一致方式在拍卖或任何其他形式的竞争性投标中参与串通投标;

(7)排斥市场竞争者,限制或妨碍其他企业进入市场和实施自由竞争行为,以及在没有合理理由的情况下,不从特定当事人购买或不向特定当事人销售商品。

2. 企业协会的协议、决定或者一致行动累计符合下列条件的,不受第1款禁止规定的限制:

(1)有助于改进商品的生产或经销,或促进技术或经济进步,且保证顾客或消费者获得在相应协议、企业协会的决定或一致行动参与者获得相应的利益;

(2)这些协议、决定或一致行动仅施加对实现预期目的起关键作用的限制;

(3)这些协议、决定或一致行动不允许企业排除来自所涉产品或服务市场的大部分竞争。

3. 通过适用第2款规定豁免的协议、决定及一致行动,以及框架标准协议是根据欧盟理事会或欧洲委员会关于《欧盟运行条约》第一百零一条第3款规定适用于特定类型的协议、企业协会的决定或一致行动(称作整体豁免规定)。

4. 满足第2款条件及第3款各类资格标准及条件的第1款规定的协议、决定及一致行动被视为合法的,企业无义务通知竞争理事会或从竞争理事会获得决定。

5. 违反第1款规定的举证责任由竞争理事会承担。主张整体豁免的企业或者企业协会应证明其符合条款第2款和第3款规定的条件及标准。

6. 竞争理事会将第1款的条款适用协议、决定和一致行动的,如果这很可能影响各成员国之间的交易,理事会还可适用《欧盟运行条约》第一百零一条的规定。

第六条

1. 禁止一家或者多家企业在罗马尼亚市场或者大部分市场上滥用支配地位的行为。此类滥用行为主要包括:

(1)直接或者间接施加买卖价格、关税或者其他不公平的合同条款,以及拒绝与某些供应商或者客户进行交易;

(2)限制实施对消费者不利的生产、贸易或者技术开发活动;

(3)对贸易合作伙伴实施不平等的条件,使其处于不利的竞争地位;

(4)达成其他补充义务合伙人接受的、从合同的订立从性质或者商业惯例上看与合同标的无关的合同;

(5)为排挤竞争者退出市场,以低于生产成本的价格销售商品,或者通过抬高价格或者掠夺性价格向国内消费者强行加价以挽回差额;

(6)利用其他企业对某企业或某些企业的经济依赖性,且在同等条件下没有替代方案的情况下以及仅因合伙人拒绝服从某些不合理的商业条件而破坏合同关系。

2. 只要在竞争理事会适用第1款规定的情况下,如果滥用市场支配地位行为可能影响各成员国之间的贸易,理事会也将适用《欧盟运行条约》第一百零一条的规定。

3. 在没有相反证据的情况下,如果一家企业或者企业组合在相关市场上的份额或者合计市场份额超过40%,则推定其具有市场支配地位。

第七条

略。

第八条

1. 在下列情形下,第五条和第六条的规定不适用:

(1)在任何受影响的相关市场上存在竞争或可能存在竞争关系的企业达成协议,协议中涉及的企业在市场上占据的总份额不超过10%;

(2)如果受协议影响的任何相关市场上均不存在竞争或可能存在竞争关系的企业达成协议,则协议涉及的每家企业在任何此等相关市场上的市场份额均不超过15%;

(3)如果难以确定竞争者或非竞争者之间是否存在协议,则根据第1款第(1)项规定,适用10%的阈值。

2. 如果由于和不同供应商或经销商达成的商品或服务提供协议的综合影响导致相关市场的竞争受到限制,则无论是竞争者达成的协议,还是非竞争者达成的协议,第1款中的阈值都降至5%。

3. 除非第1款和第2款规定的市场份额在连续2年内超出10%、15%、15%阈值的2%,否则,协议不会限制竞争。

4. 第1款至第3款规定的限制不适用于下列任何一项严格限制:

(1)就第八条第1款定义的竞争者协议而言,单独或与共同受企业构成直接或间接限制包括:固定向第三方出售的产品的价格;生产或销售;划分市场或客户。

(2)就第八条第1款定义非竞争者达成的协议而言，单独或与共同受企业控制的其他要素直接或间接实现下列目的：

在不影响供应商设定最高售价或建议销售价格可能性的情况下，限制买方设定销售价格的能力，但是最高售价或建议销售价格不等于固定售价或在任何一方施加压力或采取刺激措施后确定的最低售价。

地域限制或与买方可能向其销售代表合同范围内的商品或服务的客户有关的地域，但存在一项或两项非严格限制的情况除外：

(a)对独家经销区域，或向供应商保留的，或供应商授予其他买方的独家客户群的有效销售的限制，前提是此类限制不限制买方客户的销售；

(b)在市场上担任批发商的买方对最终用户的销售限制；

(c)选择性分销系统成员对非授权经销商的销售的限制；

(d)对买方向可用于生产与该供应商生产类似产品的客户销售系统产品的配件的能力构成限制。

在市场上担任零售商的选择性分销系统成员在不影响该系统成员在未经授权的二级场所经营的情况下，对最终用户施加的主动或被动销售限制。

在选择性分销系统中的经销商之间交叉交付的限制，包括经销商之间在不同行业水平上进行的交叉交付。

配件供应商与将这些配件集成为更大系统产品的买方之间约定的限制，限制供应商将这些配件作为配件出售给未被买方列为维修或保养其产品的最终用户、修理公司或服务提供商的可能性。

(3)就第八条第1款定义的竞争者协议而言；竞争者在生产链或供应链的不同层次上串通，实施第(1)项和第(2)项所列的任何严重限制。

第九条

1. 禁止中央和地方公共行政机构作出其目的或影响为限制、妨碍或扭曲竞争的任何行为，特别是限制贸易自由或企业自治；对企业的经营设定歧视性商业条件。

2. 如果中央或地方公共行政机关或受其委托负责的单位在规定时间内不服从竞争理事会决定以恢复竞争环境，竞争理事会可向布加勒斯特上诉法院提出上诉，请求法院撤销其全部或部分导致限制、妨碍或扭曲竞争的行为，并责成有关机关或单位发布行政法案或实施具体行政程序。

3. 在第2款规定的同等条件下,竞争理事会可在决定所规定的期限届满之日起6个月内向法院提起诉讼,中央机关或机构应采取必要措施以恢复正常竞争环境。

第三章　合并

第十条

1. 因下列原因导致长期控制权时,合并生效:

(1)2家或2家以上以前独立的企业或部分企业合并;

(2)直接或间接通过购买证券或资产、借助合同或其他方式获得对至少一家企业,或者一家或多家企业直接或间接控制权。

2. 第1款规定的合并的公司设立的目的是协调独立的参与企业的竞争行为的,根据《欧盟运行条约》第五条第1款至第3款及第一百零一条第1款和第3款制定的标准评估,以确定合并是否适合正常的竞争环境。

3. 由属于下列情况的一人或多人、一家或多家企业根据第1款至第5款获得控制权:

(1)持有第5款提及合同的权利或受益人;

(2)不享有第5款合同的权利或受益人,但具有决定性影响的权力。

第十一条

有下列情形之一的,合并不生效:

(1)控制权由根据法院命令指定的清算人获得和行使,或由公共主管部门授权完成停止支付、追偿、债务重组、清算清盘、债务强制执行或其他类似程序的获得和行使;

(2)信贷机构或任何其他正常活动,包括为自己或他人进行证券交易和谈判的金融机构或保险公司,作为暂时持有为转售目的而购买的证券不就这些证券行使表决权,以便他们可以决定企业的竞争行为,或者只以取得这些证券为目的而行使这种表决权,且这些证券的取得发生在取得之日起1年内。经可证明无法在设定期限内取得证券的申请人申请,竞争理事会可延长该期限;

(3)第(2)项(唯一活动对象为购买其他公司股份)在不直接或间接从事公司管理的情况下管理股份,并使其增值,但前提条件是行使所持有的表决权,特别是在其持股企业的管理机构和监督机构成员任命方面行使表决权,从而在不直接或间接决定受控企业竞争行为的情况下维持投资价值；

(4)对其活动开展重组交易的企业，包括同一集团内的企业。

第十二条

禁止在罗马尼亚市场或者大部分市场上产生对竞争构成重大限制效果的合并，特别是在确立或巩固市场支配地位之后进行的合并。

第十三条

略。

第十四条

本章规定适用于企业营业额合计超过折合1000万欧元的罗马尼亚列伊金额的企业合并，且参与合并的至少两家企业的营业额分别超过折合400万欧元的罗马尼亚列伊金额。罗马尼亚列伊金额将按照合并前一个财务年度最后一日有效的罗马尼亚国家银行汇率确定。

第十五条

1. 超过第十四条所列标准的并购，必须在并购生效前签署协议签署并公开发行公告之后或者收购控制方案之后通知竞争理事会。

2. 如果企业向竞争理事会证明其达成协议的良好意愿，或者在公开要约的情况下，已公开表达了接受要约的意见，则可提交申报书，但前提条件是计划要约协议产生满足第十四条规定的标准合并。

3. 在本法中，“申报的合并”还包括计划的合并，这些合并是根据第2款规定进行申报。

4. 通过合并两家或多家企业实现的合并，必须由有关各方申报；在所有其他情况下，申报必须由对一家或几家企业或部分企业具有控制权的个人或企业提交。

5. 必须通过竞争理事会通过的规章和指南予以规定。

6. 根据第四十六条的规定，经竞争理事会决定，禁止在申报前及在宣布符合正常竞争环境前进行合并。

7. 第十条规定可从不同卖方获得控制权的、股票交易所等市场交易接受的要约或一系列证券交易，包括可转换为其他类型证券的证券，如累计满足下列所有前提条件：

(1)合并必须根据第1款规定申报给竞争理事会；

(2)取得控制权的实体不得根据竞争理事会授予的豁免权,将其与有价证券相关的表决权用于或仅出于保留竞争理事会的全部价值而使用表决权。

8. 竞争理事会可应要求准予豁免第 6 款规定的规则。豁免申请必须合理。在该决定中,竞争理事会将考虑禁止合并对一家或多家企业或第三方的影响,以及该合并对竞争造成的威胁。为确保有效竞争,可在满足必要的先决条件和职责的前提下授予此项豁免并可在申报之前和之后的任何时候给予豁免。

第四章 竞争理事会

第十六条

1. 竞争理事会是在竞争领域设立的自主性管理机构,并依照本法规定行使职责。竞争理事会的主要办公室设在布加勒斯特市。

2. 竞争理事会的组织和工作人员结构、管理职责和工作人员职能通过竞争理事会通过的内部规章确定。

第十七条

1. 竞争理事会全体会议是一个合议机构,由 7 名成员组成,具体包括:1 名主席、2 名副主席和 4 名竞争顾问。罗马尼亚总统根据竞争理事会协商学院的提议,任命竞争理事会全体会议成员;全体会议成员在听取议会专门委员会候选人意见后,由罗马尼亚政府认可。只有在提出决定理由的情况下,才能否决提议的成员。

2. 他们最多可连任 1 次。全体会议成员根据条例或全体会议批准或根据总统的责任委托书履行职责。

3. 须具备实际的独立性及享有专业声誉及公民廉洁度。

竞争理事会全体会议成员必须:

(1)是罗马尼亚公民、欧盟成员国或欧洲经济区的公民或瑞士联邦公民;

(2)懂罗马尼亚语;

(3)具有法律行为能力;

(4)具有高等教育学历;

(5)在竞争领域具有很高的专业水平;

(6)具有良好的声誉;

(7)具有至少 10 年的经济或法律领域工作背景;

(8)没有因蓄意犯下的刑事罪行而被判3年及以上徒刑。

4. 主席必须担任过责任广泛的领导职务，在这一职务中，表现出专业的管理能力。

5. 竞争理事会委员的身份不适合担任其他专业或咨询职务的，不得直接或委托他人参与其他公有或私人机构的管理或行政职位，不得担任公职或要职，但在高等学校从事教学、科学研究或艺术创作的除外。委员不得被当事人、法院或其他机构指定为专家或仲裁员。

6. 竞争理事会全体会议委员不代表委任其职务的机构，享有独立的决策地位。

7. 竞争理事会全体会议委员和竞争检查员不得为政党或其他政治性组织成员。

8. 竞争理事会全体会议委员的任期至下列日期为止：

(1)协议期满；

(2)辞职；

(3)死亡；

(4)永久不能履行职责的时间连续超过60日；

(5)不符合第5款和第7款规定的情况，根据第11款规定；

(6)因违反本法或被判有罪而被撤销的情况下，由法院作出终审判决。

9. 任命主管部门可根据第8款第(6)项撤销竞争理事会理事。在发布最终刑事法院决定之前，可由任命主管部门暂停其职务。

10. 如果竞争理事会全体委员因第8款第(2)项到第(6)项所述的任何一种情况而出现空缺，根据第1款规定，新成员将被提名并在被任命剩余期限内该空缺职位。

11. 竞争理事会全体委员必须立即向理事会通报第5款及第7款任何不相容的工作状态或障碍的情况，从这种情况发生之时起事实上中止职务，如果这种情况持续10日以上，则该成员的任期即告终止，适用第9款和第10款。

12. 竞争理事会全体委员的活动被认为监管机构以及任何主管机关或公共机构管理职位所需的专门经验。

第十八条

1. 在开始履行职务之前，竞争理事会的每个成员应在罗马尼亚总统面前，

在其他被任命成员在场的情况下,并在宣读总统任命令之后宣读:

“我宣誓遵守《宪法》和国家法律,保护罗马尼亚利益及其公民的基本权利和自由,以荣誉、尊严、忠诚、责任和公正的态度履行一切责任。”

2. 竞争理事会主席是第一个宣誓就职的人。

3. 如果主席在《罗马尼亚官方公报》公布任命令后 30 日内没有宣誓,则该成员可依法被撤回职务,应恢复提名和任命其他人填补该空缺。

4. 任何竞争理事会成员在宣誓之前实施的行为均属无效。

第十九条

1. 竞争理事会成员的任期自宣誓就职之时开始,于第十七条第 2 款规定的日期届满之日起计算。

2. 如果下届被任命的竞争理事会主席未在本届竞争理事会任期届满前根据第十八条的规定宣誓就职,则竞争理事会成员将继续其活动,直至下届竞争理事会主席宣誓为止。

3. 根据第十七条第 8 款第(1)项的规定,竞争理事会成员在任期届满前,新成员不再被任命。任期届满的全体成员应继续履行其职务,直至下届被任命的成员就职为止。

第二十条

1. 多数成员的选票。

2. 每个委员会由 2 名竞争委员组成。竞争理事会主席针对具体情况指定,由竞争理事会副主席领导。

3. 竞争理事会主席命令调查生效,并为每项调查指定 1 名报告员。

4. 为适用本法,竞争理事会将在全体会议上审议:

(1)调查报告,可能存在的异议,并决定应采取何种措施;

(2)并购许可;

(3)就本法的实施起草的意见、建议和咨询意见;

(4)拟通过的法规草案;

(5)第三十一条第 1 款所述的年度报告、国家援助年度报告及其他有关竞争和国家援助情况的报告;

竞争理事会全体会议可将第 4 款第(1)项和第(2)项的职责委托给由 3 名全体会议成员组成的委员会。

5. 审议时,每位委员可投一票,票数相等时,以主席的表决为准。

6. 竞争理事会全体会议按照第 4 款规定通过的决定由主席代表竞争理事会签署。自决定公布日期或视案件情况而定,自布加勒斯特上诉法院通过行政程序送达之日起 30 日内可对决定提出异议。该裁定不可上诉,但可向最高上诉法院提起上诉。

第二十一条

1. 竞争理事会主席签署后,作为法人对竞争理事会遗产具有约束力,并作为公共机构在自然人和法人、立法、司法和行政当局以及其他罗马尼亚、外国和国际机构面前代表竞争理事会。主席对所有竞争理事会工作人员行使纪律检查的权力。

2. 竞争理事会决定措施和实施制裁的命令及决定由主席签署,竞争理事会通过的规章根据主席命令生效、中止或废止。

3. 在主席缺席或不能履行职责时,在其缺席或不能履行职责期间,由主席指定 1 名副主席代行。

4. 竞争理事会主席可授权副主席、竞争事务辅导员、竞争检查员或其他人员中指定代表,授权书应明确写明授权内容及授权期限。

第二十二条

1. 为履行其职责,竞争理事会将制定自己的组织机构、职能和程序规则,设立中央和地方各级的竞争理事会机构。

2. 竞争理事会通过的机构名单,包括竞争事务检查员和其他类别工作人员、任用、晋升和激励条件以及每个职位的职责将由竞争理事会通过的条例确定,同时应符合关于公职人员和公务员的条例以及关于国有部门工作人员工资的条例。

3. 相对于竞争理事会的专门公共职位是竞争事务检查员。

4. 竞争事务检查员在竞争理事会开展的活动被视为专门工作年限。

第二十三条

竞争理事会主席的职位相当于部长,副主席的职位相当于国务秘书,竞争事务顾问的职位相当于副国务卿。

第二十四条

1. 竞争理事会的结构包括 1 个总秘书处,由 1 名秘书长领导,由竞争理事会任命。总秘书处的职责是通过竞争理事会的组织、运作和程序条例确定的。

2. 竞争理事会管理咨询处,这是一个非常设机构,由 11 ~ 17 名专门从事竞争事务、商业环境和竞争事务的学术界代表及消费者保护协会或其他具有强大的经济、法律或竞争事务背景的人组成。

3. 协商学院成员在学院内参加活动时,应当遵守关于利益冲突的法律规定。竞争理事会前主席有权参加协商学院的会议。

4. 协商学院就竞争政策的主要方面提供不具约束力的咨询意见。协商学院内部可设立专门从事各种学科的工作组。

5. 经政府决定批准的竞争和理事会运行章程规定了协商学院委员的产生方式、作用、职能和组成。

第二十五条

1. 竞争理事会将制定自己的预算,作为国家预算书的单独一章。

2. 为保证竞争理事会及其属地工作人员的运作,政府或地方公共行政机构将在竞争理事会请求登记后60 日内,从国家或地方利益的公共财产中分配建筑物、场地和其他设施。

3. 收费、税收、罚款或竞争理事会实施的其他制裁所得收益,依法上缴国家预算。

4. 竞争理事会将在批准的预算经费范围内,承担向全体会议委员、竞争检查员以及其他各类工作人员提供与其工作活动有关的法律咨询所需的费用。

5. 竞争理事会为全体委员或其他工作人员提供法律咨询的费用,经法院判决认定其行为超越法律规定的职责范围的,应予以退还。

6. 竞争理事会承担法律咨询费用的程序及期限通过竞争理事会主席的命令加以规定。

第二十六条

1. 竞争理事会的职责如下:

(1)就第五条、第六条、第九条、第十五条及第四十六条第 3 款以及《欧盟运行条约》第一百零一条和第一百零二条的规定展开调查;

(2)根据本法就违反本法第五条、第六条、第九条、第十五条以及《欧盟运行条约》第一百零一条和第一百零二条的规定展开调查,发现问题后,由竞争检查员展开调查;

（3）依法接受承诺并采取临时措施；

（4）依法对合并案件作出决定；

（5）根据第1/2003号理事会条例第二十九条第2款规定，通过决定撤销根据一部欧洲整体豁免法规对企业群体协议及决定或一致行动的豁免；

（6）有效执行理事会决定，包括对决定的监督和通过决定许可合并的结果；

（7）在价格刚性或其他情况可能扭曲、限制竞争的情况下，应主动针对特定行业或者不同行业中特定类型的协议开展调查，竞争理事会可发布特定经济领域或者不同行业特定类型协议的调查结果报告，邀请利益相关方发表意见；

（8）向政府通报垄断情况或其他适用本条第2款和第3款规定的情形，并向政府建议其认为对已查明的功能障碍进行补救所必需的措施；

（9）向法院通报其管辖的案件；

（10）监督与本法目的有关的法律规定和其他规章的执行；

（11）向政府通报中央和地方公共行政机构干预执行本法的情况；

（12）中央和地方主管机构、企业对可能产生反竞争影响的政府立法草案提出咨询意见时，必须征求该咨询意见，并提出具有反竞争影响的政府立法草案的修改意见；

（13）向政府和地方公共行政机构建议采取有利于市场和竞争发展的措施；

（14）向政府和地方公共行政机构提出对其工作人员不执行竞争理事会强制性决定的处分建议；

（15）起草关于其活动领域的研究和报告，并向政府、公众和专门国际组织通报这项活动的情况；

（16）代表罗马尼亚，促进与专门国际组织和机构关系方面的信息和经验的交流，竞争理事会作为国家竞争主管机构，根据欧洲法相关规定负责与欧盟机构的关系，并与其他竞争主管机构开展合作；

（17）制定和批准竞争主管机构任务、总体战略和议程；

（18）为履行本法规定的职责所作出其他决定；

（19）确保经第137/2007号法律修订通过的第117/2006号政府紧急条例中关于国家援助程序规定的适用。

2. 为履行第1款第（1）项和第（7）项的规定，竞争理事会可举行初步听证会，在听证会期间，竞争理事会有权根据第三十五条第2款要求提供信息和文件。

3. 竞争理事会作为国家竞争主管机构,拥有第 1/2003 号理事会条例以及第 139/2004 号理事会条例关于合并控制的所有权利和义务。国家法院拥有第 1/2003号理事会条例以及第 139/2004 号理事会条例规定的所有权利和义务。

4. 第 11/1991 号法律及其进一步的修订和补充将以竞争理事会取代所有竞争办公室。竞争理事会可运用本法规定的任何手段认定和制裁不正当竞争行为。

第二十七条

1. 竞争理事会为适用本法规定,通过规章、指南发布命令,草拟咨询意见,提出建议和编写报告。

2. 竞争理事会可结合各国法院和欧盟法院以及欧盟委员会的判例法,提出良好的做法建议,并就竞争执法的一般方面发布指南。

3. 竞争理事会发布命令实施、暂停或者撤销全体会议通过的规定,命令进行调查,就内部管理人员和公司下属人员采取措施,以及其他为完成竞争局战略和使命所必需的措施。

4. 竞争理事会的决定是发现有违反本规则规定的行为而给予适当处罚、采取恢复竞争环境所需的措施、获得保密信息,并处理据此提出的合并申请和通知的单方面行政行为的投诉。

5. 本法规定的签署意见、提出建议、意见、起草报告等。

第二十八条

1. 法规草案和指南草案及其修正均需立法会通过,并由竞争理事会全体会议通过,由竞争理事会主席发布命令实施。

2. 对竞争理事会的规章可根据第 554/2004 号行政诉讼法向布加勒斯特上诉法院提出上诉,并作进一步的修订和完善。

第二十九条

竞争理事会应根据下列请求,就竞争政策的每个方面提出自己的观点:

(1)罗马尼亚总统和政府;

(2)议会各委员会、参议员和代表;

(3)中央或地方公共行政机构;

(4)依法负有行业管理职责的职业组织、雇主组织和工会组织;

(5)消费者保护组织;

(6)法院和检察机关。

第三十条

1. 在涉及私有化政策的问题上,竞争理事会将分别征求主管部门及其他中央或地方公共行政机构以及雇主组织的意见。

2. 票面金额所指的组织应自收到请求之日起 30 日内将意见提交竞争理事会。该意见应附在调查案件报告后。

3. 竞争理事会在履行其职责时,将与中央或地方公共行政机构进行协商,要求其提供信息和协助。

第三十一条

1. 竞争理事会将依据本法规定就其活动以及企业、公共行政机关遵守竞争规则的情况起草年度报告。

2. 报告将经竞争理事会全体会议通过,并予以公布。

第三十二条

1. 本法规定了合并费用,该费用在依照第四十六条第 2 款及第 4 款第(2)项和第(3)项规定发布许可决定时支付。

2. 合并许可费标准由竞争理事会发布的指南设定,金额在 10000 欧元至 25000 欧元。许可费的罗马尼亚列伊等值数额按照罗马尼亚国家银行在发布合并许可年度上一财务年度的汇率确定。

3. 根据财政法规定,第 1 款所述的费用申报表在应缴纳期限内上缴国库。

第五章　初步调查、调查和决策程序

第三十三条

1. 竞争理事会有责任通过竞争检查员对违反本法以及《欧盟运行条约》第一百零一条和第一百零二条的行为进行识别和调查。

2. 违反本法第六十条第 1 款的,任命的员工可单独采取《刑事诉讼法典》第二百一十四条规定的措施。

第三十四条

1. 竞争理事会可依据其职责,在有事实和法律依据的情况下进行调查:

(1)依职权;

（2）在受违反本条例第五条、第六条、第九条和第十五条以及《欧盟运行条约》第一百零一条和第一百零二条的行为直接影响的个人或法人提出申诉后。

（a）来自企业和企业协会；

（b）来自中央和地方政府机关和机构。

2. 在实施依职权履行第二十六条第 1 款第（1）项和第（7）项规定的初步调查程序时，竞争检查员在指明第五十条第 1 款第（3）项或第五十条第 1 款第（2）项规定的法律依据、目的、最后期限及处罚后，可要求企业、企业协会以及中央和地方政府机关和部门提供必要信息和文件。

3. 为落实《欧盟运行条约》第一百零一条和第一百零二条的规定，竞争理事会可应欧洲委员会和欧盟成员国竞争局的请求，提供第 1 款和第 2 款的文件和资料。

4. 竞争检查员在查阅第 1 款、第 2 款和第 3 款的文件、资料和信息后，应对上述文件、资料和信息的国家秘密或工作秘密保密。

5. 根据第三十五条第 1 款至第 3 款和第三十六条规定收集的信息仅可用于实施竞争法。竞争理事会可在与其能力相关的问题时通知其他机构或公共机关。

竞争理事会为履行职责，可以要求同意陈述的任何个人或企业法定代表人陈述意见。

第三十五条

略。

第三十六条

1. 竞争检查员为查处违反本法的行为，除刚参加工作者，拥有下列检查权力：

（1）进入归企业、企业协会所有的营业场所、场地、车辆；

（2）检查企业或者企业协会与其业务有关的文件、账簿、财务、会计、商务文件或者其他证明材料，无论其存放地点、硬拷贝、电子介质如何；

（3）要求企业或者企业协会代表、雇员对与检查事项有关的情况或者文件作出陈述，并予以记录或者书写；

（4）扣押、获取任何方式的文件、会计账簿、财务、会计、商业文件和其他与企业或者企业协会业务有关记录的复制件或者摘录；

（5）在企业或者企业协会的营业场所以及与企业或者企业协会业务有关的文件、账簿、财务、会计、商业文件和其他记录上加盖印章。

2. 可以获得对履行任务及其结果必要的文件或信息，有权实施检查的竞争检查员只按第 1 款规定行使检查权，并将结果记录在事实调查和整理清单记录中。

3. 有权实施检查的竞争检查员可在黎明时分进行突击检查，并可要求提供与其执行任务有关的任何信息或者理由。可当场提供，也可以在竞争理事会被召集时提供。

4. 竞争检查员根据竞争理事会主席的命令被授予检查权。依照第 2 款规定，将此命令的核证副本送交接受检查的企业或企业协会。

5. 经欧洲委员会和欧盟成员国其他竞争局要求，竞争理事会依照第 1/2003 号理事会条例第二十二条及第 139/2004 号理事会条例第十二条规定，基于竞争理事会主席发布的检查令进行检查。

6. 检查令应指明检查范围和目标，规定开始检查的日期，并提出第五十条和第五十四条规定的处罚，以及在收到通知后 15 日内向布加勒斯特上诉法院、行政诉讼和财政部门质疑该命令的权利，但不受第 554/2004 号法律及其进一步的修订和补充规定的限制。在收到通知后 5 日内，可对上诉法院的判决提出上诉。法院将在紧急情况下优先解决这一案件。

7. 应竞争理事会的请求，如果对检查有异议，警察应陪同检查组并提供一切必要的支持。

8. 被调查的企业或企业协会与其律师之间的通信信息，在依据本法提起行政诉讼期间或在此之后，只要该通信信息属于诉讼证据的范围，在竞争理事会实施程序期间不得扣押或作为证据使用，并不得以辩护为唯一目的扣押企业或企业协会起草筹备文件。

9. 如果企业未证明该通信信息受保护的性质，根据第 8 款规定，执行检查的竞争检查员可以对有关文件进行封存，一式两份。

10. 竞争理事会主席将根据收集到的证据和论据，在紧急情况下作出决定。如果竞争理事会主席决定驳回受保护的通信信息，则只有在对该决定提出质疑的期限届满后，才可以根据第 11 款对文件解封；或者，如果对裁决提出异议，则在法院的裁决成为最终、不可撤销的决定。

11. 在布加勒斯特上诉法院提起行政诉讼中对该决定提出异议之前,竞争理事会主席可就通信信息受保护性质的决定在收到通知后 15 日内提出质疑,不受第 554/2004 号法律及其进一步的修正和补充规定的限制。上诉法院的判决属于追索程序,在收到通知后 5 日内宣布。法院将在紧急情况下优先解决这一案件。

12. 检查权的使用应遵照竞争理事会有关组织、职能和议事程序的规定进行。

第三十七条

根据裁决授予的司法权限以及第三十八条的规定,竞争检查员可对被调查的企业或者企业协会的经理、行政人员、高级管理人员及其他工作人员的住所、土地和交通工具等任何场所进行检查。

第三十八条

1. 竞争检查员可根据第三十七条的规定,以及竞争理事会主席发布的命令,在得到布加勒斯特上诉法院院长或其授权的法官授权的情况下,开始调查工作。经核对无误的搜查令或裁定书副本,必须在搜查前送达被调查人。

2. 该授权请求在会议室进行审理,无须对当事人进行传票。法官在登记后 48 小时内对裁决请求作出决定。决定应说明理由,并在作出后 48 小时内将决定通知竞争理事会。

3. 在根据第三十七条规定必须在多个场所同时实施检查时,由竞争理事会提出一项请求,并由法院决定进行搜查的场所。

4. 授权请求必须包括所有符合搜查理由的信息,法官应审查请求是否正当。

5. 无论在何种情况下,搜查应在上午 8 时至下午 6 时进行,且必须有被搜查场所的使用权人或其代表在场。只有经被搜查场所的使用权人或其代表同意,搜查才可在下午 6 时后继续进行搜查。

6. 根据《刑事诉讼法典》对物品进行清点及使用印章。

7. 对于第 1 款中的授权,可在 48 小时内向最高法院和司法高等法院提出上诉。根据第 2 款,竞争管理委员会之上诉期自裁决书送达之日起计算。根据第 1 款规定,对于被调查人,上诉期自裁定书送达之时起计算。上诉不能暂缓执行。

8. 根据第 1/2003 号理事会条例第二十一条第 3 款所述，布加勒斯特上诉法院院长或经其授权的法官可作出司法裁决。

第三十九条

略。

第四十条

1. 在接到谴责反竞争行为的请求或投诉后，竞争理事会应审查是否有足够的法律和事实证据支持调查。

2. 如果投诉不能作为调查理由的，竞争理事会将驳回投诉，并在根据第 4 款规定确认投诉内容完备且条件满足之日起 60 日内，按同等规定将驳回投诉的决定书面通知提议方，同时说明驳回的理由。提出投诉的人有机会向竞争主管机构驳回投诉的理由提出意见后，竞争理事会可以驳回投诉。

3. 竞争理事会将通过规章，决定其收到的请求视为投诉的先决条件，以及解决该投诉的适用程序。

4. 如果投诉不属于本法的范围，竞争理事会将在投诉登记后 30 日内以书面形式作出答复。

第四十一条

1. 在发出调查命令时，竞争理事会主席将任命 1 名报告员，负责起草调查报告，并向当事人送达，记录其意见，必要时向竞争理事会全体会议提交报告。

2. 被指定的报告员将负责准备调查程序的所有文件，并就其有权采取的措施向竞争理事会提交建议。

第四十二条

1. 如果在启动事后调查后，发现无足够的证据证明该违法行为会受到竞争理事会采取措施进行处罚的，竞争理事会可根据主席的命令结束调查，并立即通知当事各方。

2. 在投诉后开始调查的情况下，如发现未能提供合理证据表明竞争理事会有正当理由给予补救或处罚违法行为时，竞争理事会可在听取当事人的请求后，经全体会议决定，终结调查。

第四十三条

1. 除第四十二条第 1 款所述情况外。在任何调查程序中，竞争理事会给予参与协议的企业、协会决定、一致行动、滥用市场支配地位或合并行为，且构成调查范围的企业以书面形式对异议陈述的内容发表意见的机会。竞争理事会主任可以在书面意见中要求召开竞争理事会听证会。只要竞争理事会认为有助于查明事实真相时,竞争理事会可举行听证会,即使竞争理事会未提出此种请求。听证会提交意见的截止日期,由竞争理事会主任规定。

2. 应投诉委员会的请求,竞争理事会主任可以指派专家,并可授权投诉发起人和任何声称对确定调查案件必要的数据和信息的个人或法人实体参加听证。

3. 未出席或中途放弃听证、拒绝作证或提交陈述的,不影响调查程序的进行。

第四十四条

1. 至少在听证会举行前至少 30 日提交 1 份报告副本供被调查人在听证会期间提出意见。根据第四十五条第 2 款,经申请,被允许参加听证的人员将收到一份报告副本,前提条件是竞争理事会主席认为这有利于竞争理事会的调查利益。

2. 竞争理事会主席可允许有关各方自费研究案卷和索取调查文件的副本和节录。

3. 查阅案卷的权利不包括查阅商业秘密、其他保密信息以及竞争理事会、欧盟委员会或欧盟成员国竞争局的内部文件。案件权利不适用于竞争理事会与欧盟委员会或欧盟成员国竞争主管机构之间的邮件,或欧盟成员国竞争主管机构之间的邮件(当邮件包含在竞争理事会案卷中时)。

4. 机密案件的文件、资料和信息仅供研究,复印件和节录仅通过竞争理事会主席的命令获得。竞争理事会主席的命令可在收到通知后 15 日内向布加勒斯特行政区划上诉法院提出上诉。上诉法院的判决可在收到通知后 5 日内提出上诉。法院将在紧急情况下优先审理此案。

5. 对竞争理事会主席命令提出的上诉将暂停竞争主管机构的程序,直至根据第 4 款作出最终不可撤销的裁决为止。

6. 本条款没有禁止竞争理事会披露和使用证明违反《欧盟运行条约》条款。

7. 在合并调查程序中,参与合并的企业协会及高管有正当利益的,适用本条立案审查的规定。

第四十五条

1. 竞争理事会在根据第三十四条规定开始的调查案件中,可作出下列相应的决定：

（1）责令停止限制竞争的行为；

（2）采取临时措施；

（3）接受承诺；

（4）按照本法第六章规定对企业或企业协会处以罚款；

（5）向各方提出建议，施加条件或其他义务。在竞争委员会根据第 1 款第（1）项作决定时，可以根据停止违法的需要，采取与违法相对应的行为纠正措施或结构性纠正措施。当没有同样有效纠正措施时，或者当纠正措施对所涉企业造成的负担与结构性纠正措施相比同样严重时，将采取结构性纠正措施。

2. 竞争理事会还可决定，如果根据可用信息发现协议、决定或一致行动的先决条件未得到满足，则没有理由进行干预。

3. 当企业协会协议、决定或一致行动不符合《欧盟运行条约》第一百零一条第 3 款规定，对罗马尼亚领土或对独特地理区域上具备所有特征的部分领土产生影响时（无论具体原因如何），竞争委员会在履行第二十六条第 1 款第（4）项规定的职责时决定撤销这些协议、决定或一致行动的整体豁免利益。

第四十六条

1. 竞争理事会在收到合并案件通知后，发现不属于本法规定范围的，应在 30 日内作出答复。

2. 在这种情况下，竞争理事会将发布无异议决定。

（1）不存在关于是否符合正常竞争环境的严重疑虑；或

（2）通过企业提出的并已被竞争理事会接受的承诺，消除了是否符合正常竞争环境的严重疑虑。竞争局可决定企业履行承诺的条件和义务，使合并与正常的竞争环境相适应。

3. 竞争理事会在收到企业集中案件的完整申报书之日起 45 日内发现申报的企业集中属于本法规定范围，并对是否符合正常竞争环境提出重大质疑且该疑虑无法根据第 2 款第（2）项规定消除的，作出是否立案调查的决定。

4. 竞争理事会因对企业是否符合正常竞争环境的疑虑而决定立案调查的合并案件，最多应在收到该案件的完整申报书后 5 个月内完成。

（1）鉴于合并将对罗马尼亚市场或者其重要部分的有效竞争构成重大障碍，特别是由于形成或者巩固市场支配地位，根据本指南第十二条的规定，作出

宣布合并不符合正常竞争环境的决定;

(2)如果合并对罗马尼亚市场或者其重要部分的有效竞争不构成重大障碍,特别是因为建立巩固了市场支配地位,则作出授权决定;

(3)作出决定,规定企业履行承诺所必须满足的义务和/或条件,使合并符合正常竞争环境。

5. 如果竞争委员会未在第 2 ~ 4 款规定的时限内作出决定,可进行申报合并。

6. 如果合并申报书需要补充,则第 1 款至第 4 款规定的时限自当事人向竞争理事会提供所要求的信息以完成申报之日起开始。

7. 竞争理事会可以通过规定,确定一种简化程序,分析某些类型的合并。

8. 就根据第二十六条第 1 款第(1)项和第(2)项作出的调查和决定及可能违反第十五条规定的情况而言,在未申报合并的情况下,竞争委员会将就合并是否符合正常的竞争环境进行分析并作出决定。

9. 当接管企业或资产的经营活动对国家安全构成风险时,政府将根据该国最高国防委员会的建议,在遵守欧盟委员会在这方面权限的情况下,作出禁止接管经营活动的决定。竞争理事会将向国家最高国防委员会通报,该委员会可从国家安全角度对合并情况进行分析。

第四十六 a 条

1. 如果竞争理事会发现合并与正常竞争环境不符,可以:

(1)要求企业解散新设实体,特别是通过解散合并或者停止收购所有股份、资产方式恢复到合并前的状态。如果新设实体通过解散无法恢复到合并前的状态,竞争理事会可采取尽可能恢复到原有状态的任何其他适当措施。

(2)采取其他适当措施,以保证企业按照其决定采取措施恢复到原有状态。

2. 在竞争理事会发现合并实施后,违反根据第四十六条第 4 款第(3)项规定通过的决定,还可根据第 1 款第(1)项和第(2)项规定实施。

第四十六 b 条

1. 在对经营者可能存在的反竞争行为实施调查的过程中,可制定承诺建议,以消除可能导致调查启动的情况发生。

2. 竞争理事会拟接受交易双方提出的承诺时,将案件概要和承诺方案的主要内容予以公布,第三方可在竞争局规定的时间内陈述意见。

3. 竞争理事会通过决定使企业提出的承诺具有约束力，但前提条件是履行承诺足以维护竞争，并且履行承诺将能够消除出现调查的情形。竞争理事会的决定可在确定的时间内通过，并可在不听取利害关系方意见的情况下认定竞争局干预行为已无继续的必要。

4. 如果竞争理事会发现承诺不符合第 3 款中的要求，应以书面形式将不接受承诺的理由通知各企业，并将继续进行调查程序。

5. 如果根据第 3 款规定结束调查，那么竞争理事会可在得到请求后依职权重新启动调查程序：

(1)作出决定所依据的行为发生根本性变化；

(2)企业违背其所承担的承诺；

(3)决定基于双方提供的不完整、不准确或错误的信息；

(4)根据第四十六条的规定，企业可在合并案件中制订承诺方案，使其与正常的竞争环境相符合，与第 2 款和第 4 款相应适用。

6. 竞争理事会将通过指南决定接受和评估交易双方提出的承诺要求、期限和程序。

第四十七条

1. 违反第十五条第 6 款和第 8 款规定进行合并，目前尚未通过任何关于合并，且符合正常竞争环境的决定。

2. 合并已生效且违反根据第四十六条第 8 款第(2)项和第 4 款第(3)项通过的决定中规定的要求或义务的。

3. 根据第四十六条第 4 款第(1)项规定，合并已生效且已作出符合正常竞争环境决定。

4. 竞争理事会将通过指南规定采取临时措施的要求、期限和程序。

第四十七 a 条

1. 竞争委员会通过的关于适用第九条、第十五条、第四十五条和第四十六条的决定将及时通知各当事人，在接到通知后的 30 日内可就这些决定以行政程序向布加勒斯特上诉法院提出上诉。

2. 法院可以应当事人的申请裁定中止对上诉的执行。在进行罚款的情况下，只有在按照重新公布的关于《财政程序法》的第 92/2003 号政府法令规定及与预算债务相关的修正和补充规定缴纳保证金后，才可中止。

3. 对于依法作出立案调查决定的上诉,该上诉可以与立案调查决定一并提出。

第六章　罚则

第四十八条

略。

第四十九条

任何为本法第五条、第六条和《欧盟运行条约》第一百零一条和第一百零二条所禁止的协议或决定,即任何有关反竞争行为的协议、公约或合同条款,以及违反本法第九条规定的行为,均无效。

第五十条

1. 有下列行为之一的,属于犯罪行为,可以处以企业协会上一会计年度总营业额 1‰以上 1‰以下的罚款:

(1)根据第十五条规定,提交的有关请求书、确认书、通知或其填写内容不正确、不完整或具有误导性;

(2)按第三十五条第 1 款第(1)项规定提交的信息不正确、不完整、误导性的信息或不完整的;

(3)根据第三十五条第 2 款之规定答复请求书而提交的信息不准确或误导性;

(4)根据第三十六条之规定进行搜查时,提交的信息、文件、业务记录和账簿不完整的;

(5)拒绝接受按照第三十六条规定进行的询问。

2. 下列情况下,机构被视为违法行为并将受到 1000 罗马尼亚列伊至 20,000 罗马尼亚列伊的罚款:

(1)信息误导、文件不完整或未按第三十五条第 1 款第(2)项规定提交所要求的信息和文件;

(2)因故意或疏忽提交不准确或误导性的信息,对根据第三十五条第(1)款的规定提出的请求作出答复。

3. 如果因有意或疏忽,在竞争委员会规定的截止时间后未提交所规定的信息,每拖延一日,可对机构、中央或地方公共部门的管理人员处以最高 5000 罗马尼亚列伊的罚款。

第五十一条

1. 经营实体、企业协会因故意或者过失，有下列行为之一的，视为违法，应被处以其前一个会计年度总营业额 0.5% 以上 10% 以下的罚款：

（1）第十五条第 7 款规定适用或已根据第十五条第 8 款给予豁免；

（2）违反第十五条第 6 款至第 8 款规定实施合并；

（3）根据第四十六条第 4 款第（1）项规定实施合并，并经竞争理事会决定宣布为不能合并；

（4）不履行依照本法作出的决定所规定的义务或条件。

2. 企业协会的违规行为涉及成员行为的，罚款金额不得超过其在受违规行为影响的每个成员营业额总和的 10%。

3. 就第 1 款第（1）项下的违法行为，即违反本法第五条及《欧盟运行条约》第一百零一条的规定而言，竞争理事会将通过指导方针确定可能导致免除罚款的条款和条件以及实施宽大处理。

第五十一 a 条

1. 作为本法第五十条和第五十一条第 1 款的例外，如果无法确定处罚前一财务年度的营业额，在确定罚款时用到的营业额时，可考虑企业或企业协会登记营业额财务年度，即参考年度前一年的营业额。

2. 对下列单位的罚款：

（1）违反本法第五十条规定的，处以 10000 罗马尼亚列伊以上 100 万罗马尼亚列伊以下的罚款；

（2）违反第五十一条第 1 款规定的，处以 15000 罗马尼亚列伊以上 2500000 罗马尼亚列伊以下的罚款。

第五十二条

1. 对第五十条、第五十一条和第五十一 a 条规定的决定，将考虑行为的严重性、持续时间及其对竞争的影响。竞争理事会通过所采用的指南确定采取单项处罚措施的其他要素。

2. 在第五十一条第 1 款所列的违法行为，如果企业在收到异议陈述并行使查阅案卷的权利后，根据第四十四条的规定或在听证会期间，承认犯有反竞争行为，并在可能的情况下提出补救办法，以消除违法行为的原因，这将被视为减轻处罚的情节。根据第1款通过的指南确定基准,确定将罚款额降低10% ~ 30%,包括法律规定的确定为最低罚款的案件。

第五十三条

经企业自决定通知之日起45日内未遵守竞争理事会根据本法规定采取措施的,竞争理事会可采取措施。

第五十四条

1. 竞争理事会可以作出决定,每延迟一日,强制企业或者企业协会支付不超过处罚前一财务年度日均营业额5%的罚款,自决定中确定的日期算起,使其:

(1)停止违反本法第五条和第六条的规定以及《欧盟运行条约》第一百零一条和第一百零二条的行为,并遵守理事会通过规定采取的措施;

(2)遵守根据第四十七条规定作出的采取临时措施的决定;

(3)遵守通过第四十六条第3款规定的决定具有约束力的承诺;

(4)遵守通过第四十六条第2款第(2)项及第4款第(3)项规定作出的决定施加的条件和/或义务;

(5)根据第三十五条第1款第(1)项规定提交完整和正确的信息和文件;

(6)允许进行第三十六条所述的搜查。

2. 作为第1款规定的例外:

(1)如果处罚前一个会计年度的营业额无法确定,则考虑企业或企业协会登记营业额的前一会计年度的营业额,以确定实施处罚时参考的营业额;

(2)对于在处罚前一年度未登记营业额的新成立的企业或企业协会,处以500 ~ 10000罗马尼亚列伊的罚款或300 ~ 7000罗马尼亚列伊的罚款。

第五十五条

1. 本法规定的违法行为将由竞争管理委员会全体会议或其委员会或竞争检查员负责评估和处罚。

2. 对第五十条第1款第(4)项和第(5)项所述违法行为的处罚由竞争检查员负责执行。

3. 对第五十条第1款至第3款和第五十一条第1款第(4)项所述违法行为的处罚,由竞争管理委员根据对第五十四条第1款违法行为或事件的相同决定执行。

4. 第五十一条第 1 款第(1)项至第(3)项规定的违法行为处罚措施由竞争委员会全体会议、委员会根据同一违法决定相应执行。

5. 对于依据第 3 款和第 4 款作出的决定,可在收到通知后 30 日内向布加勒斯特上诉法院提出上诉。

第五十六条

1. 本法第五十条第 1 款第(4)项和第(5)项所述的违法行为属于第 2/2001 号政府法令规定,该法令经第 180/2002 号法律修正和完善获得许可,而后作了进一步的修正和完善。但第 2/2001 号政府法令第五条、第八条、第二十八条、第二十九条、第三十二条和第三十四条除外,这些条款通过第 180/2002 号法律修正、补充,而后作了进一步的修正和补充。

2. 对于根据第五十五条第 2 款及第 117/2006 号紧急政府法令规定处罚的记录在通过第 137/2007 号法律修正、补充、获得许可后,可在收到通知后 15 日内向第一区法院提出上诉。可在收到通知后 15 日内通过行政程序对该法院的决定提出上诉。

第五十七条

1. 竞争理事会在执行本法时发布的决定将由竞争理事会转交给有关各方,并在《罗马尼亚官方公报》第一部分公布,费用由犯罪者或申请人承担(视具体情况而定),或公布在竞争理事会的网站上。

2. 决定公布时将考虑相关企业的合法利益,不泄露商业秘密。

第五十八条

1. 竞争理事会因违反本法而被处以罚款的诉讼时效限于:

(1)对于第五十条的违法行为时效为 3 年;

(2)对于其他违反本法的行为时效为 5 年。

2. 竞争理事会的诉讼时效从违法行为发生之日起计算。对于连续或多次违反规定的,从最后一次限制竞争行为之日起计算。

第五十九条

1. 竞争理事会基于初步调查或基于对某一违法行为开始调查而采取的任何行动,均应中断第五十八条规定的诉讼程序。诉讼时效的中断限制自竞争理事会所采取的行动送达至少一个具有违法行为的企业或企业协会之日起生效。

2. 竞争理事会下列行为可能导致诉讼时效中止:

(1)有关信息的书面请求;

(2)竞争理事会主席发布调查令;

(3)法律程序开始。

3. 诉讼时效的中断对所有参与违法行为的企业或企业协会产生效力。

4. 在诉讼时效中断的情况下,自竞争管理委员会采取第 2 款所述行动之日起,期限开始计算。诉讼时效的终止日期不得迟于相当于双倍期限的当日。

如果竞争理事会未实施本法所规定的任何处罚,则适用于所涉违法行为的实施。

第六十条

1. 当个人以欺诈性意图明显参与第五条第 1 款禁止行为的构思、组织或实现时(不会受第五条第 2 款豁免的规定),将被认定为刑事犯罪行为,将被处以 6 个月以上 3 年以下的有期徒刑,处以罚款并禁止其各项权利。

2. 第 1 款规定不适用于当参与方按扭曲授予价格协议实施时第五条第 1 款第(6)项禁止的行为,在该情况下,特定地区的规定适用。

3. 法院可决定将其不可撤销的决定在报刊上公布,费用由有罪一方承担。

第六十一条

1. 除根据本法规定实施的处罚外,因反竞争行为或《欧盟运行条约》第一百零一条和第一百零二条所造成的损害,个人和(或)法律实体保留起诉要求完全补救的权利。

2. 如果商品或服务以过高的价格购买,就不能认为损害是因为该商品或服务被转售。

3. 享有罚款豁免权的企业对因参加本法第五条及《欧盟运行条约》第一百零一条所禁止的反竞争行为而造成的损害不单独承担责任,这种做法是由竞争主管机构批准的。

4. 竞争理事会作出制裁反竞争行为的决定时,为解决损害赔偿诉求,法院可以向竞争理事会索取构成该决定所依据的案卷的文件。为此,法院收到这些文件后,可确保商业信息和其他信息的保密性。

5. 个人或公司认为因本法所禁止的反竞争行为而受到损害的,可在该终局裁决或不可撤销的终局裁决之日起 2 年内向法院提出救济请求。

6. 消费者和依法登记的消费者协会、专业协会和雇主协会可以依据其职责以及相应授予的权力对受反竞争行为影响的会员提起诉讼。

7. 在下列条件下,竞争理事会可根据《民事诉讼法典》规定的条件,就与适用本法第五条和第六条以及《欧盟运行条约》第一百零一条和第一百零二条的有关方面向国内法院提出意见。

8. 在国内法院直接适用《欧盟运行条约》第一百零一条和第一百零二条规定的所有案件中,在通知当事人上诉的可能性后,应立即通过竞争理事会将裁决书副本提交给欧洲委员会。

第六十二条

除本法规定的目的外,使用或者泄露在工作或工作中收到或者承认的具有商业秘密性质的文件或者信息的,依照《刑法》有关规定追究责任。造成的损害,并可以强制其补救。

第七章　一般规定和最终规定

第六十三条

略。

第六十四条

1. 第十四条所称"营业额",是指相关企业上一会计年度内销售产品和/或服务所实现的收入总额, 应直接或通过委托从中扣除代表财政义务的金额和出口的入账价值,包括欧共体内部交付。

2. 在根据第十条第 1 款通过利用第 1 款规定的营业额购买资产实施合并的情况下,仅考虑与构成交易标的的资产相关的金额。

3. 如果在个人和/或法人实体之间发生第 2 款所述类型的两次或多次交易,应被视为单次合并,在最后一笔交易之日达成。

第六十五条

此项营业额将被下列项目替代:

(1)对于信贷机构或金融机构,根据竞争理事会通过的指导原则确定的收入总额、扣除税金及有关费用;

(2)对于保险公司而言,按已发行的总保费的价值计算,该保费包括根据保险公司或以保险公司的名义订立的保险合同已收取或将收取的全部金额,包括转出分保费,扣除竞争理事会通过指南所确定的税费。

(1)信贷机构包括:

(a)从事吸收公众存款和其他有偿资金自营授信业务的实体;

(b)除第(a)项下以外,以电子现金方式支付的实体。

(2)“金融机构”指除信贷机构外,在向其他单位参股或从事下列一项或多项活动为核心业务的实体:

(a)授信,包括消费信贷、抵押、保理、为商业性交易(包括合约交易)提供融资;

(b)租赁;

(c)根据《政府紧急法令》第113/2009号第八条关于支付服务的规定提供的支付服务;

(d)签发和管理其他支付手段,如不属于第(c)项下的支票、汇票、本票;

(e)发行债券及承担承诺;

(f)自身和/或代理客户依法与下列各项进行交易:

支票档案、汇票、本票、存单等货币市场工具;

外币;

期货合约及金融期权;

基于汇率和利率水平的工具;

证券及其他可转让的金融工具;

(g)通过认购、配售或提供相关服务参与证券和其他金融工具的发行;

(h)资本结构、经营策略及其他与之相关的商业性事务、并购及提供咨询;

(i)投资组合管理及相关咨询;

(j)金融工具的托管和管理;

(k)银行间市场中介服务。

第六十六条

为实现第十四条之目的但不违反第六十四条第2款和第3款的前提下,如果适用第十四条所述的任何企业是1家企业集团的一部分,根据该集团的合并负债表,其营业额为该企业集团的合并后的营业额总额。

(1)企业

在图表中,按照第140项(由相同市场的合资企业进行的控制权收购)标准认定合资企业本身就是1家企业。

(2)其子公司、与第三方共同拥有的公司及其子公司(b1、b2)。

(3)其控股公司和该控股公司的控股公司(c1)。

(4)企业控股公司的其他子公司。

(5)企业集团内两家(或两家以上)公司共同拥有的公司。

(6)第三方。

保加利亚竞争保护法*

第一章　一般规定

第一条　主题

1. 本法旨在确保为商业活动中的竞争扩大和自由企业提供保护和条件。

2. (经第56/2015号《国家公报》补充)本条第1款所称保护是指本法应提供保护,防止可能导致在保加利亚阻止、限制或扭曲竞争和/或可能影响与欧盟成员国进行贸易的约定、决定和一致行动、滥用市场垄断和支配地位及任何其他行动和操作,同时,防止不正当竞争或在订立合同时滥用支配地位。除此之外,本法还应就企业集中的控制进行规定。

3. 本法调整与欧盟委员会及欧盟成员国竞争主管机关的合作与《欧洲共同体条约》第八十一条、第八十二条的适用相关的法律关系,以适应2002年12月16日关于实施《欧洲共同体条约》第八十一条、第八十二条制定的竞争规则《欧共体第1/2003号理事会条例》(以下简称《欧共体第1/2003号条例》)和2004年1月20日关于控制企业集中的《欧共体第139/2004号理事会条例》(《欧共体并购条例》,以下简称《欧共体第139/2004号条例》)。

第二条　适用范围

1. 本法适用于:

(1)在保加利亚共和国境内或境外经营的,明示或默示地阻止、限制、扭曲或可能阻止、限制或扭曲在保加利亚的竞争的企业或企业联盟;

---

* 本法经2008年11月28日第102号《国家公报》发布,经2009年6月5日第42号、2010年7月16日第54号、2010年12月10日第97号、2011年9月20日第73号、2012年5月18日第38号(2012年7月1日生效)、2013年2月15日第15号(2014年1月1日生效)、2015年7月24日第56号修订后由《国家公报》发布。

(2)明示或默示地阻止、限制、扭曲或可能阻止、限制或扭曲在保加利亚的竞争的行政机构和地方自治机构等政府机关;

(3)受到政府或市政当局指派提供公共服务的企业,但本法的实施不得在实际上或法律上妨碍其执行受派任务且不会对在保加利亚的竞争产生重大影响;

(4)违反本法的个人。

2. 除非保加利亚共和国加入的现行有效国际条约另有规定,否则本法不适用于在另一国实际或可能限制或扭曲竞争的行为。

第二章　竞争保护委员会

第三条　地位

1. 竞争保护委员会,以下简称委员会,为独立的专门政府机构,由财政支持,可代为进行财政授权。委员会为法人实体,在索菲亚拥有席位。

2. 委员会为保加利亚共和国的国家机关,负责在竞争领域适用《共同体法》。

第四条　委员资格

1. 委员会由 7 名成员组成,即主席、副主席和 5 名委员,均由国民会议选举和罢免,任期 5 年。委员会成员由公开程序选举产生,不得连任。

2. 委员会主席应由在法律领域至少有 10 年经验的合格律师担任,且必须满足第 3 款的要求。

3. 同时具备下列条件的,有资格成为委员会委员:保加利亚公民;持有法学或经济学的大学学位;在相关领域至少有 5 年经验;具有深厚的专业素养和崇高的道德风范;未因有预谋的、可公诉的罪行被定罪。

适合人员不得以任何方式向企业谋利或在企业中从事有偿工作,但从事科学、讲学或仲裁活动的除外。

4. 委员会主席、副主席和委员应在国民议会上宣读《保加利亚共和国宪法》第七十六条第 2 款规定的誓言。

5. 委员会主席的基本月薪应为国民议会主席基本月薪的 90% 。副主席和委员的基本月薪应分别为委员会主席基本月薪的 95% 和 90% 。

第五条　职责免除

1. 出现下列情况的,委员会主席、副主席和委员的职权可能免除:

(1)委员会主席、副主席和委员自己提出的;

(2)委员会主席、副主席和委员连续6个月无法履行其职责的;

(3)委员会主席、副主席和委员选任后,不再满足第四条第3款规定的要求的;

(4)根据《保加利亚利益冲突预防确定法》确定利益冲突的法案生效的;

(5)委员会主席、副主席和委员死亡的。

2. 发生前款第(1)项至第(4)项规定的情况时,应由国民议会作出决议免除委员会主席、副主席和委员的职权。

3. 发生第1款规定的情况时,委员会主席应告知国民议会。发生第1款规定的与主席相关的情况时,由委员会委员告知国民议会。

4. 国民议会收到第3款规定的通知后,应在任期届满前通过免除职权的决议并选举委员会新委员担任该职位,直至当前任期届满。

5. 委员会主席、副主席和委员的任期届满至少2个月之前,国民议会应选举新的主席,副主席和委员。

6. 如国民议会未能在委员会主席、副主席和委员的任期届满前按照第5款的规定选举新的主席、副主席和委员,则现任主席、副主席和委员应继续行使其职权,直至新委员接任。

第六条　组织和运作

1. 委员会应根据《组织条例》进行组织和运作。《组织条例》应通过《国家公报》颁布。

2. 委员会的运作应由行政部门进行。

第七条　委员会行政部门

1. 委员会行政部门的组成、结构、权利和职责应由第六条第1款提及的《组织条例》进行规范。

2. 与行政部门官员的法律关系应根据《公务员法》和《劳动法》的规定建立并受其规范。

第八条　权责

竞争保护委员会有权:

1. 排查本法和《欧洲共同体条约》第八十一条、第八十二条的违法行为;

2. 依法进行处罚;

3. 查明不存在本法的违法行为或针对《欧洲共同体条约》第八十一条、第八十二条的违法行为无理由采取行动；

4. 根据《欧共体第1/2003号条例》和《欧共体第139/2004号条例》规定的程序，与欧盟委员会和其他欧盟成员国的国家反垄断机关进行合作；

5. 依法签发许可证；

6. 向适合的政府机关和地方自治机构进行提案，建议其废除或修订由导致或可能导致阻止、限制或扭曲竞争的行政条例；

7. 依法采取临时措施；

8. 审批企业合约，如果有企业的行为正在因本法第十五条、第二十一条和/或《欧洲共同体条约》第八十一条、第八十二条接受调查，采取措施恢复竞争并采取第八十六条规定的保护竞争措施；

9. 对违法行为执行禁制令，包括采取适当的行为性和/或结构性调整措施恢复竞争；

10. 对竞争环境进行行业分析；

11. 裁定与本法相关的其他请求；

12. 与下列机构进行交流合作：行政机构和地方自治机构等政府机关；参与法案起草、就法案起草和现行有效的法定和一般行政条例发表意见、进行信息交流和以其他形式进行合作的机构或非政府组织；

13. 发起并组织与竞争条例宣传相关的倡导；

14. 通过《组织条例》和法律规定的其他法案；

15. 保管已发布法案的电子记录。

第九条　委员会主席

1. 委员会主席有权：

(1)代表委员会行使职权或授权他人代表委员会行使职权；

(2)组织并管理委员会的活动；

(3)召集并主持委员会会议；

(4)审批委员会行政部门的人员名单；

(5)履行、修改、终止与行政部门官员签订的聘用合同和正式任命书；

(6)组织执行已生效的委员会决议；

(7)审批第八条第14款规定的法案和委员会的其他法案；

(8)实行财政权;

(9)通过大众媒体向公众通报委员会的活动;

(10)在竞争保护领域与其他国际组织或其他国家的机关就保加利亚共和国进行国际合作。

2. 主席在履行其职责时应由副主席协助。当主席离开本国或在法定假期时,其应发布命令将职权下放给副主席,处理每一个具体案件。

第十条　利益冲突

(1)委员会委员或其行政部门的官员对本法规定程序的结果存在利益或该人员的公正性存有疑问的,不得参与本法规定的程序。

(2)利益相关的委员会委员或行政部门官员应主动或应当事方要求接受调查。

第十一条　职业秘密

(1)委员会委员和行政部门官员不得传播构成职业秘密的信息。

(2)委员会只有在作为欧盟成员国反垄断机关履行其职责时才能根据《欧共体第 1/2003 号条例》规定的程序披露构成职业秘密的信息。

葡萄牙竞争法*

第一章　竞争执法宣传

第一条　客体

本法规定了竞争法。

第二条　范围

1. 本法适用于私营部门、公有部门和合作经营部门的所有永久性或临时性的经济活动。

2. 在不损害葡萄牙承担的国际义务的前提下，本法适用于竞争执法和宣传，特别是禁止各企业在葡萄牙领土上参与集中或者这些实践在该国产生或可能产生影响。

第三条　企业的概念

1. 本法所称企业应被视为在特定市场上实施包括提供商品或服务在内的经济活动的任何实体，而无论其法律地位或融资方式如何。

2. 一群企业组成一个经济单元或保持具体下列原因的相互依存关系的，即使这群企业本身是法律上分割的实体，仍应视为一个单独的企业：

(1)所定义的企业拥有多数股本；

(2)该企业拥有1/2以上的表决权；

(3)该企业有权委任半数以上的董事会或监事会成员；

(4)该企业拥有必要的权力来管理集团及其每家企业的业务。

第四条　公共事务

1. 虽有下款规定，对于国有企业、国有商业企业和国家授予其特殊权利或

---

* 2012年5月8日第19/2012号法律，本法废除了2003年6月11日第18/2003号法律及2006年8月25日第39/2006号法律，并对1999年1月13日第2/99号法律作出第二次修正。

排他性权利的企业,适用本法。

2. 受法律委托管理公共事务或属于合法垄断性质的企业,只要这些规定的执行在法律上或事实上不会对完成特定任务构成障碍,则适用本法规定。

第五条　竞争局

1. 竞争局负责确保遵守有关竞争执法和宣传规则,为此目的,竞争局拥有本法和其法规中规定的制裁、监督和管理权力。

2. 竞争局法规按照规定执行。

3. 竞争局行业监管部门的预算拨款和根据其法规中收取的任何费用,用于确保为该部门的各项活动提供资金支持。

4. 行业管理部门和竞争局应根据法律规定在竞争法执行方面展开合作,并可为此目的签订双边或多边协议。

5. 竞争局应于每年公布一份与其活动和行使制裁、监督及管理权力相关的报告,包括上一日历年的资产负债表和收益表。

6. 前款规定的报告和其他文件,经竞争局委员会批准后,应于每年 4 月 30 日前连同外部审计师的意见一同提交给政府。政府负责将所有文件送交葡萄牙议会。

7. 如果负责经济和国库的政府成员未针对上述报告、资产负债表和损益表作出决定,则视为这些文件在接收之日起 90 日后已获得批准。

8. 上述报告、资产负债表和损益表应在获得明示或暗示批准后 30 日内公布在《葡萄牙共和国官方公报》和竞争局互联网网站上。

第六条　议会监督

1. 关于竞争政策的全体辩论应在议会每届立法会议上举行,每届至少举行 1 次。

2. 在不影响政府在竞争政策方面责任的前提下,竞争局委员会成员应就下列事项在相关议会委员会实施下列活动:

(1)就竞争局从事本法第五条规定的活动举行听证会,在听证会上作证,听证会的最长时间不得超过 30 日;

(2)如要求,报告其活动或任何与竞争政策有关的问题。

第七条　任务重点

1. 竞争局在履行职责时,应以竞争执法和宣传中的公共利益标准为指南,为此,竞争局可确定处理需要分析的问题的优先次序。

2. 在追查和惩处竞争规则违反行为的公共利益决定提起行政诉讼程序时,竞争局应根据具体情况行使其惩罚权,特别考虑提交卷宗的竞争政策的优先次序、各当事人提出的事实和法律因素,被指称的违法行为的严重性、能够证明其存在的可能性和要履行调查的范围,以及为确保遵守本法第九条、第十一条和第十二条以及《欧盟运行条约》第一百零一条和第一百零二条而执行的任务。

3. 竞争局应在其互联网网站上公布下一年度的竞争政策重点,但涉及惩罚权时不做行业参考。

第八条　投诉的处理

1. 竞争局应对其收到的每一项投诉进行记录,并根据前条规定,在投诉书中引用的信息许可的情况下,启动行政违法或监督诉讼程序。

2. 竞争局依据前条规定根据所掌握的信息认为处理投诉的理由不充分的,应以书面形式通知投诉人,并确定不少于10个工作日的书面反馈意见时限。

3. 竞争局无义务考虑在前款所述时限之后可能收到的任何其他书面意见。

4. 如果投诉人在竞争局规定的时限内陈述其意见,且投诉人提交的书面意见不会导致对投诉作出不同的评估,竞争局应以书面形式明确其认为投诉不成立或不值得优先处理的地方,并可在竞争管理和监督法院提起上诉。

5. 如果投诉人未在竞争局规定的时限内陈述其意见,投诉应予以结案。

6. 竞争局应对不会导致程序启动的投诉结案。

第二章　被禁止行为

第一节　被禁止行为的类型

第九条　协议、一致行动和企业协会的决定

1. 企业间的协议、一致行动和企业协会的决定的目的或影响是在很大程度上全部或部分妨碍、扭曲或限制国内市场竞争,应予以禁止,特别是下列行为:

(1)直接或者间接固定买卖价格或者其他交易条件;

(2)限制或控制生产、市场、技术开发或投资;

(3)共享市场或者供应来源;

(4)在与交易相对人的同类交易中适用不同的交易条件,使其处于不利的竞争地位;

(5)订立其他补充义务当事人接受的、就其性质或商业用途而言与合同标的无关的合同。

2. 前款禁止的企业间的协议及企业协会的决定无效,依照下条规定被视为有正当理由的除外。

第十条　企业协会的协议、一致行动、决定的正当性

1. 如果前条所述企业协会的协议、一致行动或者决定累计实现以下目的,有助于改进商品或服务的生产或分销,促进技术或经济进步的,则这些协议、一致行动或者决定可认定是正当的:

(1)促使这些商品或服务的使用者公平地分享由此产生的利益;

(2)不对有关企业实现这些目标施加并非必需的限制;

(3)不向企业提供从所涉商品或服务的大部分市场上消除竞争的可能。

2. 引用上述理由的企业或企业协会负责提供证据,证明其已满足前款规定的条件。

3. 对于前条禁止的企业协会的协议、一致行动或决定,虽不影响成员国间的贸易,但符合根据《欧盟运行条约》第一百零一条第 3 款规定要求的,可被视为具有正当性。

4. 在具体案件中,如出现与上述第 1 款规定不一致的行为,竞争局有权撤销前款所述利益。

第十一条　滥用支配地位

1. 禁止一家或者多家企业滥用其在国内市场或者大部分国内市场上的支配地位。

2. 此种滥用尤其包括:

(a)直接或者间接地强加不公平的买卖价格或者其他不公平的交易条件;

(b)限制生产、市场或者技术开发,损害消费者利益;

(c)在与其他交易方的同等交易中适用不同的条件,使其处于不利的竞争地位;

(d)订立其他当事人可接受的、就其性质或商业用途而言与合同标的无关的合同;

(e)在其他企业事实上或者依法无法获得市场支配地位及能够获得合理费用的情况下,拒绝其他企业使用其控制的网络或者其他基础设施,除非该具有支配地位的企业能够证明由于经营或者其他原因不能提供接入。

第十二条　滥用经济依赖

1. 禁止一家或者多家企业滥用任何其供应商或者顾客认为的由于同等替代企业不存在而产生的经济依赖，但前提条件是这种做法会影响到市场运作方式或者竞争运作方式。

2. 下列情形可被视为滥用行为：

(a)采取前条第2款第(a)项至第(d)项所述的行为；

(b)考虑到以往的商业关系、在特定经济活动中公认的惯例以及已订立的合同条件和已建立的商业关系全部或部分中断。

3. 就第1款而言，在下列情形下，企业不被认为具有同等替代性：

(a)所涉商品或者服务的供应，特别是在经销点的供应，由有限数量的企业控制；且

(b)企业无法在合理的时间范围内从其他商业伙伴处找到同等条件。

第二节　关于被禁止行为的行政违法诉讼程序

第十三条　适用规范

1. 关于违反第九条、第十一条和第十二条规定的诉讼程序受本法和依照10月27日第433/82号法令批准的《行政违法一般制度》附属条款的管辖。

2. 前款规定经必要修改后，同样适用于竞争局就违反《欧盟运行条约》第一百零一条和第一百零二条而提起的案件，或者竞争局必须在其1月18日第10/2003号法令中批准的法规第六条第1款第(g)项所承担的职责范围内进行干预的案件。

第十四条　关于时限的一般规定

1. 如果对声称案件无效的任何行动或尽职调查，或者对正当程序或其他程序权力主张无特别规定，则该时限为10个工作日。

2. 如果时限设定工作由竞争局负责，则标准应基于起草意见或作出陈述所需的合理时间和所采取行动的紧迫性。

3. 如果在最初期限内提出得到支持的请求，法律规定的时限或竞争局的决定可予以延长。

4. 竞争局有充分理由认定该请求仅是一种拖延策略的，竞争局可拒绝延长

时限。

5. 前款所述决定不得上诉。

第十五条　要求提供信息

1. 竞争局以书面形式要求企业、其他自然人或法人提供文件和其他信息的,该请求应由下列要素组成:

(a)要求请求接收人提供信息的法律依据,其在提出请求时的法律地位,以及请求的目的;

(b)提供该文件或所要求的信息的时限;

(c)提及因包含商业秘密而应被视为保密信息的,在这种情况下,提供一份已删除保密信息的文件的复印件;

(d)根据第六十八条第1款第(h)项发出警告,表明不遵守请求属于行政违法行为。

2. 竞争局要求提供的信息和文件应在不少于10个工作日的时限内提供,除非在有充分依据的决定中明确规定不同时限。

3. 第1款第(c)项的规定适用于案件当事人、投诉人或任何第三方自愿提供的文件。

第十六条　通知

1. 通知应通过挂号信发出,发送至被通知人的注册总部或住所,如有必要,可由警察径自发出。

2. 如果被通知人在葡萄牙无总部或住所,应对葡萄牙的分公司、办事处或代表处通知,如果在葡萄牙没有任何分公司、办事处或代表处,则对其所在外国的注册总部或居住地发出通知。

3. 无论有关事项是否涉及临时措施、抗辩、有条件或无条件结案的决定、处理决定、告诫决定、罚款或其他制裁决定以及任何有关个人行为的通信,均应向案件当事人发出通知。

4. 任何案件当事人无法找到或拒绝接收前款所述通知的,应视为已在全国发行量较大的日报上向该当事人发布公告和公告内容摘要,该公告应被视为已被公布。

5. 尽管有上述第3款规定的通知当事人,但仍应向被指定律师或辩护人发出通知。

6. 在上述第1款所述情况下，应推定在登记日后的第三个工作日发出；在上述第2款所述情况下，应推定在登记日后的第七个工作日发出。

7. 在上述第5款所述情况下，发出通知后的诉讼程序时限自最后一份通知发出之日后的下一个工作日起计算。

8. 如果案件当事人没有参与本条规定的诉讼程序，该事实不应造成行政违法程序的终止。

第十七条　立案调查

1. 竞争局应依职权或在接到投诉后，根据本法第七条规定，对本法第九条、第十一条和第十二条或《欧盟运行条约》第一百零一条或第一百零二条被禁止行为展开调查。

2. 在调查范围内，竞争局应实施必要的调查程序，以确定是否存在被禁止行为以及当事人的身份，并为此目的收集证据。

3. 所有公共实体，特别是属于任何直接、间接或自治的一般政府结构的公共实体，以及独立的行政主管部门，有义务将其获悉的可能被解释为被禁止竞争行为的事实通知给竞争局。

4. 任何知悉被禁止行为的自然人或法人均可在其互联网网站上查阅经竞争局批准的表格，并向竞争局检举该被禁止行为。

5. 主权机构及其代表有义务在其捍卫法律和宪法秩序的职责范围内，向竞争局报告竞争法中的违法行为。

第十八条　问询、搜查、查封的权力

1. 竞争局在行使制裁权力时，可由其法定机构的工作人员：

(a) 自行或通过其法定代表人问询企业相关人员及与案件有关的其他人，并要求提供其认为对查明事实有用或有必要的文件和其他信息；

(b) 在认为其他人员的陈述可能与之相关时，自行或通过其法定代表人采访任何其他人员，并要求提供文件和其他信息；

(c) 在有关企业的场所、财产和交通工具中搜查、检查、收集和查封会计数据或其他文件，无论会计数据或其他文件储存或保存的地点如何；

(d) 在此期间内，在开展前项所述行动绝对必要的范围内，查封企业或企业协会的场所，包括储存或保存会计数据或其他文件的设备，如计算机和其他数据存储电子设备；

(e)向公共行政部门的任何部门,包括警察局,申请提供协助履行其职能所必需的协助。

2. 前款第(c)项和第(d)项规定的行动取决于主管司法机关的搜查令。

3. 前款所述的搜查令应有充分的证据。应事先向竞争局提出要求,并在48小时内作出有关搜查令的决定。

4. 在竞争局场所之外采取上述第1款第(a)项至第(c)项所述行动的工作人员应随身携带:

(a)就第(a)项和第(b)项而言,竞争局颁发的详述行动目的的凭证;

(b)就第(c)项而言,应在诉讼开始时向被调查人员告知前款所述的凭证和第3款所述的搜查令。

5. 前款第(b)项所述的通知企业的法定代表人,当法定代表人不在时,应通知在场的企业或企业协会的任何工作人员。

6. 在采取第1款第(c)项和第(d)项所述行动时,竞争局可由警察陪同。

7. 企业法定代表人、雇员或其他工作人员不在营业场所或拒绝接收通知的,应在营业场所的显著位置张贴通知副本。

8. 第1款第(a)项至第(d)项规定的行动应写在通知中,并及时通知给案件当事人。

9. 凡被要求向竞争局作出陈述但未到场的,仍应继续追究其案件责任。

第十九条　搜查私人场所

1. 如有确凿证据表明,在企业或企业协会的合伙人、董事会成员、雇员或工作人员的私人场所发现严重违反本法第九条或第十一条或《欧盟运行条约》第一百零一条或第一百零二条的证据,则经负责程序保障的法官正式授权及应竞争主管部要求,可对私人房屋进行搜查。

2. 竞争局的要求必须说明调查违法行为的严重性、所寻求证据的相关性、企业或企业协会的参与,以及怀疑证据存放在要求发布搜查令的私人房屋内的合理性。

3. 负责程序保障的法官可命令竞争局提供关于控制采取行动的相称性所需的信息。

4. 搜查令应在48小时内发出,有效指明诉讼的目的、诉讼开始日期以及可以进行司法复审的指示。

5. 第十八条第 4 款第(b)项和第 5 款至第 8 款的规定在作出一切必要的修改后，适用于私人场所内的搜查和查封。

6. 对有人居住的房屋或封闭的附属场所内的搜查只能得到负责诉讼程序保障的法官授权，并在上午 7 时至晚上 9 时进行，否则搜查可能无效。

7. 当搜查在律师办公室或医生诊所内进行时，该程序的法官必须在场，否则搜查无效，并且必须事先通知当地的律师协会会长或医疗协会会长，以便此人或官方代表到场。

8. 本条规定在经过必要修改后，适用于在其他地方进行的搜查，包括合伙人、董事会成员和雇员的车辆、企业或企业协会工作人员的车辆。

第二十条　查封

1. 无论文件的性质、储存或保存文件的设备如何，均应得到司法主管部门批准、命令或验证。

2. 竞争局可在搜查期间，或出现紧急情况、延误危险时将其查封。

3. 任何事先没有命令或授权的查封必须在发生后 72 小时内由司法主管部门进行确认。

4. 如果查封是在律师办公室或医生诊所内进行，适用前条第 7 款和第 8 款的规定。

5. 在前款所述情况下，禁止查封法定或医疗特权涉及的文件，因为该查封是无效的，除非此等文件作为违法客体或构成违法要素。

6. 只要有确凿的理由认定此等文件与违法有关，且对查明真相或从证据方面来讲具有重要意义，在银行或其他信贷机构进行的查封应由负责程序保障的法官执行，即使此等文件不属于本案的当事人所有。

7. 负责程序保障的法官可审查银行提供的任何文件，以核实前款规定的被查封物品是否具有重要性。

8. 根据第 7 款进行的审查应由负责程序保障的法官亲自执行，必要时由警察或竞争局合格的工作人员协助进行，所有人均应对其所发现的一切内容承担保密义务，且不将其作为证据使用。

第二十一条　领土管辖权

检察官或如有明确规定，在竞争局总部范围内负责程序保障的法官均有权授权采取第十八条第 1 款第(c)项和第(d)项以及第十九条和第二十条规定的行动。

第二十二条　调查阶段的和解程序

1. 在调查过程中,竞争局可设定不少于 10 个工作日的时限,以便案件当事人以书面形式告知其愿意进行商谈,提出解决方案。

2. 在调查过程中,案件当事人可以书面形式向竞争局表明其愿意就提出解决方案进行商谈。

3. 参与和解商谈的案件当事人应在商谈开始前 10 日向其提供有关信息,说明事实、所依据的证据和对该违法行为依法设定的罚款金额。

4. 前款所指的信息与竞争局在商谈过程中提供的信息一样,属于保密信息,尽管竞争局可明确授权向案件当事人披露。

5. 如果竞争局认为程序没有任何进展,可在任何时候决定终止与案件当事人一方或多方当事人的商谈,且不得对该决定提起上诉。

6. 商谈结束后,竞争局应设定时限,要求案件当事人提交书面和解文件,该时限不少于 10 个工作日。

7. 当事人提交的和解文件必须考虑商谈结果,且当事人应承担相关违法责任。当事人不得在此之后单方面撤销和解文件。

8. 一旦收到当事人提交的和解文件后,竞争局应评估其是否符合前款规定。如果竞争局认为提交的和解文件理由不充分,则可拒绝接收,但不允许上诉,或予以受理。在此种情况下,竞争局应起草处理通知,通知应包括当事人的身份、已归咎的事实、违反的法律规定,注明处理条件,包括进行的处罚及罚款的比例减少。

9. 案件当事人应在竞争局规定的接到通知后不少于 10 个工作日内,以书面形式声明和解通知反映了已提交文件的内容。

10. 如果案件当事人不同意根据前款规定继续进行行政违法诉讼程序,则第 8 款规定的和解通知应视为具有无效目的。

11. 一旦第 9 款规定的时限到期,且案件当事人未表示同意诉讼程序的,第 7 款规定的和解文件应视为撤回,且不得在和解程序中作为对被调查当事人不利的证据。

12. 如果案件当事人同意并根据第 9 款缴纳罚款且无法对作为本法的行政违法行为进行再次评估,则该和解通知可转化为给予处罚的最终决定。

13. 在根据第八十四条规定提出上诉时，当事人通过前款决定承认的事实不得进行司法审查。

14. 在当事人提出请求后根据第七十八条的规定减少的罚款，也应列入本条所指的减少罚款之列。

15. 就第二十五条第1款而言，竞争局可允许查阅根据本条规定提交的和解文件，但未经建议书作者正当授权，不得复制这些文件副本。

16. 除非得到建议书作者授权，否则不允许查阅本条所述的和解文件。

第二十三条　有条件地结束调查

1. 只要相关当事人提交的承诺能够消除涉案行为对竞争的影响，竞争局即可接受，并在附加保证拟定承诺的条件后结案。

2. 竞争局在认为适当的情况下，可以在初步了解事实的情况下通知有关当事人，以提供消除涉案行为对竞争产生影响。

3. 竞争局或案件当事人可以随时中止讨论，行政违法诉讼程序继续进行。

4. 竞争局在作出有条件结案的决定前，应将案件概况、当事人身份、承诺建议的基本内容在其互联网网站和两份覆盖全国的报纸上公布，相关费用由案件当事人承担。公布时间不得少于20个工作日，供有利害关系的第三方陈述意见。

5. 决定应载明案件当事人、归咎于该当事人的事实、调查对象、表示的异议、竞争局提出的条件、案件当事人与承诺有关的义务，以及对承诺履行的监督方式。

6. 接受承诺及结案的决定不能得出下列结论，即已发生违反本法的行为，但规定案件当事人必须履行承诺。

7. 尽管实施了处罚，竞争局仍可在下列情况下于2年内重新审理已经有条件结案的案件：

(a)该决定所依据的事实发生了重大变化；

(b)不符合相关条件；

(c)结案决定被认为基于虚假、不准确或不完整的信息。

8. 竞争局负责监督是否符合这些条件。

9. 如上文第7款所述，只要符合条件，就无法重新审理案件。

第二十四条　调查程序的结束

1. 在可能的情况下，调查应在决定立案后18个月内完成。

2. 在无法符合前款规定时限的情况下,竞争局委员会应将这一情况通知给有关当事人,并确定完成调查所需的时间。

3. 调查结束时,竞争局应确定是否:

(a)在调查的基础上认为存在作出制裁决定的合理可能性时提起诉讼程序,并在提出异议的情况下,通知案件当事人;

(b)当调查不能支持作出制裁决定时,予以结案;

(c)在和解程序中作出制裁决定后结案;

(d)依欠条所述附加条件的决定结案。

4. 如因投诉而启动调查,竞争局根据可用信息认为不太可能作出处罚决定时,应将处罚决定及理由告知投诉人,并规定投诉人在不少于 10 个工作日的时限内提交书面意见。

5. 如果投诉人应在规定时限内提出意见,而竞争局认为这些意见直接或间接不足以构成作出处罚决定的合理可能性,应对案件结案,但可就结案决定向竞争管理与监督法院上诉。

6. 结案决定应通知给案件有关当事人,如有投诉人的,还应通知投诉人。

第二十五条　起诉程序

1. 在前条第 3 款第(a)项所指的答辩说明通知中,竞争局应为案件当事人设定不少于 20 个工作日的合理时限,允许其对与案件裁决可能相关的问题作出书面答复,并针对已提交的证据采取行动。

2. 在前款所述书面答复中,案件当事人可请求口头审理,补充书面答复。

3. 在其决定有充分依据的情况下,竞争局有权拒绝就补充证据采取进一步行动,而该决定很可能与事实无关或顺延时间。

4. 竞争局可对采取与补充证据相关的进一步的行动,特别是第十八条第 1 款所述类型的补充证据相关的行动,即使在案件当事人作出本条第 1 款所述的书面答复后及口头审理后。

5. 竞争局应当告知案件案卷中已附有更多证据,并可确定不少于 10 个工作日来陈述意见。

6. 如果因补充证据而采取进一步收集证据的行动导致对案件最初认定的事实或当事人的法律地位发生实质性变化,竞争局应依据上述第 1 款和第 2 款规定,再次发抗辩提出答辩意见。

7. 竞争局应当依据其监管权限，通过调查及诉讼程序指南。

第二十六条　口头审理

1. 前条第 2 款所述的口头审理由竞争局在申请人在场的情况下进行，并根据申请人理解，允许其他自然人或法人参加。

2. 申请人有多人的，应当分别进行口头审理。

3. 申请人应在书面答辩中载明口头审理需要澄清的问题。

4. 口头审理时，申请人直接或通过第 1 款中提及的人员进行澄清，并可补充相关文件材料。

5. 竞争局可向参与方提问。

6. 口头审理应记入笔录，笔录随附案件卷宗及通知。

7. 口头审理事实及所附文件应由出席会议的各方当事人签署。

8. 对于前款所述的通知，向告知申请人给予本案有关的其他当事人的文件，口头笔录应予以复制。

第二十七条　诉前和解程序

1. 在第二十五条第 1 款所指的陈述中，案件当事人可提交和解材料，承认事实和承担违法责任，但不得单方面撤销和解材料。

2. 按前款规定提交和解材料将导致第二十五条第 1 款规定的时限在竞争局规定的期限内中止，且该期限最长不得超过 30 个工作日。

3. 收到和解材料后，竞争局应进行评估。如果竞争局认为和解材料不成立，则不允许上诉，或者可予以受理。在此种情形下，竞争局发出和解通知，其中载有和解条款，包括施加处罚和减少罚款比例。

4. 竞争局应当给予案件当事人不少于 10 个工作日确认依前款规定发出的和解通知是否反映和解材料的内容。

5. 如果案件当事人不同意根据前款规定执行行政诉讼程序，则该程序应继续进行，且上述第 3 款决定应视为无效决定。

6. 对于依据上述第 1 款提交的和解材料，一旦在第 4 款所述期限届满，案件当事人未表示同意程序的，则该和解材料应视为已撤回，不得在和解程序中作为对被调查当事人不利的证据。

7. 如果案件当事人根据第 4 款规定同意并缴纳罚款，且就本法规定而言，该事实无法被再次认定为行政违法行为，则为最终决定。

8. 不得以上诉为目的对当事人通过前款所述决定承认的事实进行司法审查。

9. 在当事人提出请求后,根据第七十八条规定减少的罚款,应与本条所指的罚款减少额一并计算。

10. 就第二十五条第 1 款规定而言,竞争局允许当事人查阅根据本条规定提交的和解材料,但未经作者正当授权,不得复制该材料。

11. 除非得到建议书作者授权,否则,不得查阅根据本条规定提交的和解材料。

第二十八条　有条件结案

在起诉程序中,竞争局可有条件结案,并适用第二十三条的规定。

第二十九条　起诉程序的终止

1. 起诉程序应尽可能在发出答辩说明之日起 12 个月内终止。

2. 在无法符合前款所指期限的情况下,竞争局委员会应通知有关当事人,并设定完成起诉程序所需的时间。

3. 起诉程序终止时,竞争局应根据起诉报告作出最终决定,而起诉报告应存在下列可能:

(a)宣布已被禁止的行为,但根据第十条规定,在宣布时认为这种做法是正当的;

(b)根据第二十七条作出的决定给予处罚;

(c)责令对案件附加前条规定的条件;

(d)不附加任何条件,责令结案。

4. 第 3 款第(a)项所称的决定可附上警告或罚款以及第六十八条、第七十一条和第七十二条规定的其他处罚措施,且在该情况下,可采取必要的行为措施或结构性措施制止被禁止的行为或其影响。

5. 前款所指的结构性措施只能在没有同等有效的行为措施,或在(如果存在)对当事人而言比结构性措施本身更为繁重的情况下实施。

第三十条　商业秘密

1. 尽管第三十一条第 3 款规定,在起诉程序中,竞争局应适当保护企业、企业协会或其他实体关于不泄露其商业秘密的合法利益。

2. 在根据第十八条第 1 款第(c)项和第(d)项采取行动后,竞争局应给予当事人不少于 10 个工作日的时限，从所收集的被视为商业秘密的信息中，选择一份被视为具有商业秘密的文件。在这种情况下，竞争局应提供已删除该保密的文件的副本。

3. 如果竞争局希望在案件卷宗后附上可能包含属于机密信息的文件，应给予企业、企业协会或其他实体根据前款规定表达意见的机会。

4. 如果企业、企业协会或其他实体根据上述第 2 款和第 3 款或第十五条获得作出答复的机会，未指明其认为的属于机密的任何信息，未提供这种指明的理由，或未提供已删除机密信息的文件副本，则该信息应被视为非机密信息。

5. 如果竞争局不同意将该信息列为商业秘密，竞争局应告知企业、企业协会或其他实体不同意全部或部分保密要求。

第三十一条　证据

1. 证据被视为用于证明违法行为存在、确定当事人的行为是否可予以处罚、确定适用处罚和确定罚款数额等具有法律意义的事实。

2. 任何法律不加禁止的证据均可采信。

3. 尽管保障了当事人的申辩权，竞争局仍可以商业秘密为由，根据第十五条第 1 款第(c)项和第 3 款，以及前条第 2 款和第 3 款规定，将被定为机密信息作为证据，并证明违反了本法或欧盟法的竞争规定。

4. 除非法律另有规定，证据是根据经验法则进行分析后得出的。

5. 竞争局在履行监督职能时获得的作为行政违法诉讼程序组成部分的信息和文件可作为正在进行或即将启动的行政违法诉讼中的证据使用，但前提条件是企业被正式告知可在向其提出的信息请求和采取的行动中，以此为目的使用这些信息。

第三十二条　案件公开与诉讼保密

1. 案件必须公开，但法律规定的例外情况除外。

2. 如果竞争局认为公开信息有损于调查，则在作出最终决定前，可规定案件诉讼程序必须保密。

3. 竞争局在认为案件当事人的权利应如此确定时，可依职权或应案件当事人请求，规定案件必须保密，直至作出最终决定为止。

4. 如果案件诉讼程序需要保密，竞争局可在考虑上款所述利益的情况下，依职权或应案件当事人请求，在诉讼程序的任何时间解除禁令。

5. 尽管有司法机关要求,竞争局仍可将保密程序所涉及的行为或文件的内容告知第三方,但前提条件是这样做不会损害调查,且认定调查与查明真相有关。

6. 竞争局应在其互联网网站上公布因被禁止行为程序而通过的最终决定,但不得损害对商业秘密和其他机密信息的保护措施。

7. 法院对竞争局提起上诉的裁定也应由竞争局在其互联网网站上公布。

第三十三条　查阅卷宗

1. 除下款详细规定外,案件当事人可要求查阅卷宗,自费获得任何摘录本、副本或者证明材料。

2. 如果根据前条第 2 款的规定需对诉讼程序进行保密,且竞争局认为有异议,则竞争局可以拒绝向该当事方提起诉讼,直到作出答辩说明为止。

3. 除前款规定外,在案件中显示合法利益的任何自然人或法人可要求查阅卷宗及获得卷宗的摘录本、副本或文件。

4. 第三十一条第 3 款所述文件仅供律师或经济顾问查阅,并根据第二十五条第 1 款案件当事人的辩护目的,以及对竞争局的决定进行司法审查的目的,不得以复制或以任何方式全部或部分使用此等信息,或将其用于任何其他目的。

第三十四条　临时措施

1. 在有调查显示提起诉讼的行为将对竞争造成严重、不可弥补的损害,或使竞争难以恢复的损害存在时,竞争局可在诉讼过程中的任何时候发布临时措施,停止该行为,或为恢复竞争所需的任何其他临时措施,或为使案件的最终裁决生效所需的任何其他临时措施。

2. 本条所述措施可主动地或应利害关系方请求采取,并持续有效,直至予以撤销为止,不得超过 90 日。

但是,经批准延期的,应在 180 日内作出调查决定。

3. 采取第 1 款所述措施之前应先举行有关各方的听证会,但这样做可能严重损害该措施的目的或有效性的除外,在这种情况下,各当事人在措施实施之后才举行听证会。

4. 在涉及行业监管的市场时,竞争局应征求行业监管部门意见。行业监管部门,如果愿意,有 5 个工作日的时间提出意见。

5. 在紧急情况下,竞争局可自行决定恢复或维持有效竞争需采取的临时措施,并在作出决定后听取有关各方的意见。

6. 在前款所述情况下,当涉及行业监管的市场时,竞争局应在作出临时措施决定前征求行业监管部门的意见。

第三十五条　与行业监管部门就被禁止的行为进行协调

1. 竞争局根据第十七条规定获悉行业管理范围内发生的且可能被列为被禁止行为的事实的,竞争局应立即向该行业监管部门申报,以便该部门在竞争局规定的时限内提出意见。

2. 在问题涉及部门监管的市场产生影响的被禁止行为时,竞争局根据第二十九条第 3 款规定,在作出决定之前应先征得有关行业监管部门的意见,并在竞争局规定的期限内提出意见,但无条件结案的情况除外。

3. 当行业监管部门在其职权范围内且在不影响第十七条第 3 款的情况下主动或应其管辖范围内实体请求对可能违反本法规定的问题进行评估时,应及时通知竞争局,并附上其基本项目的资料。

4. 在作出最终决定之前,行业监管部门应将决定草案通知竞争局,以便竞争局在规定期限内提出意见。

5. 在前几款所述情况下,竞争局可根据证据充分的决定暂缓作出提起诉讼程序的决定,或可在其认为适当的时限内继续处理此事。

第三章　企业集中

第一节　接受控制的集中

第三十六条　企业集中

1. 在本法中,当一家或多家企业的全部或部分控制权因下列原因发生持久变更时,即认为存在企业集中:

(a)之前独立的 2 家或 2 家以上企业或部分企业出现合并;

(b)一家或多家实体或已控制至少一家企业的一家或多家企业,直接或间接取得对一家或多家企业的全部或部分股本的控制权。

2. 设立一家持续履行一个独立经济实体所有职能的合资企业构成前款第(b)项所述的企业集中。

3. 就前款规定而言,控制产生于任何行为,无论采取何种形式,暗示有可能单独或共同地对企业活动施加决定性影响并考虑事实和法律因素,具体而言:

(a)收购全部或部分股本;

(b)取得企业全部或部分资产的所有权或使用权;

(c)取得权利或签署对企业法人团体的组成、表决或决定具有决定性影响的合同。

4. 企业集中不得被视为因下列原因而产生:

(a)破产管理人收购处于破产管理状态的股权或资产;

(b)仅作为抵押品的股权的收购;

(c)信贷机构、金融机构或保险公司可收购目的不同于上述 3 类企业的股权,股权为临时持有,收购活动旨在转售所持股份,但是,这些股权不是长期持有的,上述机构没有为了确定此等企业的竞争行为而行使表决权,或者这些机构行使表决权的目的仅是准备出售此等企业的全部或部分资产,或出售该股权,且此等处置发生在收购之日起 1 年内。如果竞争局能够证明在规定的期限内不可能合理处置,则可延长该期限。

第三十七条　事先申报

1. 符合下列条件之一的企业集中事先应予以申报:

(a)集中导致某种产品或服务的市场份额达到或超过 50% 的国内市场份额或者其大部分的国内市场份额被收购、创立或巩固;

(b)集中导致参与集中的至少两家企业于上一财务年度在葡萄牙境内获得的营业额超过 500 万欧元但少于 50% 的情况下,在扣除与营业额直接相关的税费后,获得、创立或巩固了某一产品或服务达到或超过国内市场 30% 但小于 50% 的份额;

(c)参与集中的企业于上一财务年度在葡萄牙境内获得的总营业额超过 1 亿欧元(不包括与营业额直接相关的税费),但前提条件是其中至少有两家企业在葡萄牙境内获得的营业额均超过 500 万欧元。

2. 双方达成协议后且在协议执行之前,应在初始公布公开要约或交易之后和在受管制的证券市场上上市的企业收购控股权的日期之后,或在最终标书选择之后及签署公共合同之前(就源于公开采购程序的集中而言),将本法涉及的集中申报给竞争局。

3. 在前款最后部分所述的情况下,授予合同的实体应保证公共采购规则符合本法规定的集中管制制度。

4. 参与集中的企业向竞争局披露有缔结协议的意图,或者对于公开收购要约或公开交易要约而言,已公布提出要约的意向,并且如果该协议或公开要约导致集中,则可在履行本条第 2 款规定义务之前,自愿向竞争局申报其经营状况。

5. 竞争局可根据其制定的程序事先对拟定的集中进行评估。

第三十八条 被视为单一集中的企业集中

1. 同一自然人或法人之间在 2 年内进行的 2 次或 2 次以上的集中,即使未作事先申报,当所有集中达到前条第 1 款规定的营业额时,被视为须进行事先申报的一项单独申报的集中。

2. 前款所述集中应在最后一项业务协议签订后实施前向竞争局申报。

3. 第 1 款所述的集中在单独考虑时不进行事先申报且已实施的,该集中不受第四十条第 4 款和第六十八条第 1 款第(f)项规定限制。

第三十九条 市场份额和营业额

1. 为计算第三十七条第 1 款规定的参与集中的各企业的市场份额和营业额,应考虑的营业额累计如下:

(a)第三十六条规定的参与集中的企业发生的营业额;

(b)企业直接或间接取得下列项目的营业额:

(i)多数股权;

(ii)半数以上的表决权;

(iii)委任过半数董事或监事会成员的可能;

(iv)管理其业务的权力;

(c)在相关企业单独或作为一个整体拥有前项所述权利或权力的企业的营业额;

(d)前款所述的任何企业可能拥有第(b)项所述权利或权力的企业的营业额;

(e)第(a)项至第(d)项所述的各企业之间或与第三方企业共同拥有第(b)项所述权利或权力的企业的营业额。

2. 在参与集中的一家或多家企业之间或与第三方共同拥有前款第(b)项所述权利和权力的情况下及计算参与集中的每家企业的营业额时:

(a)联合企业与每家相关企业或任何其他前款第(b)项至第(e)项所述企

业之间销售产品或提供服务所产生的营业额不计在内；

(b)联合企业应计入联合企业与其他第三方企业销售产品和提供服务所产生的营业额，并在共同控制该企业的所有企业之间进行均分。

3. 前款所述的营业额包括在葡萄牙向企业和消费者销售产品和提供服务的价值，不包括与该营业额直接相关的税收价值，也不包括第 1 款所述企业之间的交易。

4. 作为第 1 款的例外，如果集中包括收购一家或多家企业的部分资产，则就卖方而言，仅考虑与作为该交易标的部分相关的营业额。

5. 营业额应替换为：

(a)信贷机构和金融机构按适用法律规定确定的下列收入项目的总额：

(i)利息收入和类似收入；

(ii)有价证券收入：

股票及其他可变利率证券收入；

入股收入；

来自关联企业的入股收入；

(iii)应收佣金；

(iv)金融业务净利润；

(v)其他业务收入。

就保险公司而言，按葡萄牙居民的记账保费总额计算，该总额应包括由保险公司签发或代表保险公司签发的保险合同的应收款项，包括退出分保保费，但不包括根据保费金额或其总额收取的税费。

第四十条　集中的中止

1. 事先申报的集中在申报之前不得实施；申报后，在竞争局作出明示或默示的无异议决定之前不得实施集中。

2. 前款的规定不得影响根据第三十七条已通知竞争局的公开收购，前提是收购方未行使所涉股权固有的表决权或为保护投资的全部价值而行使表决权。

3. 如果相关企业在申报之前或之后提出了理由充分的请求，竞争局在考虑了暂停企业经营或暂停企业行使表决权的后果及对竞争造成的不利影响后，可以违背前款规定的义务，并可在必要时，增加旨在确保有效竞争的背离条件或义务。

4. 在不影响第六十八条第 1 款第(f)项规定的处罚措施的前提下,在接到违反第 1 款实施集中的通知后及在竞争局作出决定之前:

(a)取得控制权的自然人或法人应立即停止其表决权,董事会无义务从事任何不属于企业日常事务管理范围内的行为,且不得处置其持有的该企业的股权或部分资产;

(b)如果取得控制权的自然人或法人提出合理请求,竞争局在考虑了该措施对竞争的影响后,可违背前款规定的义务,且在必要时,可附加旨在确保有效竞争的背离条件或义务;

(c)竞争局可采取第五十六条第 4 款所述的措施。

5. 可对接受或拒绝上述第 3 款及第 4 款第(b)项所称违背请求的决定进行投诉,但上诉不予受理。

6. 任何违反第 1 款规定的合法交易均无效。

第四十一条　集中评估

1. 在不损害第 5 款规定的情况下,考虑到为中间消费者和最终消费者利益维护和促进国内市场或其大部分有效竞争的需要,根据第三十七条规定对所申报的集中进行评估,以确定其对竞争结构的影响。

2. 前款所称评估具体应考虑下列因素:

(a)相关市场结构,以及企业在这些市场或单独市场上是否存在竞争;

(b)企业在相关市场上的地位及其与主要竞争者相比的经济、财务实力;

(c)本法第十二条规定的买方的市场实力及能够防止因集中而导致的对企业经济依赖加剧的能力;

(d)潜在的竞争以及进入该市场的事实障碍或法律障碍;

(e)供应商、客户和用户选择的可能性;

(f)各企业商品的供应来源和市场准入情况;

(g)现有配电网络的结构;

(h)所涉产品和服务的供求发展情况;

(i)存在法律授予的或源于交易商品或提供服务性质的特殊权利或排他性权利;

(j)企业对基础设施的控制情况,以及接入为竞争企业提供的设施的可能性;

(k)不构成竞争障碍的任何技术和经济进步,但前提条件是此等进步不会对竞争构成障碍。

3. 对于不会对国内市场或者国内大部分市场有效竞争构成严重阻碍的集中,应提供许可。

4. 对于可能对国内市场或者国内大部分市场的有效竞争造成严重阻碍的集中,特别是由于创立或巩固市场支配地位而造成阻碍的集中,不予许可。

5. 授权企业集中的决定应被视为涵盖与事实集中直接相关且对集中实施必需的限制。

6. 在第三十六条第2款所述的情况下,如果联合企业的设立目的或效果是协调一致独立的企业的竞争行为,则应根据第九条和第十条规定对该协调进行评估。

第二节　集中控制程序

第四十二条　适用规范

依照《行政诉讼法》规定,控制企业集中的相关程序受本条和附属条款管辖。

第四十三条　获取陈述和索取信息的权力

1. 竞争局在行使其监督权力时,只要认为自然人或法人的陈述相关,就可以直接或通过法定代表人取得陈述。

2. 竞争局可要求企业及任何其他自然人或法人提供文件和其他信息,提交的要求应具备下列要素:

(a)要求的法律依据和目的;

(b)提供文件或所要求信息的期限;

(c)所指企业、任何其他自然人或法人必须根据适用程序,识别在查阅行政文件方面认为保密的任何信息,在这种情况下,附上已删除该保密信息的文件副本;

(d)表明不遵守要求属于行政违法行为,此时,可根据第六十八条第1款第(i)项给予处罚。

3. 前款第(c)项规定适用于企业、任何其他自然人或法人自愿提交的所有文件。

4. 对于企业内部事务信息，只要企业认为利害关系人或第三方知悉该信息会造成严重损害，竞争局可在查阅行政信息时，将该企业的内部事务信息视为保密信息。

5. 竞争局还可将任何与诉讼程序结果无关或出于保密需要经证实符合公共利益的企业内部事务相关信息视为保密信息。

第四十四条　集中申报

1. 企业集中应事先向竞争局申报：

(a)由参与合并、设立合资企业或取得一家或多家企业的全部或部分共同控制权的各方共同进行申报；

(b)由取得一家或多家企业全部或部分独家控制权的一方单独进行申报。

2. 联合通知应由有权代表所有通知方发送和接收文件的共同代表。

3. 申报书应依据竞争局法规许可的格式提交，并应包含其中要求的所有信息和文件。

4. 对于经初步评估不会严重妨碍竞争的集中，根据竞争局规定的标准，申报书应使用竞争局法规许可的简化格式。

第四十五条　申报书的生效日期

1. 在不影响以下各款规定的情况下，申报书应在根据前条规定提交给竞争局之日起生效，并附上第九十四条所述费用的缴付凭证。

2. 在申报书中信息或文件不正确或不准确的情况下，在考虑前条第 3 款和第 4 款规定的要素后，竞争局应以书面形式要求企业在规定时限内补正申报书。申报书将于收到竞争局要求提供的信息或文件之日起生效。

3. 竞争局在收到申报企业提出的证据确凿的请求后，可豁免该企业提交当时并非启动程序所必需的具体信息或文件。

4. 前款所述豁免并不妨碍作出决定前提交信息或文件的要求。

第四十六条　退出程序和放弃权利

除法律规定的情形外，申报方可随时退出程序或撤回已提交的部分请求书，也可以放弃其权利或法律所保护的利益。

第四十七条　参与诉讼程序

1. 对于可能受集中影响的主观权利或受法律保护的利益所有人，如果已向竞争局提交了意见且已就集中的实施表述了明确、有依据的意见的，则有权参与诉讼程序。

2. 在前款规定中,竞争局应自申报书生效之日起 5 个工作日内,安排在全国发行量较大的两家日报上对集中的关键要素进行公布,相关费用由申报人承担,同时设定在 10 日内提交意见。

3. 根据第五十四条第 1 款规定,未在规定的期限内提交意见的,即丧失参加听证会的权利,除非竞争局认为此种参会与诉讼程序有关且不妨碍在法律规定的期限内作出明确决定。

第四十八条　查阅信息

1. 根据行政诉讼法以及下款的规定,向与控制集中的行政诉讼程序有直接利害关系的任何自然人和法人提供查阅信息的权利。

2. 在前款所述提交意见的时限到期后至第五十四条所述的听证开始前,自然人或法人(除申报方之外)可获知诉讼程序的进展。

3. 依前款规定,事先听证至少应持续 20 日,除非竞争局根据第 1 款规定已向相对人授予除商业秘密之外的全部查阅权。

4. 根据《证券法》规定,对于在监管市场上挂牌的企业集中案件,竞争局可设定比前款规定的更短时限。

第四十九条　诉讼程序

1. 竞争局应自申报书生效之日起 30 个工作日内完成诉讼程序。

2. 竞争局应申报人充分支持的请求,可授权对已提交的申报书作出实质性修改。在此情形下,前款规定的诉讼程序结束的时限应予以调整,自收到修改之日起重新计算。

3. 在程序进行过程中的任何时候需要补充信息、文件的,或者需要补正材料的,竞争局应当通知申报人,并要求其提供相关问题的要素或作出必要补正的合理期限。

4. 在前款所述沟通过程中,应中止第 1 款所述的时限,沟通自发送后第一个工作日起生效,于竞争局收到所要求的要素之日终止,同时附上 1 份已删除保密信息的第四十三条第 2 款第(c)项所述副本。

5. 在整个诉讼程序过程中,竞争局可要求任何其他公共实体或私人实体提供其认为与完成诉讼程序有关的任何信息,此等信息应在竞争局规定的时限内提供。

6. 在不影响第六十八条第 1 款第(i)项规定的前提下,对于在前款规定期限届满后获得的信息,竞争局仍可考虑,但前提条件是该信息不影响在法定诉讼程序结束期限内作出决定。

第五十条　决定

1. 竞争局应在前条第 1 款所述期限届满前作出如下决定:

(a)相关集中不属于控制企业集中程序的范围;

(b)竞争局认为申报人申报或修改后的集中不会对国内市场的有效竞争或者市场上的大部分竞争造成严重阻碍的,不反对集中;

(c)在考虑所收集的各项因素及第四十一条规定的标准后,竞争局对该集中对其是否符合第四十一条第 3 款所述标准产生严重怀疑,进而启动深入调查。

2. 竞争局根据前款第(b)项作出的决定可同时附加条件或义务,以保证遵守申报人为确保维持有效竞争而作出的承诺。

3. 违反前款所述条件达成的合法交易无效,但不影响第五十七条第 1 款第(a)项和第六十八条第 1 款第(g)项的规定。

4. 未按前条第 1 款时限作出决定的,视为已通过针对企业集中的无异议决定。

第五十一条　承诺

1. 申报人可随时提交承诺,以确保维持有效竞争。

2. 在提交前款所述承诺期间,20 个工作日的决定通过时限应中止,中止时限自承诺提交后的第一个工作日起生效,至申报人被告知接受或拒绝承诺决定之日为止。

3. 竞争局可在前款所述期限中止期间,依据第四十九条第 3 款至第 6 款规定,要求提供其认为有必要的信息,以评估所提出的承诺是否充分,确保维持有效竞争,或诉讼程序可能需要的任何其他信息。

4. 竞争局认为提交文件仅是拖延策略,或提出的条件或义务不充分,不足以防止可能因企业集中造成的竞争妨碍或其可行性不确定时,应拒绝承诺。

5. 可对前款所述的驳回行为进行投诉,但不得上诉。

第五十二条　深入调查

1. 自第四十五条所述通知生效之日起最长 90 日内,竞争局应采取其认为必要的其他行动。

2. 第四十九条第2款至第6款的规定适用于前款所述的调查。

3. 竞争局可应申报人请求或经其同意延长第1款所述期限,但最长延长期限不得超过20个工作日。

第五十三条　深入调查后的决定

1. 在前条第1款所述期限届满前,竞争局应作出如下决定:

(a)认为申报人申报或修改的集中不会对国内市场或者国内大部分市场的有效竞争造成严重阻碍的,不反对企业集中;

(b)认为申报人申报或修改的集中可能对国内市场或者国内大部分市场的有效竞争造成严重阻碍的,禁止企业集中。

2. 集中已实施的,竞争局应在前款第(b)项所述的异议决定范围内,责令采取对恢复有效竞争适当的措施,特别是企业分离或任何资产总额的措施,包括经营逆转或停止控制。

3. 第五十六条第2款和第3款以及第五十一条的规定在细节上作出必要修改后,适用于上述第1款第(a)项所述的决定。

4. 违反第1款第(a)项或第(b)项达成的法律交易无效,但不影响第六十八条第1款第(f)项的规定。

5. 逾期未作出决定的,视为已通过对该企业集中的无异议决定。

第五十四条　事先听证

1. 在作出第五十条和第五十三条所述决定前,应听取第四十七条第1款所述申报人和利害关系方的意见。

2. 在依照第五十三条作出决定之前,应事先在自第四十五条所述的通知生效之日起计算的75个工作日的最长时限内举行听证会。

3. 在反对集中的利害关系方未出席听证会的情况下,竞争局可在不附加任何条件的情况下放弃事先举行听证会。

4. 如果事先举行听证会,应中止第四十九条第1款和第五十二条第1款所述的时限。

第五十五条　就集中控制问题与行业监管机构进行协调

1. 凡是受行业监管的市场集中,竞争局应在作出最后决定之前征求行业监管机构意见,并为此规定一个合理期限。

2. 当待发表意见具有约束力时,通过最终决定的期限中止。

3. 前款规定的中止自征求意见函发出后的第一个工作日开始，于竞争局收到请求之日或竞争局根据第1款规定设定的期限届满之日终止。

4. 如果未在本条第1款规定的期限内发出具有约束力的意见，则不应阻止竞争局作出最终决定。

5. 上述第1款的规定不应妨碍行业监管机构在其职权范围内依法授予与集中相关的权力。

第五十六条　依职权程序

1. 在不影响第六十八条第1款第(f)项和第七十二条第(b)项规定的前提下，只要竞争局知悉过去5年内某企业违反法律规定未向竞争局事先申报的，应启动有关集中的依职权程序。

2. 竞争主管部以沟通方式将依职权程序告知有过错的自然人或法人，使其依照本法规定在合理时限内提交集中申报书。

3. 依职权程序必须在第四十九条和第五十二条规定的时限内完成，该时限自申报书生效之日起开始计算。

4. 竞争局可在任何时候采取其认为适当的必要措施，尽可能恢复到集中前的状态，特别是剥离企业或任何资产总额，包括经营逆转或停止控制。

第五十七条　撤销决定

1. 在不影响相应制裁措施的适用和法律规定的失效的情况下撤销竞争局的决定：

(a)在不服从附加条件或义务的无异议的情况下执行完毕的；

(b)由参与集中的企业依据与决定基本情况相关的虚假信息或者不准确信息获得授权的。

2. 对于前款所列决定，竞争局可依职权通过行政诉讼方式将其撤销，撤销程序与作出撤销决定的程序相同。

3. 在不影响撤销决定的前提下，竞争局可在任何时候采取前条第4款中规定的措施。

第三节　控制集中行政违法诉讼程序

第五十八条　立案调查

如有下列情况发生，竞争局应在企业集中控制范围内依照第七条规定立案

调查:

(a)作出无异议决定前已经实施集中,违反第三十七条和第三十八条、第四十条第1款和第4款第(a)项规定的或者根据第五十三条第1款第(b)项规定已被禁止的;

(b)企业不遵守第四十条第3款、第4款第(b)项和第(c)项、第五十条第2款、第五十三条第2款和第3款、第五十六条第4款和第五十七条第3款竞争局对企业提出的条件、义务或措施的;

(c)企业未按照竞争局在行使监督权时提出的要求提供信息或者提供的信息不真实、不准确或不完整的;

(d)企业未配合竞争局或妨碍竞争局行使第四十三条规定的权力的。

第五十九条　适用制度

1. 前条所述诉讼程序受本条规定和第十五条、第十六条、第十八条至第二十八条、第三十条至第三十五条约束,本法第十七条第2款、第3款和第4款及第二十九条作了适当修改。

2. 本条诉讼程序由10月27日第433/82号法令批准的《行政违法一般制度》附属规定的管辖。

第四章　市场调研、检查和审计

第六十条　适用规范

根据《行政诉讼法》规定,市场调研、检查和审计程序受附则管辖。

第六十一条　市场调研和行业问询

1. 竞争局可就下列情况实施以经济部门或协议类型为重点的市场调研和问询:

(a)对市场实施监督和监测;

(b)对可能歪曲、限制竞争的情况进行核查。

2. 市场调研得出的结论应在竞争局互联网网站上公布,在此之前竞争局可组织征求公众意见。

3. 如果第1款所称的市场调研和问询涉及由行业监管部门监管的经济部门,则在作出结论之前应征求相关监管部门的意见,竞争局为此应设定一段合理的期限。

4. 未在前款规定的时限内出具非约束性意见的，不影响竞争局完成与上述征求意见有关的市场调研和问询。

5. 竞争局可要求企业、企业协会、其他各方或机构提供其认为从合法竞争的角度与之相关的所有信息，并作出必要的修改。

第六十二条　推荐

1. 当竞争局认定存在对所分析的市场或经济部门竞争构成影响的情况或行为时，市场调研、行业问询或对某类协议的问询结论以及审查、审计报告应当：

(a)确定市场情形或影响竞争的企业或企业协会的行为及其影响程度；

(b)指明其认为为防止、消除或抵销该影响所采取的适当的行为措施或结构性措施。

2. 当市场调研及其报告关注受行业监管的市场时，竞争局应将影响竞争的情况或行为以及可采取的纠正措施告知该行业监管部门。

3. 竞争局可建议采取其认为适当的行为措施或结构性措施，以恢复或确保市场竞争，但应符合下列条件：

(a)当问题涉及受行业监管的市场且第1款第(a)项所述情况源于上述情况时，竞争局可向政府或部门监管机构提出其认为适当的建议；

(b)在其他情况下，竞争局可向政府或其他实体提出采取适当的行为措施或结构性措施的建议。

4. 竞争局应监督其依据上款所提建议的遵守情况，并可要求收到建议的机关提供其认为与实施建议有关的一切资料。

第六十三条　检查与审计

1. 当存在可能扭曲或限制竞争的情况时，竞争局应实施一切必要的检查和审计活动，以查明原因。

2. 竞争局进行检查和审计时，应在征得相关单位同意后依据下述权力行事，行使其配合职责。

3. 竞争局应实施基于个案或作为已批准检查计划组成部分的检查及审计工作。

4. 如果竞争局通过检查或审计发现了影响相关市场竞争的情况，则适用上条规定。

第六十四条　检查、审计权力

1. 竞争局可对任何企业或企业协会实施检查和审计。

2. 竞争局实施检查和审计工作的,至少应在实施前10个工作日通知企业或企业协会。

3. 竞争局授权进行检查和审计的工作人员和其他人员可:

(a)进入企业或企业协会的所有场所、财产和交通工具;

(b)检查与企业或企业协会有关的账簿或其他台账,无论其储存或保存在何种设备上;

(c)以任何方式获取拟检查文件的副本或节录本;

(d)要求企业法定代表人、雇员或其他工作人员就检查和审计对象、目的所涉及的情况或资料作出说明,并制作答复记录。

4. 企业或企业协会的法定代表人、雇员或其他人员有义务为竞争局工作人员和其他获得前款授权行使职权的人员提供一切必要协助。

5. 竞争局工作人员和其他受权进行检查和审计的人员应随身携带明确证明其行为目的的证件。

第五章　国家援助

第六十五条　国家援助

1. 国家或任何其他公共机构对企业提供的援助不得在很大程度上限制、扭曲或影响国内市场竞争。

2. 竞争局可对任何援助或预期援助进行分析,并在其认为适当的情况下,向政府或任何其他公共机构提出消除对竞争产生的不利影响的建议。

3. 竞争局应监督其建议的执行情况,并可要求任何实体提供与该等措施的执行情况有关的信息。

4. 竞争局应在其互联网网站上公布其建议。

第六章　法规

第六十六条　监管程序

1. 竞争局在公布任何对其程序或决定有影响的法规之前,应将拟制定的法规在其互联网网站上公开征求意见。征求意见的时限不得少于30个工作日。

2. 在前款所列法规的序言中,竞争局应明确说明其意见,特别应参考公众征求意见后所表达的意见。

3. 竞争局对其程序或决定有影响的法规应在《葡萄牙共和国官方公报》第二编上公布。

第七章　违法与处罚

第六十七条　法律地位

在不妨碍刑事责任和可能采取的任何行政措施的情况下,如果违反本法和欧盟法律规定的行为由竞争局负责执行,则视为行政违法行为,应根据本章的规定对其作出处罚。

第六十八条　行政违规

1. 下列行为被视为应处以罚款的行政违法行为:

(a)违反第九条、第十一条和第十二条规定的;

(b)违反《欧盟运行条约》第一百零一条和第一百零二条规定的;

(c)不符合第二十九条第 3 款第(c)项所述条件的;

(d)不按第二十九条第 4 款规定的措施行事的;

(e)不遵守第三十四条规定的采取临时措施的决定;

(f)违反第三十七条和第三十八条、第四十条第 1 款和第 4 款第(a)项规定,在作出无异议决定之前实施企业集中的,或根据第五十三条第 1 款第(b)项规定作出禁止决定的;

(g)竞争局违反第四十条第 3 款及第 4 款第(b)项和第(c)项、第五十条第 2 款、第五十三条第 2 款和第 3 款、第五十六条第 4 款及第五十七条第 3 款规定的对企业附加的条件、义务或措施的;

(h)不按竞争局要求提供信息或者提供虚假、不准确或不完整信息的;

(i)未按照竞争局要求在其监督权力下及在研究、检查、审计过程中提供信息的或者提供虚假、不准确或不完整信息的;

(j)不配合竞争局或妨碍竞争局行使第十八条至第二十条、第四十三条、第六十一条和第六十四条规定权力的;

(k)在依法送达申报书的案件中,在无正当理由的情况下不作为原告、证人或专家出庭的。

2. 如果行政违法行为构成对竞争局法定职责或命令的违反,则罚款的适用性不会免除当事人的遵守义务,但前提条件是可以处以罚款。

3. 过失应予以处罚。

第六十九条　确定罚款金额

1. 竞争局在确定前条所述罚款金额时,可考虑下列因素(包括但不限于):

(a)违法行为对国内市场竞争的影响程度;

(b)受影响的市场的性质和规模;

(c)违法行为的持续时间;

(d)案件当事人参与违法的程度;

(e)当事人在本案中因违法而在被禁止行为中获得的优势,且该优势能够确定;

(f)案件当事人在消除被禁止行为、弥补竞争损害时实施的行为;

(g)案件当事人的经济状况;

(h)违反竞争规则之前的当事人实施的行政违法行为;

(i)在整个诉讼程序过程中向竞争局提供协助。

2. 对于前条第1款第(a)项至第(g)项所列的行政违法行为,依据上述第1款设定的罚款数额不得超出竞争局对每个相关企业作出最终决定前一年度营业额的10%,或者就企业协会而言,不得超过关联企业总营业额的10%。

3. 对于前条第1款第(h)项至第(j)项所列的行政违法行为,第1款设定的罚款金额不得超出竞争局对每个相关企业发布最终决定前企业上一年度营业额的1%,或者对于企业协会而言,不得超过相关企业总营业额的1%。

4. 对于前条第1款第(a)项至第(g)项所列的行政违法行为,对自然人的罚款金额不得超出最后一个完整年度在该企业中履行其职能中获得的年收入的10%。

5. 前款所称所得金额包括由于工作或与工作有关并构成受益所有人经济利益的薪金、所得、报酬、百分比、佣金、财产、补贴或奖金、出勤凭证、报酬和额外款项,无论是定期款项还是不定期款项,或是被界定为所得税征收范围内的其他款项。

6. 对于前条第1款第(h)项至第(j)项所列的行政违法行为,竞争局可对自然人处以10个至50个计算单位的罚款。

7. 对于前条第 1 款第(k)项所列的行政违法行为,竞争局可对相关企业处以 2 个至 10 个计算单位的罚款。

8. 竞争局应根据其管理权限,提供载有根据本法规定的标准确定罚款金额方法的准则。

第七十条　卡特尔案件中罚款的减免

竞争局可根据本法规定前条规定减免罚款。

第七十一条　附加处罚措施

1. 如果违法行为的严重程度和有关当事人的过失构成合法理由,竞争局可在处以罚款的同时采取下列附加处罚措施:

(a)在葡萄牙共和国官方公报和发行量大的全国性、地区性或地方性报纸上按照相关地域市场公布,由当事人承担相关费用。公布的内容应包含处罚决定的摘录,或至少包含根据本法规定提起诉讼作出具体的处罚决定。应在法院作出终局裁决之后公布,且不得上诉。

(b)禁止参与以提供公共工程合同、公共服务特许权、动产租赁或购置、涉及获得许可或授权的服务或程序为目的的合同程序,在这些合同程序中或因程序导致可处以罚款的行政违法发生。

2. 前款第(b)项所述的处罚有效期最多为 2 年,从维持上述处罚决定的终局裁决日期开始计算,该终局裁决不得上诉。

第七十二条　定期罚款的缴纳

在不违反第六十九条和第七十条规定的前提下,如有下列情况发生,竞争局可在有正当理由的情况下,从决定申报日期起,按日加收滞纳金,滞纳金金额最高不超过作出决定前一年日均营业额的 5%:

(a)不服从竞争局作出的处罚决定或采取具体措施的;

(b)依照第三十七条和第三十八条规定需要事先申报但未申报的。

第七十三条　责任

1. 本法规定的行政违法包括自然人和法人(无论其组成形式如何),以及不具有法律地位的企业和团体。

2. 前款所称法人和与其相对应的实体在下列情形下对本法规定的行政违法行为负责:

(a)担任领导职务的人以其名义为集体利益行事;

(b)由于违反应承担的监督或管理责任而在前项所指的人员授权下行使行为的任何人。

3. 处于主导地位的实体为法人团体和法人代表,以及有权对法人活动行使控制权的实体。

4. 合并、分立、改制不影响法人和同等实体的责任,行政违法责任依次为:

(a)合并吸收为其他企业或因经营而组建的法人或其他实体;

(b)分立为存续的法人或从被分立的企业资产中受益的法人或其他实体;

(c)改制为因经营而形成的法人或其他实体。

5. 被清算的法人或其他实体待分配的资产应当作为征收的罚款额。

6. 对于法人或其他实体的董事会成员,以及在发生行政违法行为的活动领域负责管理或监督的人员,当他们实施第2款第(a)项所述的行为时,或者明知或有义务知悉违法行为而没有采取适当措施及时终止违法行为时,可根据第六十九条第4款规定予以处罚,除非依照其他法律规定对他们处以更严厉的处罚。

7. 在违反合作义务的情况下,法人或同等实体的责任并不排除对任何自然人的责任,也不取决于该人的责任。

8. 违法行为发生时,如果企业代表是第六十八条第1款第(a)项至第(g)项、第六十九条第2款和前条已成为罚款或罚款支付对象的企业,企业应共同负责支付罚款,除非企业已作出书面注释声明其反对构成违法行为或违法行为的决定。

第七十四条　诉讼时效

1. 行政违法行为的诉讼按照《刑法典》第一百一十九条计算诉讼时效:

(a)在第六十八条第1款第(h)项至第(k)项所述情况下为3年;

(b)其他案件的诉讼时效为5年。

2. 处罚诉讼时效为5年,自实施处罚的决定成为最终决定之日起,或处罚已进入无上诉程序之日起,根据第六十九条第3款、第6款和第7款规定的时效为3年。

3. 涉及行政违法行为的诉讼时效因向案件当事人发出通知或竞争局向当事人采取的对其个人有影响的任何行为而中断,且中断时间自该行为通知任何涉案人时起生效。

4. 行政违法行为的诉讼时效中止期限为:

(a)对竞争局的某一决定实施司法审查；

(b)根据《行政违法通则》第四十条，自案件送交检察官办公室之日起至案件退回竞争局之日止。

5. 在竞争局就违反《欧盟运行条约》第一百零一条和第一百零二条的案件提起行政违法诉讼的情况下，当竞争局得知另一成员国的竞争局已根据《欧盟运行条约》相同条款就同一事实提起诉讼，并根据2002年12月16日第1/2003号欧洲理事会条例第十三条第1款规定将中止案件的决定通知有关当事人时，诉讼时效中止。

6. 在前款所述情况下，中止于另一案件中移交的决定申报给竞争局之日终止。

7. 诉讼时效中止期限不得超过3年。

8. 诉讼时效为上述第1款第(a)项或第(b)项规定情况过后5年或7年半时间，诉讼时效中止的期间除外。

第八章　卡特尔案件罚款的减免

第一节　总则

第七十五条　目标范围

在涉及两家或多家企业间的协议或一致行动的行政违法诉讼中，根据本法第九条，以及在适用时根据《欧盟运行条约》第一百零一条，如果这类协议或做法的目的是协调其市场上的竞争行为或影响相关的竞争参数，特别是通过确定购买或销售价格或其他交易条件分配生产或销售配额、市场份额，包括在公共采购中串通拍卖和操纵投标、限制进出口或对其他竞争对手采取反竞争行动，则应给予罚款减免。

第七十六条　主观范围

对以下实体可减免罚款：

(a)第三条第1款所界定的保证；

(b)法人和同等实体的董事会或监事会成员，以及对发生行政违法行为的活动领域负有行政管理或监督责任的人员。此等人员按第七十三条第6款规定追究责任。

第二节 要求

第七十七条 免征罚款

1. 竞争局应根据第七十条对披露其参与被指协议或一致行动的企业免征罚款,但前提条件该企业是最先提供竞争局认为能够实现下列目的的信息和证据的企业:

(a)当竞争局没有足够信息证明请求有正当理由时,提供第十八条第1款第(c)项以及第十九条和第二十条请求搜查和查封的实质性理由;或

(b)检查第七十五条所述的违法行为,但前提条件是此时竞争局没有足够的证据证明该违法行为。

2. 企业同时符合下列条件的,竞争局应依据前款规定免征罚款:

(a)自提交罚款减免申请之时起,企业有义务全面、持续地配合竞争局且有义务:

(i)提供其拥有、控制或可能拥有、控制的所有信息和证据;

(ii)及时答复有助于查明事实的信息请求;

(iii)不得毁灭、伪造或隐匿与违法行为有关的情况、证据等有碍调查程序的行为;

(iv)不披露其申请的存在、内容或提交该申请的意图,但竞争局书面授权的除外;

(b)从其已向竞争局提供第(a)项所述信息和证据时开始终止参与违法行为,但竞争局认为为维持调查的有效性而合理必要的除外;

(c)未胁迫任何其他企业参与违法行为。

3. 前款所述信息和证据包含关于所涉及协议、一致行动和企业的完整和准确的信息,包括其目的、活动和功能,所涉及的产品或服务、地理范围、期限、日期、地点、内容和参与人的具体信息,以及支持申请的所有相关解释。

第七十八条 减少罚款

1. 对于不遵守上一条第1款所列条件,但累计仍符合下列条件的企业,竞争局应当减少第七十条规定的对其适用的罚款:

(a)提供第七十五条所指侵权的信息和证据,如果这表明竞争局已掌握的信息具有明显的突破性。

(b)上一条第2款第(a)项和第(b)项及第3款规定的条件已得到认定。

2. 竞争局应按照下列方式确定罚款的减免额:

(a)对于提供有突破性信息和证据的第一家企业:减少30% ~50%;

(b)对于提供有突破性信息和证据的第二家企业:减少20% ~30%;

(c)提供有突破性的其他业务:减少20%。

3. 为了确定罚款减少额,竞争局应考虑第1款第(a)项规定的提交信息和证据的先后次序,以及这些信息和证据对确定违法行为的调查和结论性证据具有突破性的程度。

4. 如果在第二十四条第3款第(a)项所述通知之后收到任何当事人的申请,则上述第2款所述的比例将减少1/2。

第七十九条　代表

1. 如果根据第七十七条第2款第(a)项规定,董事会成员或监事会成员以及负责执行管理和监督第七十五条所述违法行为的业务领域的行政管理和监督人员与竞争局展开充分和持续合作,则这些人员将根据第七十三条第6款规定享有本应适用的豁免权或罚款减免权,即使他们本人并未要求获得此种利益。

2. 前款所述已提交个人申请的人员应从第七十七条和第七十八条规定及其适当修改规定中受益。

第三节　诉讼程序和决定

第八十条　诉讼程序

给予罚款减免的行政诉讼程序竞争局应根据第六十六条规定批准。

第八十一条　保密信息

1. 竞争局认为减免罚款的请求以及为减免罚款而提交的所有文件和信息是保密的。

2. 根据第二十五条第1款规定,竞争局允许案件当事人提出减免罚款申请以及查阅上款所述的文件和信息,但未经申请人授权的,不得对所述文件和信息进行复制。

3. 第三方查阅请求减免罚款时所提交的请求、文件和信息须经申请人授权。

4. 禁止授权案件当事人查阅有关口头陈述的复印件,禁止授权第三人查阅。

第八十二条　申请减免罚款的决定

1. 竞争局在第二十九条第3款第(a)项所述决定中评估罚款减免的申请。

2. 罚款减免额应根据第六十九条规定的数额确定。

3. 在确定罚款金额时,不应考虑第六十九条第1款第(i)项规定的标准。

第九章　司法审查

第一节　涉及行政犯罪的案件

第八十三条　诉讼程序制度

除本法另有规定外,根据《行政违法通则》,下列条款和补充规定适用于本节所述上诉的提出、处理和开庭审理。

第八十四条　上诉、主管法院和上诉的效力

1. 竞争局作出的决定可予以上诉,但根据本法规定明确不得上诉的除外。

2. 对于仅涉及官方程序的决定或结案决定,无论是否附加条件,均不得提出上诉。

3. 竞争、管理和监督法院应听取所有竞争局决定的上诉。

4. 上诉不得中止决定的效力,但第二十九条第4款所述采取结构性措施并具有中止效力的决定除外。

5. 对于法律规定的罚款或其他制裁决定,当事人可在执行该决定时申请中止执行可能对其造成较大损害的,中止执行的效力视在法院规定期限内实际缴纳的担保额而定。

第八十五条　对中间裁决的上诉

1. 如对竞争局的决定提出上诉,应在20个工作日内将上诉请求提交检察署,并说明案卷的案号。

2. 请求书应附有竞争局认为与上诉裁决相关的任何要素或信息,并可将请求附加在案卷中。

3. 在法律上,对竞争局在同一案件管理阶段所作决定的上诉应被视为单一案件。

第八十六条　对临时措施的上诉

前条规定适用于对竞争局根据第三十四条采取临时措施的决定提起的上诉，此时，它们属于案卷管理阶段时同一案件的组成部分。

第八十七条　对终局决定的上诉

1. 案件当事人在得知竞争局作出的最终处罚决定后，可在 30 个工作日内提起上诉，此时限不可延长。

2. 对竞争局作出的处罚决定提出申诉的，竞争局应在 30 个工作日（该时限不可延长）内将所有正式文件提交检察署，并可附上请求书以及其他被视为与案件有关的其他信息，并可提供相关证据，但不影响《行政违法通则》第七十条的规定。

3. 如果根据第八十五条和第八十六条规定由竞争局根据所作决定提出上诉，则对最终决定的上诉案件应在第一个或唯一一个上诉案件中处理。

4. 如对竞争局在案件作出最终裁决后对同一案件作出的裁决提出上诉，适用第八十五条第 3 款的规定。

5. 竞争局、检察署或案件当事人均可反对法院作出的裁决，而无须诉诸法院开庭审理。

6. 检察院撤回指控的决定应征得竞争局同意。

7. 法院应将裁决连同其所有的文件一并申报给竞争局，但仅作为官方程序的裁决除外。

8. 开庭审理的，法院应结合庭审中的证据以及在案卷管理阶段提交的证据作出裁决。

9. 竞争局有权主动合法地对并非仅属于官方程序的裁决进行上诉。

第八十八条　管辖法院的控制

1. 竞争、管理和监督法院对竞争局作出的罚款或定期缴纳罚款的决定提出的上诉拥有全权管辖权，并可减免罚款或定期缴纳的罚款。

2. 竞争局作出的处罚决定应包括前款最后部分的规定。

第八十九条　对法院裁定的上诉

1. 主管上诉法院应审理对竞争、管理和监督法院的裁决和派遣提出的上诉，且该法院应为终审法院。

2. 下列实体有权依法上诉：

(a)竞争局针对的是并非单纯属于官方的任何裁决或发送文件,也包括有关无效问题和其他先前或附带问题的裁决或文件,或有关临时措施实施的裁决或文件;

(b)案件当事人。

3. 第八十五条第3款、第八十六条和第八十七条第3款和第4款的规定在经过必要的修改后,适用于本条规定的上诉。

第九十条　决定的公布

1. 竞争局有义务在其互联网网站上公布依据第二十四条第3款第(c)项和第(d)项、第二十九条第3款、第五十条第1款和第五十三条第1款所作决定的非涉密版本,并应说明这些决定是否正在等待上诉。

2. 竞争局可在其互联网网站上公布其依据第六十八条第1款第(h)项作出决定的非涉密版本,并应说明这些决定是否正在等待上诉。

3. 竞争局还必须在其互联网网站上公布对根据第八十四条第1款和第八十九条第1款提出的上诉所作出的任何裁决。

4. 竞争局还可在其互联网网站上公布对依据第九十二条第1款和第九十三条第1款至第3款提出的上诉所作的任何裁决。

第二节　行政诉讼程序

第九十一条　诉讼程序制度

本节所称的立案、受理程序和开庭审理适用《行政法院程序法》的下述条文及附则的规定。

第九十二条　管辖法院和上诉效力

1. 对竞争局在本法所指的行政诉讼案件中所作的决定,以及对竞争局章程第三十四条中列出的并于2003年1月18日以第0号法令批准的任何部门裁决的上诉,均应向竞争、管理和监督法院提出,并作为特殊的行政司法案件处理。

2. 前款所列的上诉不具有中止效力,除非依法发布的临时措施中单独或与其他临时措施共同规定,并经正式发布的临时措施明确规定。

第九十三条　对法院裁定的上诉

1. 主管上诉法院应审理对本节所指的行政案件中由竞争、管理和监督法院所作的裁决提出的上诉。

2. 前款所指上诉如涉及法律问题，应直接向最高法院提出。

3. 如对主管上诉法院的裁决向最高法院提出上诉，则上诉仅限于法律问题。

4. 本条所列的上诉不具有中止效力。

第十章

第九十四条　费用

1. 费用征收范围如下：

(a) 对第三十七条规定的负有事先申报义务的企业的集中实施评估；

(b) 对第三十七条第 4 款所指的企业集中实施评估；

(c) 副本和证书的发放；

(d) 竞争局认定的为私营实体提供服务的其他行为。

2. 费用应根据竞争局法规中定义的条款设定、结算和收取。

第十一章　最终条款和过渡条款

第九十五条　对 1 月 13 日第 2/99 号法律的修订

对 1 月 13 日第 2/99 号法律第四条修改为：

“第四条【……】

1. ……

2. ……

3. ……

4. 竞争局在作出前款所述参与实体的企业集中决定前，需事先征得媒体监督管理部门意见，且涉及当事人言论自由和表达不同意见的利害关系的，应为否定决定，该决定对竞争局具有约束力。”

第九十六条　今后的修正

1. 本法核准的新竞争法应根据对欧盟竞争制度修正案进行修订。

2. 在通过法律措施以改变本法所核准的新竞争法的规定或改变其在竞争执法和倡导方面所获的职权和权限之前应听取竞争局的意见。

第九十七条　法律参考文献

第 18/2003 号法律和第 39/2006 号法律应视为本法的参考。

第九十八条　过渡条款

1. 在竞争、管理和监督法院开始运作前,第 18/2003 号法律关于权限的规则适用于对竞争局作出的决定及本法第八十四条、第八十五条、第八十六条和第九十二条所指的部门裁决的上诉。

2. 在竞争、管理和监督法院开始运作前,第 18/2003 号法律关于权限的规则适用于对本法第八十九条和第九十三条所指裁决的上诉。

第九十九条　废除条款

1. 在不影响上一条规定的前提下,现废止第 18/2003 号法律、第 219/2006 号法律、第 18/2008 号法律、第 52/2008 号法律和第 46/2011 号法律中关于竞争机制的修正案。

2. 第 39/2006 号法律就违反葡萄牙竞争规定的行政违法诉讼中有关减免罚款的规则予以废止。

第一百条　法律生效后的适用性

1. 经本法批准的新竞争法应适用于:

(a)本法生效后提起的行政违法诉讼程序;

(b)本法生效后已向竞争局申报的企业集中;

(c)本法生效后,根据竞争局的决定实施的市场研究、审查和审计;

(d)本法生效后向竞争局提出的请求。

2. 公布在《葡萄牙共和国官方公报》第二编上的第 214/2006 号竞争局条例及 2006 年 11 月 25 日的第 225 号法律将继续有效,直至根据本法第六十六条颁布关于这一问题的新条例为止。

第一百零一条　生效

本法自公布之日起 60 日后生效。

2012 年 3 月 22 日批准。

图书在版编目(CIP)数据

"一带一路"相关国家反垄断法汇编 : 上下册 / 国家市场监督管理总局反垄断局编. -- 北京 : 法律出版社, 2021

ISBN 978-7-5197-5537-9

Ⅰ.①一… Ⅱ.①国… Ⅲ.①反托拉斯法-汇编-世界 Ⅳ.①D912.290.9

中国版本图书馆CIP数据核字(2021)第068507号

"一带一路"相关国家反垄断法汇编(上下册)
"YIDAI YILU" XIANGGUAN GUOJIA FANLONGDUANFA HUIBIAN (SHANGXIACE)

国家市场监督管理总局反垄断局 编

策划编辑 解 锟
责任编辑 解 锟
装帧设计 汪奇峰

出版发行 法律出版社
编辑统筹 重大项目办公室
责任校对 朱 峰
责任印制 张建伟
经 销 新华书店

开本 710毫米×1000毫米 1/16
印张 62 **字数** 1150千
版本 2021年8月第1版
印次 2021年8月第1次印刷
印刷 三河市兴达印务有限公司

地址:北京市丰台区莲花池西里7号(100073)
网址:www.lawpress.com.cn
投稿邮箱:info@lawpress.com.cn
举报盗版邮箱:jbwq@lawpress.com.cn

销售电话:010-83938349
客服电话:010-83938350
咨询电话:010-63939796

书号:ISBN 978-7-5197-5537-9
定价:298.00元

凡购买本社图书,如有印装错误,我社负责退换。电话:010-83938349